BASTEI
LÜBBE
TASCHENBUCH

Über die Autorin:

Corinna Richter, geboren 1964 in Essen, wuchs am Rande des Ruhrgebiets auf. Sie studierte in Dortmund Geisteswissenschaften. Mit ihrem Mann, Tom Richter, zog sie 1989 nach Münster. Heute ist sie geschieden, lebt, zusammen mit ihren Katzen, immer noch in Münster und arbeitet für einen kleinen Familienbetrieb. Ihre drei Kinder sind inzwischen erwachsen.

Corinna Richter

ICH WERDE EUCH FINDEN!

Eine Mutter kämpft um die vom Vater entführten Kinder

BASTEI LÜBBE
TASCHENBUCH

BASTEI LÜBBE TASCHENBUCH
Band 60839

MIX
Papier aus verantwortungsvollen Quellen
FSC® C083411

Dieser Titel ist auch als E-Book erschienen

Originalausgabe

Textredaktion: Lisa Bitzer, Landau
Titelillustration: © getty-images/donald_gruener und
© getty-images/chrissy sandifer photography
Umschlaggestaltung: Guter Punkt, München
Satz: hanseatenSatz-bremen, Bremen
Gesetzt aus der Adobe Garamond Pro
Druck und Verarbeitung: CPI books GmbH, Leck – Germany
Printed in Germany
ISBN 978-3-404-60839-3

1 3 5 4 2

Prolog

Donnerstagnachmittag, Mitte August, Sommerferien. Im Flur unseres Gründerzeithauses stehen drei Kisten mit Spielsachen. Lego und Autos, Bilderbücher und Barbie, Schaufel und Förmchen zum Sandburgen bauen. Daneben das Bobbycar, Lieblingsspielzeug von Lukas, unserem Dreijährigen. Die Kinder, Alexander, siebeneinhalb, Johanna, fünfeinhalb, und Lukas laufen aufgedreht durch die Wohnung. Gleich geht es in den Urlaub. Nach Schweden, in ein Ferienhaus am Strand.

Habe ich alles gepackt? Sommersachen natürlich. Sandalen. Aber auch Strickjacken und Pullover. Man weiß nie, wie das Wetter an der Küste wird. Gummistiefel und Regenjacken, Matschhosen. Ja, alles ist da. Alexanders Lieblingsdino und sein Plüschpferd. Die Stoffkuh hält er im Arm. An Johannas Schmusedecke hab ich auch gedacht. Es ist ein alter Bettbezug aus Flanell, der früher einmal grün war und auf den ich immer ein wenig von meinem Parfüm träufeln muss, nachdem ich ihn gewaschen habe. Ohne die Schmusedecke kann Johanna nicht schlafen. Habe ich einen Ersatzschnuller für den Kleinen eingepackt? Lukas setzt sich auf das Bobbycar, fährt lachend durch den Flur.

In einer Pappmappe stecken die Kinderausweise, die Krankenversicherungskarten und die Informationen zu den Medikamenten, die Alexander nehmen muss. Es ist alles da.

Tom kommt. Die Kinder hören sein Auto in der Auffahrt.

»Papa! Da ist Papa! Jetzt fahren wir in den Urlaub«, ruft Alexander und legt stürmisch die Arme um meinen Hals, küsst mich auf die Wange.

»Ich habe dich lieb, Mami«, sagt Johanna mit ihrer hohen Mädchenstimme.

»Mami!« Lukas drückt sich ebenfalls an mich, vergräbt den Kopf in meiner Halsbeuge. Er duftet so gut nach Kleinkind, süßlich und frisch.

Tom betritt das Haus durch die schöne Eingangstür mit der Eule im Oberfenster aus Bleiglas. Ich habe diese Tür sofort geliebt, noch bevor ich das Haus komplett gesehen hatte.

Er stapft die wenigen Stufen hoch, lächelt den Kindern zu, packt dann die erste der drei Kisten und trägt sie zum Auto, das in der Einfahrt steht. Was haben wir gegen die Ämter kämpfen müssen, um diesen Stellplatz vor dem Haus genehmigt zu bekommen. Tom hat alles dafür gegeben. Er wollte nicht, dass ich ständig nach einem Parkplatz suchen muss. Nun sind Einfahrten und Stellplätze nicht üblich in diesem alten Viertel. Aber Tom hat es geschafft. Aus der einen Hälfte des Vorgartens wurde ein Stellplatz. Dort steht nun sein großer Wagen mit den verdunkelten Fenstern.

Tom packt eine Kiste nach der anderen ins Auto. Dann die Taschen mit der Kleidung. Ich überreiche ihm die Mappe mit den Unterlagen, habe Lukas immer noch auf dem Arm. Er nimmt ihn mir ab, sieht mich nicht an.

Sie gehen durch den Flur über die schönen rotblauen Jugendstilfliesen von Villeroy & Boch von 1909, dem Baujahr unseres Hauses. Die Spätsommersonne, die durch das Oberlicht im Dach in den Flur scheint, lässt die dunkle Vertäfelung der Wände leuchten.

Lukas schaut über Toms Schulter zu mir. »Mami«, sagt er.

Alexander und Johanna drehen sich noch einmal um, winken mir zu, dann fällt die Tür hinter ihnen ins Schloss.

In diesem Moment denke ich: Ich werde meine Kinder nie wiedersehen.

1. Kapitel

Es ist 1983. Ich bin zarte neunzehn Jahre alt, habe gerade mein Abitur bestanden und trage mich zum Wintersemester an der Technischen Universität von Dortmund ein. Für Geisteswissenschaften. Damit gehörte ich zur absoluten Minderheit.

»Studierst du Maschbau oder E-Technik?«, ist die übliche Frage beim Kennenlernen. Meine Antwort löst in den ersten Wochen auf dem Campus oft ungläubiges Staunen und große Verwirrung aus: »Kulturwissenschaften, Soziologie und Psychologie.«

Obwohl ich eher der zurückhaltende Typ bin, finde ich schnell Anschluss. Im Oktober, kurz nachdem das Semester losgegangen ist, lädt mich meine Kommilitonin Anja zu einer Fete ein. Anja ist mit Tom zusammen, und auf der Party lerne ich ihn kennen. Er fällt mir durch seine ruhige und gelassene Art auf, ist nicht so hibbelig und aufgedreht wie die Jungs in meinem Alter.

Ich hatte schon zwei feste Partnerschaften. Die eine hielt ein Jahr, wobei ich die Hälfte der Zeit als Austauschschülerin in Amerika war, die andere acht Monate. Es gab ein paar flüchtige Beziehungen, zwei Bettgeschichten. Ein ganz unbeschriebenes Blatt bin ich nicht, bilde ich mir ein. Trotzdem macht er mich nervös.

Irgendwann im Laufe des Abends kommen Tom und ich ins Gespräch, und er erzählt mir, dass er schon ein Diplom an der Fachhochschule gemacht hat und nun das zweite an der Technischen Uni nachlegen will.

»Damit habe ich viel bessere Chancen auf dem Arbeitsmarkt«, erklärt er mit sanfter tiefer Stimme und schaut mich eindringlich an. Seine Augen sind schokoladenbraun. Wenn er lacht, funkeln sie. »Ich will Karriere machen, etwas erreichen im Leben.«

Ich mag es, wenn jemand konkrete Vorstellungen von seiner Zukunft hat.

»Was sind deine Pläne?«, fragt mich Tom.

Ich lache, aber es ist gar nicht lustig. Das ist eine Frage, die ich mir schon seit einiger Zeit stelle. Was will ich eigentlich im Leben erreichen? Ich weiß es nicht genau, deshalb imponiert es mir, wenn jemand sein Ziel schon gefunden hat. Wie Tom.

Überhaupt gefällt mir dieser Tom, nicht nur wegen seiner Einstellung – aber er ist ja mit Anja zusammen und somit tabu.

In den kommenden Monaten sehe ich ihn hin und wieder in der Mensa oder im AStA-Keller, meist jedoch ohne Anja. Manchmal wechseln wir ein paar Worte miteinander, und jedes Treffen mit ihm lässt mich ein wenig atemloser werden. Aber er ist vergeben. Ich kann mich doch nicht in jemanden verlieben, der vergeben ist. Das macht man nicht. Und er ist eigentlich auch überhaupt nicht mein Typ. Tom hat dunkelblonde glatte Haare, ist nur wenig größer als ich, aber sehr gut gebaut – flacher Bauch, breite Schultern, schmale Hüften. Sportlich irgendwie. Attraktiv.

Wenn wir uns unterhalten, erzählt er mir von seinen Träumen. Er will Erfolg haben, will Familie, ein Haus, einen Baum pflanzen, Kinder. Er ist ehrgeizig, Anerkennung ist ihm wichtig. Mit jedem Mal, an dem wir uns sehen, imponiert mir seine Vorstellungskraft mehr. Für Tom sind es keine Träume – er beschreibt seine Zukunft.

Ich ertappe mich immer häufiger dabei, wie ich über ihn

nachdenke, an der Uni nach ihm Ausschau halte. Bescheuert, Corinna, sage ich mir. Er ist doch in festen Händen, und die gehören auch noch einer Kommilitonin von mir.

Ich lebe in einer Wohngemeinschaft mit Susanne aus meinem Semester und Martina, meiner Schulfreundin, die beschlossen hat, Elektrotechnik zu studieren. Und ich finde es herrlich. Wir sind das perfekte Team. Es gibt keinen Streit um den Abwasch, keine Diskussion um das Essen – wir verstehen uns blind. Bis auf die Benutzungszeiten des Bads. Martina studiert zwar in einem technischen Fach, das hält sie aber nicht davon ab, das Bad jeden Morgen eine Stunde lang zu besetzen. Sie schlägt sich oft die Nächte um die Ohren und braucht morgens entsprechend länger, um sich zu restaurieren. Aber darüber können Susanne und ich hinwegsehen und platzieren unsere Zahnbürsten an der Spüle in der Küche – falls es doch mal knapp wird. »Relax, don't do it, when you want to go do it, relax, don't do it, when you want to come …« Frankie goes to Hollywood und singt dort unser Lebensmotto.

Susanne liegt eines Nachmittags im Mai bäuchlings auf meinem Bett und stopft Weintrauben in sich hinein, als hätte sie seit Wochen nichts mehr zu essen bekommen. »Ach, weißt du es schon? Anja und Tom haben sich getrennt«, sagt sie beiläufig und pflückt eine weitere Traube vom Stängel.

»Du wirst Bauchschmerzen kriegen«, erwidere ich grinsend. Dann erst begreife ich, was sie gesagt hat. Mein Herz klopft wie ein kleiner Specht in meiner Brust. »Echt?«

»Ja.« Susanne nickt und mampft weiter.

»Wieso? Hat sie sich getrennt oder er? Woher weißt du das?«, frage ich atemlos.

Erstaunt schaut sie mich an. »Anja hat es mir erzählt. Ist wohl schon eine Weile her. Er war ihr nicht spontan genug oder so. Außerdem kommt sie doch aus dieser Arztfamilie. Er würde nicht passen, hat sie gemeint.«

»Wie arrogant!« Ich räume die Hausarbeit über Präkognition zur Seite, darauf kann ich mich jetzt sowieso nicht mehr konzentrieren. Tom und Anja haben sich getrennt. Das bedeutet dann ja, dass Tom …

Susanne zuckt mit den Schultern. »Arrogant? Ja, vielleicht. Du kennst doch Anja. Immer die teuersten Sachen und so. Er kommt wohl nicht aus einer Akademikerfamilie.«

»Aber er ist doch selbst einer! Er hat ein Diplom von der FH und will jetzt das zweite an der TU machen. Wie viel Akademiker kann man sein? Es ist doch scheißegal, aus welcher Familie man stammt, es kommt darauf an, was man aus seinem Leben macht!«

Ich bin laut geworden – aber das merke ich erst, als ich verstumme.

Susanne sieht mich erstaunt an. »Sag mal, bist du in den verknallt?«

»Ich? Nein!« Meine Haut spannt, und gleich wird sie aufplatzen wie eine mit kochendem Wasser überbrühte Tomate.

Meine Mitbewohnerin schmeißt sich auf den Rücken und quietscht vor Lachen. »Bist du wohl! Du bist in Tom verknallt.«

Leugnen ist zwecklos. »Er ist fünf Jahre älter und hat schon so viel mehr erlebt als ich. Er wird sich nie für mich interessieren«, sage ich leise.

Tom ist in allem so viel erfahrener als ich. Ich weiß noch nicht mal wirklich, wohin ich will, was ich anstellen möchte mit meinem Leben. Studieren, ja, das ist mein Wunsch. Aber was mache ich mit meinem Abschluss, wenn ich fertig bin? Irgendetwas mit Menschen und Kunst – aber was? Eigentlich ist mir das im Moment noch völlig egal. Ich will leben, Spaß haben, Erfahrungen sammeln. Die Zukunft, das weiß ich von meiner Oma, kommt sowieso.

Tom ist da ganz anders. Er hat Pläne und Ziele, und das ist so cool, so abgefahren vernünftig und ernsthaft. So ganz anders als alle um mich herum, die denken, es wird sich schon etwas ergeben. So ganz anders als ich. Deshalb bin ich für Tom bestimmt ein Nichts. Uninteressant.

»Ach Quatsch«, unterbricht Susanne meine deprimierenden Gedanken. »Natürlich steht der auf dich! Habt ihr nicht neulich in der Mensa miteinander gesprochen? Na klar doch, ihr habt sogar an einem Tisch gesessen.«

Ich seufze. »Wenn er lacht, könnte ich in seinen Augen versinken. Die sehen aus wie flüssiges Nutella.«

»Ich glaub es nicht. Hallo?« Susanne winkt mit der Hand vor meinem Gesicht herum. »Erde an Corinna, das ist nur ein Typ!«

»Ja, aber ein ganz besonderer.«

Die nächsten Wochen werden für mich zu einer Achterbahnfahrt. Himmelhoch jauchzend oder zu Tode betrübt ist meine Stimmung, wechselhaft wie das Aprilwetter. Ich halte mich länger in der Mensa auf, als es mein Stundenplan zulässt, denn dort treffen wir uns meistens. Obwohl das Sommersemester in ein paar Wochen vorbei sein wird und ich mich eigentlich auf die Klausuren vorbereiten sollte, schwänze ich immer häufiger die Kurse. Aber was sind schon ein paar Vorlesungen über Generationenbeziehungen und soziale Ungleichheit, wenn man den Mann seines Lebens treffen könnte? Während ich warte, überlege ich mir, was ich Geistreiches sagen könnte, wenn wir uns das nächste Mal über den Weg laufen.

»Was hältst du von der kommenden Anschnallpflicht? Glaubst du, dass Gurte im Auto Unfälle glimpflicher ausgehen lassen?«

Äh … hallo? Was für eine doofe Frage von jemandem, der gerade erst den Führerschein macht. Tom hat sogar schon ein Auto. Hat es Gurte? Ich bin mir nicht sicher.

»Glaubst du, dass General Kießling wirklich schwul ist?«

Ganz blöde Frage, um einen Typen anzumachen.

Aber die Hitler-Tagebücher sind ein gutes Thema.

»Hast du geglaubt, dass sie echt sind?«

Ich könnte ihn auch einfach nach seinem Lieblingsessen fragen oder wie er gern Weihnachten feiert. Oder warte ich lieber ab, was er sagt? Ich zerbreche mir den Kopf und habe schließlich mehrere Themen parat – politisch, intellektuell und auch harmlos privat, aber pfiffig, wie ich finde.

Als wir uns dann tatsächlich begegnen, bekomme ich keines der sorgfältig zurechtgelegten Worte heraus und stammele irgendetwas Dämliches. Ironischerweise vor lauter Angst, Blödsinn zu verzapfen. Gott, ist das peinlich!

Doch Tom geht charmant über meine Unsicherheit hinweg, tut so, als hätte er sie nicht bemerkt, und redet ganz normal mit mir – was dafür sorgt, dass ich wieder etwas ruhiger werde. Was ist das nur für ein Mann … Wenn er mich anlächelt, fühlt sich das wie eine Glückshormondusche an, die sich über mich ergießt. Ich liebe sein warmes Lachen. Und seine Hände, er hat so wunderschöne Hände – groß und mit langen Fingern. Nicht wirklich schmal, eher kräftig. Schöne Hände sind wichtig, finde ich.

»Hast du Lust, heute Abend mit mir essen zu gehen?«, fragt er plötzlich.

Habe ich richtig gehört? Hat er mich gerade wirklich gefragt, ob ich mit ihm ausgehen will? Ich werde gleich ohnmächtig, denke ich, sage aber so locker wie möglich: »Na klar.«

»Okay, ich hole dich ab. Sieben Uhr?«

Ich nicke und sehe ihm hinterher, als er weggeht.

Anja, denke ich. Er war doch vor ein paar Wochen noch mit Anja zusammen, und jetzt gehe ich mit ihm aus. Ist das in Ordnung?

Aber dann fällt mir ein, was Susanne in einem Nebensatz erwähnt hat: Sie hat sich von ihm getrennt. Ihre Entscheidung – mein Glück. Hurra!

Doch das Hochgefühl ist nur von kurzer Dauer, denn sofort stürze ich wieder in den Keller der Verzweiflung: Was soll ich bloß anziehen? Ich habe nichts!

Wir gehen essen. Hmm … Er hat nicht gesagt, wohin. Karottenjeans, Sweatshirt oder eher knielanger Rock? Aber was, wenn er etwas Schickeres meint? Dann ist das doch zu leger. Bluse, Rock, Pumps? Damit zur Pizzeria ist overdressed. Überhaupt, was mag er wohl für Klamotten an Frauen? Und, o Gott, worüber werden wir uns unterhalten? Hoffentlich ist das schwarze Loch in meinen Gehirnwindungen bis heute Abend verschwunden, ansonsten wird es das kürzeste Rendezvous der Menschheit.

Ich lasse das Proseminar über »Jung in einer alternden Gesellschaft« sausen, eile nach Hause und baue mich vor dem Kleiderschrank auf. Darin ist nichts, absolut nichts, *überhaupt gar nichts*. Ich habe nichts anzuziehen. Schnell noch in die Stadt? Nein, dafür ist es zu spät. Außerdem muss ich noch duschen und mir die Beine rasieren. Soll ich meine Zahnbürste einpacken, oder hält er mich dann für eine Schlampe? Vielleicht gehen wir danach ja noch zu ihm. Ich habe immer Ersatzzahnbürsten da, für den Fall der Fälle – der aber noch nie eingetreten ist. Doch natürlich will ich vorbereitet sein, nur falls es wirklich zum Äußersten kommt.

Ob er Frauen nach dem ersten Date überhaupt mit zu sich nach Hause nimmt? Er hat eine kleine Wohnung, in der er allein lebt. Immerhin nicht mit einem Mitbewohner oder – zum Glück! – seiner Exfreundin. So lange waren er und Anja ja nicht zusammen, als dass sie hätten zusammenziehen wollen.

Ich hingegen wohne in einer WG mit zwei Freundinnen. Kann ich ihn mit hierher nehmen? Mein Bett ist mit der Biberbettwäsche von Oma bezogen – ich liebe meine Großmutter heiß und innig, aber Biberbettwäsche? Das geht gar nicht! Die beiden anderen Bezüge, die ich besitze, sind noch aus meinen Jugendtagen, einmal mit einem grinsenden Garfield darauf, einmal mit rosa Blümchen. Keine wirkliche Alternative.

Welchen BH ziehe ich an? Schwarz oder Spitze? Und: Soll er den BH am ersten Abend überhaupt zu sehen kriegen?

Schneller, als ich gucken kann, ist der Nachmittag vorbei, und ich kann mich immer noch nicht entscheiden. Aber die Uhr tickt, und irgendwann, nach dem dritten Mal umziehen, klingelt es an der Tür. Im letzten Moment stopfe ich die Zahnbürste in meine Handtasche, ziehe die Lippen nach und öffne Tom die Tür.

Er trägt eine ausgeblichene Jeans und ein dunkles Hemd, hat die Ärmel hochgerollt. Wissen Männer eigentlich, wie sexy ihre Unterarme sind? Ich könnte dahinschmelzen. Er küsst mich auf die Wange – es ist das erste Mal, dass wir uns so nahe sind –, und seine Berührung schlägt wie ein Blitz in meinen Körper ein. Aftershave und Seife, glattrasierte Haut … Ich rieche und fühle alles auf einmal. Die Endorphine tanzen.

Elektrisiert folge ich Tom zu seinem Wagen und bin froh, dass ich mich für ein Outfit entschieden habe, mit dem ich sowohl in der Frittenbude als auch im Fünf-Sterne-Gourmettempel eine ganz gute Figur abgeben würde: glitzernde Leggins, ein weißes Herrenhemd und darüber mein Highlight der Saison, eine taillenkurze Lederjacke. Ich habe überlegt, meine Overknee-Stiefel dazu anzuziehen, mich dann aber doch für die stylischen weißen Turnschuhe entschieden, die ich erst letzte Woche gekauft habe.

Ich gehe zu Toms Auto, versuche einen sexy Hüftschwung und hoffe, dass er mir meine Aufregung nicht allzu sehr anmerkt.

Er fährt einen alten roten 1er-Golf. Mann, wie beeindruckend! Ich habe noch nicht mal den Führerschein, und kaum jemand in meinem Freundeskreis hat ein Auto. Tom ist eben schon ein Mann, kein Junge mehr. Die Erkenntnis schüchtert mich ein, und in den ersten Minuten der Fahrt kriege ich wieder mal kaum einen Ton heraus.

»Magst du die italienische Küche?«, fragt er mich und lächelt.

»Ja«, sage ich mit kieksiger Stimme und räuspere mich. »Sehr gerne.«

»Dann habe ich das perfekte italienische Bistro für uns. Klein, aber fein.«

Bemerkt er meine Aufregung wirklich nicht?

»Es gibt dort leckere Pizza, aber auch Nudeln und Salate.«

Diese Stimme, so sanft und warm und tief … Mein Herz klopft wild.

»Aber wir können auch woanders hingehen, wenn dir das lieber ist. Griechisch? Oder zum Chinesen?«

»Italiener ist perfekt«, quetsche ich hervor.

»Wunderbar. Vielleicht können wir ja draußen sitzen. Wobei die Abende immer noch recht kühl sind.«

»Stimmt.«

»Den Frühsommer mag ich am liebsten. Und den Herbst. Ich gehe gern im Park spazieren. Rombergpark. Oder in die Bittermark. Warst du schon mal in der Bittermark?«

»Ja. Aber noch nie im Rombergpark.«

Urplötzlich ist meine Blockade weg, und wir können miteinander reden. Und dann sind wir auch schon da. Es ist ein wirklich nettes, aber nicht zu teures Lokal – schließlich sind wir beide Studenten –, und ich stelle erfreut fest, dass ich genau richtig angezogen bin.

Als der Ober kommt und unsere Bestellung aufnehmen will, bin ich noch einmal verunsichert. Was soll ich nehmen? Auch eine Vorspeise? Oder nur ein Nudelgericht? Ich will keinen Fehler machen und mich auf keinen Fall blamieren.

Aber wieder übernimmt Tom die Führung und hilft mir, vermutlich ohne es zu merken, aus der Klemme. Er bestellt als Vorspeise einen Teller Bruschetta, dazu Weißwein für uns beide. Auch beim zweiten Gang, einer Lasagne, schlägt er mir einen Wein vor, diesmal einen roten, den teuersten von der Karte! Ich bin erleichtert – und fühle mich geschmeichelt. So hat sich noch kein Mann um mich bemüht.

Wir reden lange und viel, lachen oft, und manchmal berührt er mich dabei am Arm, was mir jedes Mal einen Schauer über den Rücken laufen lässt. Worüber wir uns unterhalten haben, weiß ich danach nicht mehr so genau, ich weiß nur, dass ich glücklich bin. Er bringt mich nach Hause und wartet, bis ich drin bin, bevor er fährt. Ein Gentleman.

Susanne ist noch wach. »Und?«

»Es war … himmlisch!«, seufze ich und versuche meine Atmung zu kontrollieren.

»Hat er dich geküsst? Seid ihr jetzt zusammen?«

Ich berühre vorsichtig die Stelle auf meiner Wange, die Toms Lippen gerade berührt haben. Sie glüht, was nicht nur von seinem Kuss kommen kann. »Nicht so richtig. Er möchte mich kennenlernen, hat er gesagt.«

Susannes Lächeln zerbröselt vor meinen Augen. »Oh.«

Meine Welt bricht zusammen. Dabei war sie doch gerade noch so schön! Aber Susanne hat recht. Er, der Gentleman – ich, der Backfisch. Was will ein erwachsener Mann mit so einem naiven Küken wie mir? Von wegen, er will mich näher kennenlernen … Wahrscheinlich findet er mich zu blöd, zu oberflächlich, zu jung. Sonst hätte er doch mehr versucht, oder etwa nicht? Verdammt, ich bin doch kein kleines Mädchen mehr, und Jungfrau erst recht nicht. Aber wenn Tom in meiner Nähe ist, verwandele ich mich automatisch in ein stammelndes Etwas mit null Selbstbewusstsein und nervösen Flecken im Ausschnitt. Ich sacke auf einem der Küchenstühle zusammen, schlage die Hände vors Gesicht und kann mir gerade so verkneifen, laut aufzuheulen.

»Aber es ist schon ziemlich spät«, startet Susanne einen kläglichen Versuch, mich zu trösten. »Er hat dich nicht nach einer halben Stunde abgeschossen oder so.«

»Nein«, murmele ich und lasse den Kopf auf die Tischplatte sinken. »Wir haben lange geredet. Seine Eltern sind tot, wusstest du das?«

Meine Mitbewohnerin setzt sich mir gegenüber und schüttelt den Kopf. »Beide?«

»Ja, seine Mutter ist durch einen Schlaganfall gestorben, sein

Vater hat sich ein paar Jahre später umgebracht. Hat den Verlust nicht verkraftet.«

»Wahnsinn … Das ist ja schrecklich.«

»Er tut mir so leid. Es muss furchtbar sein, wenn man schon so früh seine Eltern verliert.« Mir steigen die Tränen in die Augen, wenn ich daran denke, wie Toms Stimme gezittert hat, als er darüber sprach.

»Dass er dir das erzählt hat«, sagt Susanne leise, »ich meine, das erzählt man ja nicht einfach so …«

Hoffnung keimt wieder in mir auf. Ich hebe den Kopf von der Platte. »Stimmt.«

»Hat er denn irgendetwas von einer weiteren Verabredung gesagt?«

»Ja, wir wollen morgen spazieren gehen.«

Susanne grinst. »Mensch, Corinna, sag das doch gleich!«

»Meinst du, das ist ein gutes Zeichen?« Ich richte mich auf und wische mir die Tränen aus den Augenwinkeln.

Sie lacht. »Nein, es bedeutet, dass er dich nicht ausstehen kann. Blöde Kuh!«

Aber er hat mich nicht geküsst, denke ich, als ich später im Bett liege. Wie es wohl sein wird, wenn er es tut? Hoffentlich passiert es bald.

Wir gehen am nächsten Tag spazieren, dann verabreden wir uns im Kino, gehen erneut essen, diesmal zum Griechen. Irgendwann, beim dritten oder vierten Date, nimmt er endlich meine Hand. Seine ist warm und trocken, er hat einen festen Griff – aber nicht zu fest. Er ist genau richtig, einfach perfekt.

Mein Herz schlägt heftig. Das muss er doch hören. Vor Schreck und Aufregung stelle ich das Atmen ein.

Er aber sieht tief in meine Augen, beugt sich zu mir, und aus dem Blick wird ein langer warmer Kuss. Jetzt, denke ich, ist die richtige Zeit, um zu sterben. Besser kann es nicht werden.

Aber es wird besser. Wir sind ein Paar und unglaublich verliebt und glücklich. Mein Zimmer in der WG nutze ich kaum noch, fast jede Nacht verbringe ich mit Tom in seinem Apartment. Wir schlafen zusammen ein, wachen zusammen auf. Es ist himmlisch, so intensiv habe ich noch nie gefühlt. So intensiv habe ich noch nie *geliebt*. Wir frühstücken gemeinsam, fahren dann in die Unibibliothek, wo ich an einer Hausarbeit schreibe und er lernt. Nachmittags oder abends treffen wir uns wieder, gehen einkaufen, kochen gemeinsam, schlafen miteinander.

Zugegeben, Sex mit Tom ist noch nicht so erfüllend, wie ich es mir erhofft hatte. Irgendwie scheint er sich nicht richtig fallen lassen zu können, deswegen dauert der Akt immer sehr lang. Tom rackert sich ab und gibt sich sichtbar Mühe, kommt selbst jedoch nur selten zum Orgasmus. Aber er ist zärtlich und liebevoll zu mir. Das wird schon noch, sage ich mir. Ganz sicher wird das.

Der Sommer mit Tom ist herrlich. Wir gehen oft in den Park, sitzen in der Sonne und reden, reden, reden. Wir planen unsere Zukunft, malen sie uns in den buntesten Farben aus. Wir wollen beide Kinder, irgendwann später. Tom wird bestimmt ein toller Vater. Er ist so aufmerksam, souverän und fürsorglich. Wenn ich auf dem Sofa einschlafe, deckt er mich zu. Manchmal macht er Kaffee und bringt ihn mir ans Bett. Oder er überrascht mich mit einem Stück meines Lieblingskuchens, wenn er nach Hause kommt. Es sind nur Kleinigkeiten, aber die machen ihn aus – und mich zur glücklichsten Frau auf der Welt.

Wir kochen zusammen. Da wir beide wenig Erfahrung damit haben und er sich vorher hauptsächlich von Tüten und Dosen ernährt hat, ist es richtig spannend, gemeinsam Rezepte auszuprobieren. Ich probiere, und er kostet. Oft brennt mir etwas an oder kocht über – aber dann lachen wir nur. Übung macht schließlich den Meister, und mit der Zeit werde ich immer besser.

Aus dem goldenen Herbst wird ein nasskalter Winter. Weihnachten steht vor der Tür, und langsam, aber sicher, wird es richtig frostig kalt. Toms Wohnung wird nur durch einen kleinen Gasofen beheizt, der schon aus dem letzten Loch pfeift. Dass das Wasser im Bad nicht in Form von Eiswürfeln aus dem Hahn fällt, ist ein Wunder, und auch die kleine Küche kann man nur dann benutzen, wenn man den Backofen anstellt und die Klappe offen stehen lässt. Ich friere permanent. Wir übernachten zwar ein paar Mal bei mir, aber Tom ist die WG zu unruhig und zu eng.

Über die Feiertage fahren wir nach Hause. Er kommt wie ich aus Essen, wo er bei Onkel und Tante, die ihn nach dem Tod des Vaters bei sich aufgenommen haben, aufgewachsen ist. Tom fährt mich zu meinen Eltern, begrüßt sie. Ich habe ihnen natürlich schon von ihm erzählt. Dann fährt er weiter nach Essen-Steele. Weg ist er. Einfach so.

Die Festtage sind grauenvoll, dabei liebe ich Weihnachten eigentlich. Aber Tom fehlt mir so sehr. Wer ist noch mal auf die bescheuerte Idee gekommen, dass wir uns erst an Silvester wiedersehen? Wir wohnen doch gar nicht weit voneinander weg, höchstens eine halbe Stunde mit dem Auto. Seit Monaten habe ich keinen Tag ohne ihn verbracht, und nun schon vier ganze

Tage. Ich fühle mich wie ein Drogenabhängiger, dem man seinen Stoff weggenommen hat.

»Mama«, bitte ich am 28. Dezember mit flatterndem Herzen, »kann Tom uns besuchen kommen?«

»Natürlich. Wir haben noch jede Menge Kuchen von gestern. Lad ihn zum Kaffee ein. Das ist eine gute Idee, dann können wir ihn uns ein bisschen genauer angucken.«

Ob er über Nacht bleiben darf, frage ich noch nicht. Vielleicht ergibt sich das ja, ohne dass ich es vorschlagen muss. Meine Eltern haben auf jeden Fall begriffen, dass dieser Mann für mich etwas Besonderes ist.

Meine Mutter ist immer skeptisch, was Männer angeht, die mir gefallen. Bisher konnte ich es ihr noch nie recht machen. Aber diesmal, diesmal habe ich den perfekten Schwiegersohn angeschleppt, das weiß ich ganz sicher. Er ist klug, er ist gebildet, fleißig und strebsam. Er hat sogar schon einen guten Job bei einem großen Energiekonzern in der Region in Aussicht, den er antreten kann, sobald er sein Diplom in der Tasche hat. In den Semesterferien jobbt er immer dort, um seine Kasse aufzubessern, denn die Waisenrente reicht nicht wirklich aus.

Das Wichtigste ist natürlich: Ich liebe ihn. Schon nach so kurzer Zeit war ich mir dessen sicher. Er ist der Mann, mit dem ich mein Leben verbringen will. Deshalb müssen meine Eltern ihn auch mögen, ja, noch mehr, sie müssen ihn in ihr Herz schließen und ihm einen Platz in unserer Familie geben.

Nervös erwarte ich Tom am nächsten Tag und falle glücklich in seine Arme. Ich habe seine Wärme und seinen Geruch so sehr vermisst. Endlich, nach fünf langen Tagen haben wir uns wieder. Junge, Junge, bin ich verliebt! Tom drückt mich an sich, als wollte er mich nie wieder loslassen. Für meine Mutter hat er einen Blumenstrauß mitgebracht, für meinen Vater eine Flasche Wein. Ich wusste doch, dass er der Richtige ist.

Trotz der Mitbringsel ist es zuerst etwas schwierig am Kaffeetisch, meine Mutter und mein Vater begutachten ihn kritisch. Doch Tom kann durchaus mit Besteck umgehen und höfliche Konversation betreiben und lässt sich durch die zurückhaltende Art meiner Eltern nicht verunsichern. Die Lage entspannt sich etwas, als mein Bruder Christoph auftaucht. Er studiert Bauingenieurswesen und wohnt noch bei meinen Eltern im Haus. Tom und Christoph verstehen sich auf Anhieb, und so wird die Atmosphäre bald schon etwas lockerer.

Nach dem Kaffee helfe ich meiner Mutter, den Tisch abzuräumen und das Abendbrot vorzubereiten. Ich warte darauf, dass sie Tom einlädt, noch etwas zu bleiben, doch das tut sie nicht. Ich kann ihren Gesichtsausdruck nicht deuten, will mir aber vor der versammelten Mannschaft nicht die Blöße geben nachzufragen.

Schmollend gehe ich mit Tom auf mein Zimmer. In aller Eile habe ich aufgeräumt und sämtliche Erinnerungen an meine Kindheit in die Schränke gestopft. Nur mein alter Teddy sitzt noch auf dem Bett. Wir schließen die Tür hinter uns, küssen uns, können kaum die Finger voneinander lassen. Ich will ihn spüren, überall auf meinem Körper, will mit ihm verschmelzen …

Doch Tom drückt mich von sich weg und schüttelt den Kopf. »Nicht hier. Das kann ich nicht.«

»Du bist nicht das erste männliche Wesen in diesem Zimmer«, spotte ich.

Er verzieht das Gesicht zu einer Grimasse, lächelt dann aber.

»Mag sein, aber ich will es mir mit deinen Eltern nicht verscherzen. Lass ihnen Zeit. Ich denke, sie merken, dass wir es ernst miteinander meinen.«

Ich schnappe nach Luft. Er hat es ausgesprochen – *wir meinen es ernst miteinander.* Plötzlich bin ich so glücklich, dass es kaum auszuhalten ist. Seine Worte sind mein schönstes Weihnachtsgeschenk.

»Ich finde, du solltest hierbleiben«, sage ich.

»Nein. Das halte ich für keine gute Idee. Ich gehe jetzt.«

»Jetzt schon?« Ich blicke ihn entsetzt an.

»Ja. Und morgen hole ich dich ab, dann lernst du meine Tante und meinen Onkel kennen.«

Aufregung macht sich in mir breit. Tante und Onkel sind die Menschen, die Tom am nächsten stehen.

Er verabschiedet sich von meinen Eltern und geht. Es bricht mir fast das Herz, eine weitere Nacht ohne ihn, es ist unerträglich. Aber nun muss ich erst einmal herausfinden, wie er bei meiner Mutter und meinem Vater angekommen ist.

»Na?«, frage ich sie, als ich den Tisch zum Abendbrot decke.

»Nett.« Mehr sagt sie nicht.

Ich möchte sie schütteln. Nett? Was ist das denn für eine Aussage? Tom ist nicht *nett*, Tom ist perfekt.

»Er weiß, was er will«, meint mein Vater und klingt anerkennend. Na immerhin.

»Ja, das weiß er. Ich finde das toll«, gerate ich augenblicklich ins Schwärmen.

Meine Mutter sieht mich nachdenklich an. Ihr Gesicht bleibt ernst, aber sie sagt nichts mehr. Gut so, ich will es nämlich auch gar nicht hören.

Am nächsten Tag besorge ich Blumen für die Tante. Der Onkel trinkt nur Bier und hat keine Hobbys, aber er mag Schokolade – also kaufe ich Pralinen.

Sie wohnen in Steele, einem Stadtteil von Essen. Es ist eine triste Gegend, die durch das Regenwetter und die Kälte noch trister als sonst wirkt. Doch in der kleinen Wohnung ist es warm und gemütlich.

Ich werde freundlich begrüßt, genauso wie ich es mir von meinen Eltern auch für Tom gewünscht hätte. Onkel Rolf und Tante Christel sind einfache Menschen, aber voller Herzlichkeit. Sie freuen sich aufrichtig über meine Mitbringsel und bieten mir gleich das Du an. Ich fühle mich wohl bei ihnen.

»Tom hat noch nie eine Freundin mitgebracht«, sagt Christel und strahlt mich an. »Du bedeutest ihm viel.«

»Er mir auch.«

Sie nickt. »Das sieht man.«

Am Abend, als Tom mich wieder nach Hause bringt, bin ich traurig. Zu gern hätte ich ihn noch hineingebeten, aber er will nicht – er wolle sich meinen Eltern nicht aufdrängen, sagt er.

»Ich vermisse dich so«, murmele ich mit den Lippen an seinem Hals, sauge seinen Geruch in mir auf. Er riecht immer so gut nach Seife und nach sich selbst. Nach Tom eben. Ich liebe seinen Duft.

»Ich dich auch«, sagt er und rückt von mir ab. »Wir wollten doch Silvester miteinander verbringen. Ich bin bei Kommilitonen eingeladen. Hast du Lust, mich zu begleiten?«

Silvester zusammen mit Tom? Ja klar, sofort! Ich nicke.

»Dann geh jetzt rein und grüß deine Eltern von mir.« Er küsst mich, es ist ein langer, zärtlicher Kuss.

Meine Mutter ist nicht begeistert, als ich ihr sage, dass wir morgen zurück nach Dortmund fahren.

»Wir haben doch kaum Zeit miteinander gehabt«, beschwert sie sich. »Warum willst du denn schon wieder weg?«

Ich verdrehe genervt die Augen. »Wir wollen mit Freunden ins neue Jahr feiern, Mama.«

Ich bin doch keine fünfzehn mehr! Sie muss endlich begreifen, dass ich mein eigenes Leben leben will.

Zusammen mit Tom.

2. Kapitel

Wir fahren zurück nach Dortmund. Tom bringt mich zu meiner WG und bleibt gleich da, denn meine Mitbewohnerinnen sind noch bei ihren Familien, also haben wir die Wohnung für uns. Eine Wohnung mit einer vernünftigen Heizung, sogar im Bad.

Silvester gehen wir zu seinen Freunden, die Party ist laut und fröhlich. Es wird getanzt und getrunken. Ich vertrage den Alkohol nicht besonders gut und halte mich deswegen zurück, auch Tom trinkt nur ein Bier.

Um Mitternacht kommt er mit zwei Gläsern Sekt in den Händen auf mich zu. »Frohes Neues«, sagt er. »1985. Das wird unser Jahr, Maus.«

»Auf uns!« Ich hebe das Glas und nippe daran.

»Ich habe Zeitungen besorgt. Wir sollten nach einer Wohnung suchen, meinst du nicht?« Er grinst.

»Eine gemeinsame Wohnung?« Fast lasse ich das Glas fallen, so zittern mir plötzlich die Hände. Ich kann mein Glück kaum fassen.

Tom nickt. »Meine Bude ist zu klein für uns zwei – und zu kalt. Ich möchte immer neben dir einschlafen und aufwachen.«

Gerührt werfe ich mich in seine Arme. Das Jahr fängt gut an und wird sicher noch besser werden.

Wir durchforsten die Zeitung, lesen Aushänge an der Uni und besichtigen verschiedene Objekte. Preiswerter und ansehnlicher

Wohnraum in Dortmund ist rar und kaum zu finden, aber dann stoßen wir auf eine nette Zwei-Zimmer-Dachgeschosswohnung mit Zentralheizung. Sie liegt etwas außerhalb der Stadt, aber wir sehen darin keinen großen Nachteil. Tom hat ja ein Auto, außerdem gibt es öffentliche Verkehrsmittel.

Begeistert unterschreiben wir den Mietvertrag. Die Wohnung ist frei, und wir können sofort einziehen. Wir müssen nur Teppich verlegen und tapezieren. Ich habe so etwas noch nie gemacht, aber Tom kann wirklich alles und zeigt mir geduldig, wie man die klebrigen Bahnen an den Wänden anbringt. Er repariert eine kaputte Klinke und bringt eine neue Armatur in der Küche an.

Schnell sind auch Nachmieter für Toms Wohnung und mein WG-Zimmer gefunden. Ein wenig traurig bin ich ja schon, als ich Ende Januar meine wenigen Habseligkeiten packe und mich von Susanne und Martina verabschiede. Doch es ist ja kein Abschied für immer, wir ziehen nur einige Kilometer weiter und werden uns ständig in der Uni sehen.

»Was? Wieso ziehst du denn um?«, fragt meine Mutter, als ich ihr am Telefon davon berichte. »Hast du Streit mit deinen Mitbewohnerinnen? Die WG war doch so super, du hast dich wohlgefühlt. Und außerdem ist sie direkt an der Uni.«

»Nein, ich habe keinen Streit, und ja, die WG war schon toll, Mama«, sage ich und bin direkt wieder genervt.

Meine Mutter mag Tom nicht besonders, das ist mir mittlerweile klar, und sie ist schon immer sehr kritisch gewesen, wenn ich Entscheidungen getroffen habe, ohne sie vorher mit ihr oder meinem Vater zu besprechen. Daher wundert mich ihre Reaktion kein bisschen.

»Tom und ich werden zusammenziehen.«

Meine Mutter sagt nichts. Das ist die Höchststrafe. Wo andere Mütter schreien, toben und weinen, versinkt meine in Schweigen und zwingt mich so zum Reden.

»Die Wohnung ist echt ein Traum«, plaudere ich weiter und ignoriere ihren stummen Protest. »Mit Deckenbalken und Balkon. Und mit einer Badewanne, einfach himmlisch. Sie wird dir bestimmt gefallen.«

Sie muss weder mit der Wohnung noch mit Tom einverstanden sein – es reicht, wenn ich mit meiner Wahl glücklich bin.

Und das bin ich. Es ist wunderbar, wenn auch zuerst ungewohnt, mit Tom zusammenzuwohnen. Unser Leben läuft viel strukturierter ab als vorher. Morgens fahren wir gemeinsam zur Uni, mittags treffen wir uns meist in der Mensa, aber wir essen dort nur noch selten. Es ist viel schöner, zusammen einzukaufen und abends zu kochen. Wir gehen nur noch selten aus. Abends noch mal in die Stadt zu fahren, ist uns oft zu mühsam. Lieber kuscheln wir gemeinsam auf der durchgesessenen Couch, schauen fern, lesen oder lernen.

»Aber sag mal«, fragt mich Susanne, als ich sie ein paar Wochen nach meinem Auszug auf dem Campus treffe, »fehlt dir nichts?«

Verblüfft sehe ich sie an. »Was soll mir fehlen?«

»Du kommst selten mit, wenn wir um die Häuser ziehen, gehst auf keine AStA-Fete mehr, und überhaupt, man sieht dich ja kaum noch!«

Ich denke nach. Nein, es fehlt mir wirklich nichts. »Wir genießen unsere Zeit zusammen«, versuche ich zu erklären. »Außerdem lernen wir abends oft.«

»Lernen? Ist klar.« Sie lacht, aber es klingt nicht belustigt. »Mensch, du bist erst Anfang zwanzig, du wirst doch jetzt nicht zum Hausmütterchen mutieren! Was ist das für ein Kerl, dieser Tom? Klar, er ist handwerklich begabt und kann zupacken, aber ihr seid doch nicht verheiratet! Du warst früher ganz anders drauf.«

»Aber es gefällt uns so. Im Sommer sind wir abends bestimmt wieder öfter in der Stadt und im Biergarten.«

Ich wische Susannes Bedenken beiseite, ärgere mich sogar darüber. Was weiß sie schon von der großen Liebe?

In der vorlesungsfreien Zeit zwischen Winter- und Sommersemester fahren Tom und ich wieder nach Essen. Er hat dort wie immer seinen Ferienjob, mit dem er sich einen Teil des Studiums finanziert, ich habe in der Bücherei eine Stelle als Werkstudentin angenommen. Der Gedanke, dass wir getrennt sein werden, zwei Monate lang nicht gemeinsam einschlafen können, bereitet mir Bauchschmerzen – selbst wenn wir in derselben Stadt wohnen werden.

In den vergangenen Monaten haben wir meine Eltern ein paar Mal besucht und sie sind zu uns gekommen, um unsere Wohnung zu besichtigen. Ich habe das Gefühl, dass sich das frostige Verhalten meiner Mutter Tom gegenüber langsam verändert – sie taut auf. Mein Vater und Tom kommen gut miteinander aus, sie mögen und respektieren sich. Vor allem seit Tom ihm geholfen hat, eine defekte Wasserleitung zu reparieren und die alte Tanne im Garten zu fällen. Dinge, die mein Vater nicht besonders gern und auch nicht besonders geschickt macht. Aber Tom weiß, wie das geht, und kann anpacken, er scheut keine Arbeit.

Meine Mutter ist ihm gegenüber trotzdem sehr zurückhaltend. Und so überrascht es mich sehr, als sie mich fragt, wo denn Tom während der Ferien unterkomme.

»Bei seiner Tante. Dort kann er in seinem alten Kinderzimmer wohnen, auch wenn der Weg bis zur Arbeit weit ist.«

Meine Mutter schweigt, dann seufzt sie. »Er kann auch zu uns kommen.«

Mir fällt die Kinnlade runter. »Wirklich, Mami? Echt?«

»Nun, Papa mag ihn, du scheinst ihn zu lieben, und er ist ja auch kein schlechter Kerl.«

»Aber du magst ihn nicht«, füge ich leise hinzu.

»Das stimmt so nicht. Ich finde bloß, dass es zu schnell geht mit euch. Du bist noch jung, und außerdem seid ihr so verschieden. Tom ist viel ernsthafter als du.«

»Wie meinst du das denn?«, frage ich und versuche meine Empörung herunterzuschlucken. »Wäre es dir lieber, ich hätte mich in einen Hallodri verliebt?«

»Nein, so meine ich das nicht«, sagt sie nachdenklich. »Du bist halt nur einmal zwanzig, und ich finde, du solltest es genießen. Aber es ist deine Entscheidung. Und ich habe nichts gegen ihn, deshalb könnt ihr beide bei uns wohnen.«

Tom nimmt das Angebot dankbar an, auch wenn er einplant, ein paar Nächte in der Wohnung von Christel und Rolf zu schlafen, um ihnen im Haushalt ein wenig zur Hand zu gehen. Ich schätze das sehr an ihm; er will für seine Familie da sein, helfen und Probleme lösen. Er geht zielstrebig seinem Studium nach. Er trinkt nicht, schlägt nicht über die Stränge, und außerdem lieben wir uns. Es ist perfekt, und zum Glück sieht das endlich auch meine Mutter ein.

Der Sommer kommt, und auch, wenn ich es Susanne versprochen hatte, fahren Tom und ich abends nur selten in die Stadt, um uns mit ihr und anderen Freunden im Biergarten zu treffen.

Wir sitzen stattdessen von der Dämmerung bis Mitternacht auf unserem Balkon, trinken kühle Weißweinschorle und lauschen dem Zirpen der Grillen.

Im Spätherbst fahren Tom und ich eine Woche nach Dänemark, es ist Nachsaison, und die Ferienhäuser sind sehr preiswert. Wir sind fast allein in dem kleinen Ferienort. Der Sturm peitscht über das Reetdach, und wir sitzen am Kamin, schauen ins flackernde Feuer und malen uns unsere Zukunft aus. Ein Haus, ein Garten, ein Hund oder eine Katze und natürlich irgendwann Kinder, so stellen wir uns das vor.

Eine lange und steile Holztreppe führt hinunter zum Meer. Am ersten Morgen des Urlaubs klettern wir hinunter, laufen über den menschleeren Strand und steigen die Stufen anschließend wieder hoch. Auch am nächsten Tag machen wir es so, stundenlang gehen wir spazieren. Es ist herrlich, der Wind pfeift um unsere Nasen und pustet uns so richtig durch. Nach ein paar Stunden kommen wir in das vom Kamin erwärmte Haus, setzen uns vor das Feuer und genießen die Ruhe.

Als wir am dritten Tag von unserer Strandwanderung zurückkommen, ist die Treppe plötzlich verschwunden. Oben auf den Dünen, in einiger Entfernung, sehen wir die Arbeiter, die gerade noch die letzten Bretter auf einen Lastwagen laden und dann davonfahren.

Ohne Treppe kommen wir die Steilküste nicht hoch.

Also müssen wir bis zum nächsten Ort laufen, dort ist ein kleiner Hafen, der durch eine schmale Straße mit dem Dorf weiter oben verbunden ist. Drei Stunden sind wir unterwegs und ziemlich erschöpft, als wir endlich wieder im Ferienhaus ankommen.

Ich fand das Abenteuer eigentlich ganz lustig, aber Tom ärgert sich über die Arbeiter.

»Sie hätten doch wenigstens irgendwo ein Schild hinstellen können, dass der Strand winterfest gemacht wird«, grummelt er.

Ich lache. »Stell dir vor, es wäre noch später gewesen, und wir hätten im Dunkeln den Weg finden müssen.«

Schließlich stimmt er in mein Lachen ein. »Fünfzig Meter bis zum Strand, stand in der Beschreibung des Hauses«, sagt er und grinst. »Aber sie haben vergessen zu erwähnen, dass der Strand hundertfünfzig Meter unterhalb der Steilküste liegt.«

»Dafür ist der Blick unbeschreiblich. Ich liebe den Sonnenuntergang«, seufze ich.

Und ich liebe Tom, denke ich glücklich.

Wir lernen fleißig und verbringen unsere Freizeit immer noch meist zu zweit lesend oder vor dem Fernseher. Manchmal laden wir Bekannte ein und machen Spieleabende. Tom hat sein Vordiplom und ich meine Zwischenprüfung bestanden. Inzwischen wohnen wir in den Semesterferien immer bei meinen Eltern, es hat sich eingependelt, und alle sind glücklich mit der Situation.

Wir sind seit zwei Jahren zusammen und fahren im Spätsommer wieder nach Dänemark. Diesmal kommen mein Bruder und seine Freundin mit. Wir haben immer noch das Haus unseres ersten Urlaubs vor Augen, aber diesmal gibt es keine Steilküste und keine Treppe. Dafür kann man allerdings auch nicht das Meer sehen, sondern nur die Dünen, in denen das Ferienhaus liegt. Dennoch ist es ganz kuschelig.

Christoph und seine Freundin Sabine sind ein wenig enttäuscht, dass wir ein Haus ab vom Schuss gebucht haben. Sie wären abends gern mal ausgegangen, essen oder sogar tanzen. Aber die nächste Stadt mit Disko ist eine Stunde Fahrtzeit entfernt.

»Fehlt euch das gar nicht?«, fragte Sabine. »Ausgehen? Feiern gehen? Im Urlaub sollte man doch auch mal einen draufmachen.«

»Ach, das ist nicht so unser Ding«, erkläre ich und baue das Brettspiel auf.

Wir spielen jeden Abend gemeinsam, und manchmal sogar bis zum Morgengrauen. Tom spielt sehr ernsthaft, er verliert nicht gern, und so entsteht eine freundschaftliche Rivalität zwischen ihm und meinem Bruder. Jeder möchte der Beste sein – es ist ziemlich lustig, wirklich ernst meinen sie es ja nicht. Insgesamt haben wir viel Spaß miteinander und verstehen uns prächtig. Nur Tom ist nicht ganz so glücklich, wie ich später erfahre.

»Mit Sabine muss ich nicht noch mal Urlaub machen«, sagt er mir auf der Rückfahrt. »Die ist mir zu anstrengend. Ich glaube, sie konnte die wunderbare Ruhe nicht genießen.«

»Sie ist noch jung«, versuche ich zu erklären. »Sie will sich halt noch austoben.«

»So eine Frau wäre nichts für mich«, sagt Tom, beugt sich dann zu mir und küsst mich. »Aber zum Glück habe ich ja dich.«

Ein paar Wochen später, es ist Mitte Oktober, werde ich jäh aus meiner Puderzuckertraumwelt gerissen. Obwohl ich schon seit Jahren die Pille nehme, sie nie vergessen und auch sonst keine Probleme mit meinem Zyklus oder Hormonschwankungen habe, bin ich schwanger. Ich kann es nicht fassen. Ein Kind passt überhaupt nicht in meine momentane Lebensplanung.

Verzweifelt sitze ich auf dem Rand der Badewanne und starre den Test an, so gut ich ihn mit meinen tränenden Augen erkennen kann. Ich heule wie ein Schlosshund, dabei sollte man sich über so eine Nachricht doch freuen.

Der Test ist bestimmt falsch, sage ich mir und mache noch einen zweiten. Sicherheitshalber habe ich mehrere Tests gekauft – man weiß ja nie, ob man in der Aufregung alles richtig macht. Doch auch der zweite und der dritte Test verkünden dasselbe Ergebnis.

O nein. Mein Leben ist vorbei.

Da wächst ein Baby in meinem Bauch.

Das darf nicht wahr sein! Ich will zu Ende studieren, habe sogar schon ein Jobangebot von einer Firma. Mit einem Baby wird das furchtbar schwierig. Es wird nicht gehen. Ich *kann* jetzt kein Kind bekommen.

Zum Glück, denke ich und wische mir die Tränen von den Wangen, ist Tom ein sehr vernünftiger Mensch. Auch er wird das Kind nicht wollen. Es wird eine Lösung geben.

Doch zu meiner Überraschung freut sich Tom, er freut sich sogar sehr.

»Wir heiraten«, beschließt er kurzerhand.

»Das kann nicht dein Ernst sein«, protestierte ich. »Ich werde in drei Monaten erst dreiundzwanzig! Ich brauche noch ein paar Semester, um meinen Magister zu machen.«

»Aber das ist doch kein Problem. Die AStA betreibt doch diese Krippe an der Uni, das schaffen wir schon. Es ist unser Kind, Corinna, unser beider Kind.«

Wie ein kleiner Junge freut er sich, ist ganz begeistert.

»Wenn es ein Junge wird, werde ich ihm eine Carrerabahn kaufen. Ich wollte schon immer eine haben. Und dann werden wir Rennen fahren. Oder es wird ein Mädchen, eine kleine Prinzessin. Ich werde ihr ein Schaukelpferd bauen. Das wird so wunderbar werden! Du und ich und das Kind – unsere kleine perfekte Familie.«

»Aber ein Kind kostet Geld«, erwidere ich.

Obwohl wir beide jobben, ich Unterstützung von meinen Eltern bekomme und er seine Waisenrente hat, ist das Geld bei uns immer knapp. Zu zweit kommen wir gut klar, wir brauchen nicht viel und haben gelernt uns einzuschränken, dennoch müssen wir rechnen.

»Schatz, ein Kind kostet in den ersten Jahren nicht viel.« Er guckt in meine Richtung, dann erst scheint ihm der Schrecken aufzufallen, der mir in die Glieder gefahren ist.

Tom kommt zu mir, setzt sich neben mich und nimmt meine Hände in seine. »Du denkst doch nicht über eine Abtreibung nach, oder? Das kannst du nicht machen. Du trägst ein Kind in dir, unser Kind, entstanden durch unsere Liebe. Corinna!«

»Ach, nein, natürlich nicht«, sage ich schnell. »Es ist nur so … ungeplant.«

»Deine Eltern helfen uns bestimmt. Sie werden sich doch über ihr erstes Enkelkind freuen. Und wir werden heiraten!«

Ich bin mir nicht so sicher, ob sich meine Eltern wirklich freuen werden, wenn sie jetzt schon Oma und Opa werden. Außerdem habe ich mir einen Heiratsantrag doch etwas romantischer vorgestellt. Mehr so mit Rosen und Kerzen und einem Ring. Tom hat sachlich beschlossen, dass wir heiraten werden. Er hat mich noch nicht einmal gefragt, sondern setzt einfach voraus, dass ich einverstanden bin. Aber vermutlich ist meine schlechte Laune nur meiner Schwangerschaft geschuldet. Es heißt doch immer, dass Schwangere so schlimme Stimmungsschwankungen haben.

Am nächsten Wochenende fahren wir zu meinen Eltern. Die ganze Zeit zerbreche ich mir den Kopf darüber, wie ich ihnen die Neuigkeit verklickern soll. Tom hat keine Bedenken, für ihn ist alles klar und schön. Wir werden heiraten und ein Kind bekommen. Dann werde ich meinen Abschluss machen und er sein Diplom, und wir werden glücklich sein, bis dass der Tod uns scheidet. Punkt.

Mit diesem Optimismus tritt er meinen Eltern gegenüber. Ihre Sprachlosigkeit hält er für freudige Überraschung, aber ich weiß es besser.

Meine Mutter nimmt mich in der Küche zur Seite. »Das muss doch nicht sein, Conny!«

»Ich werde mein Baby nicht abtreiben«, erwidere ich entschlossen.

»Nein, natürlich nicht. Aber ihr müsst doch nicht heiraten. Wir leben im Jahr 1986, da muss man doch nicht mehr vor den Altar treten, nur weil ein Kind unterwegs ist! Ihr könnt doch auch so zusammenleben.«

Nun bin ich sprachlos. »Du willst nicht, dass wir heiraten?«

»Es ist eure Entscheidung, aber denk gut darüber nach. Ich halte es nicht für wichtig.« Sie nimmt mich in den Arm. »Wir werden immer für dich da sein. Und natürlich auch für das Baby.«

Doch Toms Entschluss steht fest. Wir gehen zum Standesamt und bestellen das Aufgebot. Ich möchte auch kirchlich heiraten, wenn schon, denn schon – aber das schaffen wir nicht mehr so schnell. Denn für das restliche Jahr sind alle Termine in unserer Gemeinde ausgebucht, im Januar muss ich mich auf die Klausuren im Folgemonat vorbereiten, und im verregneten März heiraten, das muss ja nicht sein. Und dann werde ich auch schon sichtbar schwanger sein – mit dicker Kugel auf dem Hochzeitsfoto, das ist nicht unbedingt das, was ich mir immer vorgestellt habe.

»Dann lass uns das verschieben, Maus. Wir könnten die kirchliche Trauung mit der Taufe verbinden«, sagt Tom.

Ich hatte immer so schöne rosa Mädchenträume von einer weißen Sommerhochzeit mit allem Pipapo. Und nun soll es eine Familienfeier in der Vorweihnachtszeit werden. Mist!

Die Hormone übernehmen schon bald darauf die Vorherrschaft in meinem Körper, und ich verändere mich. Babybilder lösen wahre Glückstsunamis in mir aus. Ich abonniere die Zeitschrift *Eltern*, leihe mir Bücher über Säuglingspflege aus und melde uns bei einem Geburtsvorbereitungskurs an. Tom ist Feuer und Flamme und will auf jeden Fall bei der Geburt dabei sein. Wir besuchen Trödelmärkte und kaufen winzige Söckchen und Hemdchen, diskutieren darüber, ob wir Fertig- oder Stoffwindeln verwenden sollen und ob ich unserem Baby die Brust gebe – keine Selbstverständlichkeit zu dieser Zeit.

Ich habe schon einen kleinen Bauch, als im Dezember endlich der Termin unserer standesamtlichen Trauung ist. Wir heiraten in Essen, Tante Christel und Onkel Rolf kommen, meine Eltern, mein Bruder mit Freundin und ein paar Leute aus dem Studium sind ebenfalls dabei. Das Standesamt ist ein modernes Gebäude, der Trausaal schlicht und praktisch, wenn auch nicht gerade ansprechend. Aber all das ist egal, heute soll der schönste Tag meines Lebens sein, denn heute werden Tom und ich den Bund fürs Leben schließen. Wir blicken uns an und wissen, es ist die richtige Entscheidung. Jetzt werden wir zum Ehepaar, und in ein paar Monaten werden wir Eltern werden.

Der Standesbeamte sieht ein wenig aus wie Norbert Blüm, Glatze, Pfannkuchengesicht, gemütlicher Bauch. Er begrüßt uns fröhlich, allerdings mit falschen Namen. Es dauert eine Weile, bis er seine Unterlagen sortiert hat und das richtige Stammbuch findet. Tom und ich sitzen Hand in Hand vor dem Tisch und lauschen seinen Worten.

Dann kommt das Eheversprechen. Der Standesbeamte wendet sich an Tom. »Wollen Sie, Tom Richter, mit der hier anwesenden Frau Corinna Schneider, die Ehe eingehen? Dann antworten Sie bitte mit Ja.«

Tom guckt stur geradeaus. Er sieht sehr ernst und entschlossen aus. »Ja.«

»Nun meine Frage an Sie, Frau Schneider«, sagt der Standesbeamte und blinzelt mir freundlich zu. »Wollen auch Sie mit Herrn Tom Richter den Bund der Ehe eingehen? Dann antworten Sie bitte ebenfalls mit Ja.«

Meine Stimme zittert, als ich sage: »Ja, ich will.«

Der Standesbeamte fährt fort mit unserem Trauspruch. »Sie haben sich dazu entschieden, füreinander zu sorgen und sich zu helfen, zu vertrauen und treu zu sein, zu lieben und zu verachten …«

Er verstummt abrupt. Die Hochzeitsgesellschaft hält kollektiv die Luft an. Im Raum ist es so still, dass man eine Nadel fallen hören könnte. Ich glaube nicht, was ich da gehört habe, und gucke Tom unsicher an. Er grinst mit zusammengekniffenem Mund.

Der Standesbeamte blättert in den Papieren herum, dann endlich holt er tief Luft und erhebt erneut die Stimme: »… und somit erkläre ich, dass Sie nunmehr kraft Gesetzes rechtmäßig verbundene Eheleute sind.«

Puh! Mir fällt ein Stein vom Herzen. Zum Glück ist nicht noch mehr schiefgegangen.

Tom und ich tauschen Ringe, unterschreiben die Urkunden,

und schneller als gedacht sind wir Mann und Frau. Es gibt einen Händedruck, die Urkunden, das Stammbuch, und schon sind wir wieder draußen.

Feierlich und ergreifend war das nicht, ich bin enttäuscht. Mir fehlt dieses großartige Gefühl, einen wichtigen und entscheidenden Schritt im Leben getan zu haben. Stattdessen frag ich mich: War das jetzt alles?

Wir haben einen kleinen Raum in einem Restaurant gebucht und gehen essen, anschließend fahren wir mit meinen Eltern nach Hause, gerade rechtzeitig vor den Nachrichten.

Ich verziehe mich in unser Zimmer, lege mich auf das Bett und starre die Wand an. Tränen der Enttäuschung laufen mir die Wangen hinunter. So sollte es nicht sein, oder? Sich lieben und verachten … War das ein schlechtes Omen oder nur ein dummer Versprecher?

Geld für eine Hochzeitsreise haben wir natürlich nicht, wir müssen sparen, denn bald kann ich ja nicht mehr jobben. In Dortmund kellnere ich während des Semesters immer in einem kleinen Bistro, und in den Semesterferien räume ich in der Bibliothek Bücher ein. Das wird mit Baby nicht mehr gehen.

Ich lege die Hände auf meinen Bauch, und zum ersten Mal spüre ich eine zarte Bewegung. Mein Baby. Dort in mir drin entsteht gerade ein neues Leben. Mein Kind, ich werde es immer und immer und immer lieben, das weiß ich. Und Tom werde ich auch immer lieben. Der Tag war doof, aber es war nur ein formaler Akt, wir sind schon so viel länger ein Paar. Ich muss die Sache abhaken. Die Urkunde und die gestammelten Worte sind eine rein rechtliche Angelegenheit und haben für unsere Liebe keine Bedeutung, sage ich mir.

Später, als wir aneinandergekuschelt im Bett liegen, streichelt Tom über meinen Bauch.

»Mein Sohn«, murmelt er. »Dort wächst mein Sohn. Wir sind eine Familie, für immer und ewig. Davon habe ich geträumt, seit ich denken kann, und jetzt wird mein Traum wahr.«

»Oder deine Tochter«, sage ich grinsend.

Wir sind zwar beim Ultraschall gewesen, aber mehr als eine Art Mondlandschaft war für mich nicht zu erkennen. Der Arzt hatte auch nichts zum Geschlecht des Kindes sagen wollen.

»Nein«, sagt Tom mit Bestimmtheit, »es ist ein Junge, mein Sohn. Das weiß ich.«

Mir ist bewusst, dass Familie für ihn, der so früh seine Eltern verloren hat, eine andere Bedeutung hat als für mich. Für ihn ist eine eigene Familie das höchste Gut. Er wollte schon immer Kinder, am liebsten hätte er einen ganzen Stall voll. Er wird bestimmt ein sehr liebevoller und fürsorglicher Vater sein.

Nun bin ich also Frau Richter. Es dauert Wochen, bis ich mich an meinen neuen Namen gewöhnt habe, damit flüssig unterschreibe und mich entsprechend am Telefon melde.

Mein Bauch wächst weiter, inzwischen ist die Schwangerschaft nicht mehr zu übersehen. Die Wohnung ist zu klein, stellen wir bald darauf fest, auch wenn wir das Babybett erstmal ins Schlafzimmer stellen. Außerdem ist die Entfernung in die Stadt mit Kinderwagen und öffentlichen Verkehrsmitteln doch eine Herausforderung.

Tom beschließt, dass es für mich leichter sein wird, wenn wir wieder in die Innenstadt ziehen. Wir haben Glück und finden rasch eine Drei-Zimmer-Wohnung. Das Schlafzimmer ist groß genug für Wickeltisch und Babybett. Das kleine dritte Zimmer wird Toms Arbeitszimmer, schließlich muss er bald seine Diplomarbeit schreiben und braucht dafür Ruhe und einen ordentlichen Schreibtisch.

Wir gehen gemeinsam zum Geburtsvorbereitungskurs und sind dort die jüngsten Eltern. Das heißt, ich bin mit Abstand die Jüngste. In Toms Alter gibt es noch zwei weitere werdende Väter, die beide noch studieren, genau wie er. Zehn Paare treffen sich jeden Mittwoch, so lange bis das letzte Baby geboren ist. Wir sind alle für denselben Monat errechnet und schon sehr gespannt, wer den Termin einhalten wird. Es ist eine nette Runde, und wir freunden uns schnell miteinander an, gehen nach den Treffen meist noch etwas essen.

Rosa ist fast zwanzig Jahre älter als ich, aber wir verstehen uns von der ersten Sekunde an, als würden wir uns seit Jahren kennen, verabreden uns häufig zum Kaffee oder zum Spazierengehen. Auch mit Ursula und Brigitte verstehe ich mich gut. Obwohl ich immer noch zur Uni gehe und ein paar Seminare besuche, liegt mein Fokus nun auf der Mutterschaft. Mein Nestbautrieb ist sehr ausgeprägt, und ich kann es kaum erwarten, endlich mein Baby in die Arme schließen zu können.

Doch der errechnete Termin kommt und nichts passiert. Sechs von zehn Babys aus der Gruppe sind geboren, zwei davon wären eigentlich erst nach mir dran gewesen. Ich habe das Gefühl, nur noch rollen zu können, und will, dass mein kleiner Junge endlich kommt. Inzwischen wissen wir, dass es ein Junge wird. Angst vor der Geburt habe ich nicht, ich habe mich gut vorbereitet und weiß, was mich erwartet. Tom steht mir mitfühlend zur Seite.

Meine Mutter kommt mich besuchen, sie ist besorgt. »Ach Conny, hoffentlich geht alles gut.«

»Milliarden Frauen haben schon Kinder bekommen«, gebe

ich genervt zurück, »und etliche waren noch viel jünger als ich. Was soll schon passieren?«

»Ich mache mir trotzdem Sorgen.« Sie nimmt mich in den Arm und drückt mich fest.

In diesem Moment fühle ich mich geborgen und sicher. Meine Mami, sie ist für mich da. Aber alles, was noch vor mir liegt, muss ich allein schaffen, das kann sie mir nicht abnehmen.

Der Entbindungstermin ist überschritten, ab jetzt muss ich alle zwei Tage ins Krankenhaus zur Kontrolle. Zehn Tage habe ich noch, dann soll eingeleitet werden. Baby, warum kommst du nicht? Ich bin furchtbar genervt und schlecht gelaunt.

Ich telefoniere mit meiner Omi. Sie ist schon über achtzig und lebt in einem Altenheim, da sie dement ist und meine berufstätige Mutter sie nicht pflegen kann. Aber manchmal hat meine Großmutter wache Momente. Zum Glück ist es heute auch so.

»Ich will nicht mehr schwanger sein«, jammere ich.

»Es ist noch kein Kind drin geblieben.« Sie lacht. »Du wirst das schon schaffen«, sagt sie und macht mir Mut.

Leider wird sie kurz darauf zum Essen abgeholt, und wir müssen das Gespräch beenden.

Bald denke ich, bald kann ich Omi mit ihrem ersten Urenkel besuchen. Er muss nur endlich auf die Welt kommen!

Wieder müssen wir zur Kontrolle, bringen vorher noch das Altglas weg. Voller Wut und Frustration werfe ich die Flaschen so heftig in den Container, dass sie an der Wand im Inneren zerschellen.

»Reiß dich zusammen«, schnauzt Tom mich an. »Was soll das?«

»Ich will nicht mehr«, sage ich und breche in Tränen aus.

»Ich bin ein Walross, ein Elefant. Ich bin so unglaublich fett und kann mich nicht mehr bewegen, alles tut mir weh …«

»Stell dich nicht so an«, sagt er, nicht laut, aber mit Nachdruck.

Es ist das erste Mal, dass er kalt zu mir ist. Fast böse. Ich blicke ihn fassungslos an – sollte er nicht mit seiner schwangeren Frau mitfühlen?

Wir fahren zum Krankenhaus, es herrscht eisiges Schweigen zwischen uns.

»Ihrem Kind geht es gut, Frau Richter«, sagt die Ärztin, »aber so langsam sollte es kommen. Ich gebe Ihnen zwei Zäpfchen mit, die entspannen Sie. Haben Sie Angst?«

»Nein, ich habe keine Angst. Ich mag nur nicht mehr«, sage ich leise.

»Das kann ich gut verstehen. Wir warten noch bis morgen, wenn sich dann nichts tut, versuchen wir einzuleiten. Aber stellen Sie sich schon mal auf einen Kaiserschnitt ein.«

Sie kann meine Frustration nachvollziehen, denke ich, Tom nicht. Aber einen Kaiserschnitt? Das ist das Letzte, was ich will. Ich bin noch nie operiert worden, davor habe ich tatsächlich Angst.

Doch so weit kommt es gar nicht. In der Nacht setzen die Wehen ein, und wir fahren wieder ins Krankenhaus. Jetzt ist der Moment gekommen, jetzt werden wir Eltern. Alexander, so wollen wir ihn nennen, wird zur Welt kommen.

Ich habe regelmäßige Wehen, doch es zieht sich endlos hin. Wir sollen laufen, Treppensteigen, hoch, runter, hoch, runter … Nach vierzehn Stunden kann ich die Schmerzen nicht mehr ertragen und bitte um eine PDA.

»Setzen Sie sich lieber«, sagt der Anästhesist zu Tom. »Väter kippen schon mal um, wenn ich die Spritze setze.« Dann beugte er sich über meinen Rücken.

»Ich ruf deine Eltern an«, meint Tom und geht, das Telefon ist unten in der Eingangshalle.

»Machen Sie einen runden Rücken und bewegen Sie sich nicht«, sagt der Arzt zu mir.

Witzig. Weiß er eigentlich, wie sich Wehen anfühlen? Einen Buckel soll ich machen? Bin ich eine Katze? Und überhaupt, was erwartet er von mir? Aber ich hoffe so sehr, dass die Schmerzen aufhören … Also füge ich mich. Irgendwie.

Nur Minuten später werden meine Beine warm und wattig, und der Schmerz lässt nach. Halleluja!

»Sie dürfen sich jetzt hinlegen«, sagt der Mann, der mir die Erlösung gebracht hat.

Langsam und in bester Walrossmanier rolle ich zur Seite und entspanne mich. Ich habe keine Schmerzen mehr. Das tut so gut …

»SCHEISSE!«, brüllt da der Anästhesist. »Schwester, Schwester, schnell! Der Mann der Patientin ist umgekippt. Ich kann ihn nicht mehr sehen.«

Jetzt kann ich endlich wieder lachen. »Keine Sorge«, beruhige ich den Anästhesisten. »Er ist runtergegangen, um meine Eltern anzurufen.«

Später am Tag liege ich auf dem Kreißsaalbett, Tom schläft in dem Sessel, den die Schwester hineingeschoben hat. So vergeht die Zeit, und es wird Nacht.

In den frühen Morgenstunden lässt die Betäubung nach, und es tut wieder richtig weh. Ich will noch eine PDA, ich ertrage keine Schmerzen mehr, mir reicht es. Und überhaupt, ich will nach Hause in mein Bett, etwas zu essen und einen guten Kaffee. Ich will alles, nur nicht hier liegen und ein Kind bekommen.

»Ein gutes Zeichen«, sagt die Hebamme. »Jetzt dauert es nicht mehr lange.«

Was? Ich möchte nicht mehr!

Rückgängig machen könne man es aber nicht, versichert sie mir mit einem Lächeln im Gesicht.

Als die Sonne aufgeht, wird Toms und mein erstes Kind geboren, unser Sohn Alexander. Es ist ein wahnsinnig ergreifender Augenblick. Er schreit nicht, schnauft nur ein wenig und schaut mich mit seinen dunklen Augen an. In diesem Moment bin ich für immer und ewig verloren – an ihn. Ich liebe ihn jetzt schon mehr als mein Leben, mehr als alles in dieser Welt. Und er riecht so gut, dieser Säuglingsgeruch, dieses neue, frische Leben, es ist unbeschreiblich.

Tom nimmt ihn und hält ihn vorsichtig. In seinen Augen stehen Tränen. »Ich bin es, dein Vater. Du wirst mich immer lieben.« Dann gibt er mir Alexander zurück.

Erst viel später begreife ich, was Tom gesagt hat.

3. Kapitel

Ich weiß von Anfang an, dass mit Alexander etwas nicht stimmt. Er ist nicht ganz gesund. Das sage ich den Ärzten und auch der Hebamme. Sie lächeln mich an und schütteln den Kopf. »Ihrem Baby fehlt nichts.«

Und in ihren Augen lese ich: hysterische junge Mutter.

Auch die Hebamme, die die Nachsorge macht, versucht mich zu beruhigen. Alexander trinkt nicht gut, aber sie meint, das würde daran liegen, dass ich zu viel Milch habe. Die Milch ströme nur so aus meiner Brust heraus, und er habe gar keine Zeit, richtig zu schlucken.

»Das spielt sich schon ein«, sagt sie.

Meine Unsicherheit bleibt. Ich spüre, dass etwas mit Alexander nicht in Ordnung ist. Ich gehe zur Kinderärztin, aber auch sie nimmt mich nicht ernst.

»Er schläft so wenig und so unruhig, schwitzt am Kopf«, sage ich.

»Das ist so bei Säuglingen. Es wird schon werden.«

Ein paar Wochen später bin ich wieder in der Kinderarztpraxis. Berichte erneut von meinen Sorgen, sehe über ihren genervten Blick hinweg, bitte sie, ihn sich nochmal genau anzusehen.

Die Ärztin zieht Alexander aus, ich sitze daneben, sehe ihr zu. Lehne mich zurück, als wäre ich entspannt, aber meine Wirbelsäule ist steif wie ein Bügelbrett.

Sie stopft sich die Gummistecker des Stethoskops in die Ohren, lächelt noch einmal beruhigend in meine Richtung und hört mein Baby ab.

Es dauert lange – zu lange.

Die Zeit dehnt sich endlos aus, wird zähflüssig wie Sirup. Ich kann mein Herz schmerzhaft gegen die Rippen pochen spüren. Panik, nackte Angst durchzieht mich.

Die Ärztin zieht die Ohrstöpsel heraus, sieht mich an. Nachdenklich, traurig. Schließlich spricht sie. Ihre Stimme dringt wie von weit weg zu mir herüber. Ein Radio mit schlechtem Empfang.

»Ich kann ein Geräusch hören. Das muss nichts heißen, aber Sie müssen es überprüfen lassen, in der Klinik.«

Ich nickte, beiße mir auf die Lippen und verbiete mir, in Tränen auszubrechen.

Die Ärztin ruft im Krankenhaus auf der kinderkardiologischen Abteilung an, macht einen Termin aus. Ich werde Zuschauer meines eigenen Lebens.

Der Termin ist erst in drei Tagen, eine unfassbar lange Zeit voller Angst. Ich halte Alexander in den Armen, laufe mit ihm durch unsere kleine Wohnung, weine.

»Es wird schon nicht so schlimm sein«, sagt Tom. Außerdem erklärt er mir, dass er nicht mitkomme zu dem Termin. Er habe eine wichtige Vorlesung, die er nicht verpassen wolle.

»Es geht um unser Baby«, rufe ich entsetzt. »Um das Leben unseres Kindes!«

»Nun dramatisier doch nicht alles! Wenn es schlimm wäre, hätten sie dich direkt dorthin geschickt.«

Er klingt genervt.

Der Tag kommt, und ich mache mich auf den Weg. Vor der Klinik bleibe ich stehen. Ein Krankenwagen fährt vor, saphirblaue Lichter blinken, Kronjuwelen des Unglücks. Ich schiebe einen Fuß nach vorn, noch einen. Die Zeit nimmt eine andere Dimension an.

Innen blendet mich künstliches Licht, hart und grell. Und dann natürlich dieser Geruch nach Desinfektionsmittel und Chemikalien, vermischt mit einer leichten Spur von Angst. Ein Geruch, der sich in der Nase festsetzt.

In der Kinderkardiologie lächelt mich eine Schwester freundlich an. Ich öffne den Mund, bewege die Lippen, aber es kommen keine Töne. Mühsam schlucke ich den Kloß in meinem Hals herunter, versuche es noch einmal, nenne meinen Namen, dann den meines Kindes.

Die Schwester nickt, wir werden schon erwartet.

Die Untersuchung ist langwierig. Abhören, Sonografie, wieder abhören, Doppler. Alexander weint. Er ist unruhig. Kann er meine Angst spüren? Wahrscheinlich.

Zwischen den Untersuchungen setze ich mich in eine Ecke, gebe ihm die Brust und spreche leise mit ihm.

»Alles wird gut, mein Schatz. Bestimmt wird alles gut. Ganz sicher wird es das. Und wir sind immer für dich da, mein Häschen. Papa und Mama sind immer für dich da.«

Ich schlucke und spüre die Wut auf Tom. Wie kann er mich in dieser Situation nur allein lassen? Ich dachte, Alexander wäre ihm wichtiger als sein Leben! Nun, anscheinend habe ich mich da getäuscht.

Endlich sind alle Untersuchungen abgeschlossen, und ich nehme dem Professor gegenüber Platz. Meine Knie fühlen sich an wie Gelee, mein Herz flattert. Ich schaue in das Gesicht des

Arztes, suche nach verräterischen Anzeichen von Anspannung, ein sich straffendes Kinn, schmaler werdende Lippen.

Er lächelt mich an. Ein Lächeln, das mich hilflos macht, sodass ich unsicher zurücklächele. Der Ausdruck in seinen Augen ist freundlich, wirkt aber gezwungen.

In meinem Kopf höre ich das blecherne Echo seiner Stimme: »Ein seltener Herzfehler, nicht erblich. Wir werden ihn operieren, wenn er neun Kilo wiegt, vorher geht es nicht. Es gibt noch keine Erfahrungswerte, aber er hat gute Chancen, erwachsen zu werden.«

Ich weiß nicht, wie ich nach Hause komme, aber irgendwann schließe ich die Tür zu unserer Wohnung auf. Alexander schläft zum Glück, und so kann ich meinen Tränen freien Lauf lassen.

Zwei Stunden später kommt Tom endlich nach Hause. Schluchzend erzähle ich ihm, was der Arzt gesagt hat. Tom wird ganz blass, er sagt nichts. Was soll er auch sagen? Die Verzweiflung steht zwischen uns, ist beinahe greifbar.

»Das bedeutet, er könnte sterben?«, fragt er tonlos.

Ich nicke. Tom schweigt.

Die nächsten Wochen sind wir wie gelähmt, es braucht Zeit, bis wir begreifen, was da gerade mit uns und unserem Leben passiert. Unser süßes kleines Baby ist todkrank.

Ich pilgere von einem Arzt zum anderen, bin mindestens einmal in der Woche mit Alexander bei der Kinderärztin. Er trinkt schlecht, nimmt ab.

»Sein Herz ist geschwächt, er hat nicht die Kraft, um zu trinken«, erklärt sie mir. »Er muss Medikamente bekommen.«

Herztropfen – eine diffizile und sensible Sache bei einem Baby, das nur knapp drei Kilo wiegt. Ein Tropfen zu viel oder zu wenig könnte fatal sein. Natürlich ist das meine Aufgabe. Medikamente, Gewicht, Arztbesuche, alles liegt allein bei mir. Tom muss schließlich lernen.

Meine Eltern kommen manchmal am Wochenende. Aber sie können mir nicht wirklich helfen. Sie sind beide noch berufstätig, außerdem kann nur ich Alexander stillen. Muttermilch ist das Beste für ihn, zum Glück habe ich reichlich davon.

Im April wurde Alexander geboren, im Juli hat er sein Geburtsgewicht nur wenig überschritten. Es ist ein heißer Sommer, und die Hitze macht uns allen zu schaffen. Aber für mein Baby ist es besonders schlimm.

Ich stille Alexander, er kann aber nur wenige Schlucke trinken und schläft dann erschöpft ein. Nach einer halben Stunde wacht er auf, schreit, weil er hungrig ist oder Bauchschmerzen hat. Wenn er weint, läuft sein Gesicht blau an. Er darf nicht weinen. Ich tröste ihn, trage ihn durch die Wohnung, durch den Park, durch die Straßen. Ich stille ihn, wickele ihn, wiege ihn. Er darf nicht weinen, nicht schreien. Den Fliegergriff mag er am liebsten, ausgestreckt in Bauchlage auf meinem Unterarm, so beruhigt er sich schnell wieder, finde ich heraus. Er schläft höchstens eine halbe Stunde am Stück – egal ob Tag oder Nacht. Ich selbst ebenfalls. Zwischendurch mache ich den Haushalt, gehe einkaufen, wasche die Wäsche, sauge, putze, koche. Und immer wieder Alexander.

Es wird Herbst. Tom kommt inzwischen nur noch zum Essen und Schlafen nach Hause, er lernt bei einem Freund, bei uns ist es ihm zu unruhig.

Mein Studium kann ich vergessen, ich kann Alexander nicht in die Krippe geben, obwohl er jetzt schon sechs Monate alt ist und sie ihn für ein paar Stunden aufnehmen würden. Ein Infekt kann lebensbedrohlich für ihn werden. Bei jedem kleinsten Anzeichen einer Erkrankung muss er Antibiotika nehmen.

Ich liebe mein Kind, ich würde alles für Alexander tun – und dennoch hadere ich manchmal mit meinem Schicksal. Ich nehme immer mehr ab, wiege nur noch zweiundvierzig Kilo und bin ständig übermüdet.

In den ersten Monaten versuche ich noch, Kontakt zu meinen Kommilitoninnen zu halten, aber bald schon werden die Anrufe weniger. Mit den Frauen aus dem Geburtsvorbereitungskurs treffe ich mich zum Glück regelmäßig. Wir reden nicht nur über Babys und Windeln, sondern auch über Politik und Wirtschaft, unsere Träume und Hoffnungen. Nur wenn sie ausgehen, ins Kino oder in ein Restaurant, muss ich passen. Ich kann Alexander niemandem außer Tom anvertrauen. Und das auch nur für ein paar Stunden, höchstens.

»Ich muss dringend in die Stadt«, sage ich an einem Samstag. »Ich habe nichts mehr anzuziehen.«

»Der Kleiderschrank ist voll«, sagt Tom und vertieft sich wieder in die Zeitung.

»Richtig, aber mir passt kaum noch etwas. Ich wiege zehn Kilo weniger als vor der Schwangerschaft.«

Tom schaut mich an, nickt dann. »Ja, geh in die Stadt und kauf dir ein paar neue Sachen. Ein paar praktische Pullover und Hosen.«

Praktisch. Ja, meine Kleidung muss praktisch sein. Früher habe ich gern kurze Röcke und Kleider getragen, aber mit Baby oder Kleinkind ist das keine gute Idee, weil man die Hälfte der Zeit auf der Krabbeldecke sitzt oder im Sandkasten kniet. Außerdem mag Tom kurze Röcke nicht. Knielang akzeptiert er, aber noch lieber mag er wadenlange Kleider und Röcke.

»Du bist jetzt Ehefrau und Mutter«, hat er zu mir gesagt, als ich im Sommer an einem allzu heißen Tag mal einen Minirock getragen habe. »Du solltest nicht wie ein Flittchen rumlaufen.«

Er ist konservativ. Aber eigentlich ist das ja etwas an ihm, was ich schätze – seine Beständigkeit. Deshalb macht es mir nichts aus, mich nach seinem Geschmack zu kleiden. Meistens jedenfalls nicht.

Nach einem Dreivierteljahr bin ich am Ende meiner Kräfte. Alexander nimmt zu – langsam, aber stetig, doch ich nehme immer weiter ab.

Es ist Winter geworden. Alexander hat Schnupfen, kriegt schlecht Luft und weint. Er kann nicht schlafen. Ich wandere mit ihm auf dem Arm durch den Flur und das Wohnzimmer, schaue nachts in der Küche aus dem Fenster, trage ihn, schaukele ihn. Dabei bemühe ich mich leise zu sein, damit ich Tom nicht wecke.

Schließlich, eines Nachts, kann ich nicht mehr. Alexander lässt sich nicht beruhigen, er weint und jammert, windet sich in meinen Armen. Ich bin Kilometer gelaufen, immer durch den Flur in die Küche und zurück, dann ins Wohnzimmer. Dort drehe ich eine Runde, gehe wieder in den Flur. Leise singe und murmele ich, aber in meinem Kopf ist nur noch Watte. Meine Arme tun weh, mein Rücken schmerzt, meine Füße sind wie Blei. Ich möchte so gern schlafen, nur ein paar Stunden. Mehr will ich ja nicht, nur für einen kurzen Moment die Augen schließen und nichts mehr hören oder sehen. Ich kann einfach nicht mehr.

Schluchzend gehe ich ins Schlafzimmer und wecke Tom.

»Bitte, bitte nimm du ihn! Wenigstens ein paar Stunden. Nur zwei. Bitte, ich kann nicht mehr. Ich muss wenigstens einmal zwei Stunden am Stück schlafen.«

Tom setzt sich auf, sieht mich fassungslos an. »Ich muss morgen zur Uni«, sagt er leise. »Das weißt du doch!«

Seine kalte, kaum hörbare Stimme macht mir Angst. Er wird nie laut, er wird leise, wenn wir streiten. Wir streiten nicht oft, denn was er sagt, hat Gewicht. Meine Worte scheinen dagegen immer federleicht zu sein.

»Ich bin so müde«, flüstere ich.

»Ich auch«, sagt er, legt sich wieder hin und dreht mir den Rücken zu.

Alexander fängt erneut an zu jammern, ich gehe zurück in den Flur und schließe leise die Tür hinter mir. Wir wandern ins Wohnzimmer, die Straßenlaternen gießen Pfützen aus Licht auf den Teppich. Ich wiege meinen Sohn, halte ihn zärtlich an mich gedrückt, er kann ja nichts dafür, dass er krank ist.

Plötzlich höre ich Schritte hinter mir – Tom. Hat er ein Einsehen? Wird er mir ein paar Stunden Schlaf am Stück schenken?

Doch er sieht mich nur böse an. »Wie konntest du mich nur wecken? Was fällt dir ein?«, knurrt er leise.

»Ich bin so erschöpft«, versuche ich zu erklären. »Ich habe wochenlang nicht richtig geschlafen ...«

»Ich muss zur Uni und lernen! Ich muss mein Diplom bestehen, damit ich einen Job bekomme und *euch* ernähren kann. Du kannst dich den ganzen Tag ausruhen!«

»Ausruhen?« Ich schüttele entgeistert den Kopf. »Wie stellst du dir das vor? Alexander schläft kaum, sein Herz rast, er kommt nicht zur Ruhe, und ich auch nicht!« Im Gegensatz zu Tom werde ich laut.

Er sieht mich verächtlich an, dann zischt er: »Ich bitte dich, du musst dich doch nur um das Kind kümmern.«

»Nur? Du hast vielleicht Nerven! Das ist ein Fulltimejob. Mach du das doch mal, einen Tag lang. Nächsten Samstag kannst du dich vierundzwanzig Stunden um Alex kümmern.«

»Hast du sie noch alle? Am Wochenende nehme ich dir Alexander doch schon genug ab.«

Ich lache bitter. »Ja, mal eine Stunde, damit ich einkaufen gehen kann. Oder Fenster putzen.«

Das stimmt natürlich nicht. Tom tut viel mehr als das, aber in diesem Moment, in dem ich so müde bin, kann und will ich das nicht sehen.

»Wie du vielleicht mitbekommen hast, lerne ich auch am Wochenende«, sagt Tom kalt, »und dann brauche ich eben ab und an mal Zeit, um mich zu erholen. Du hast ja keine Ahnung, wie schwer so ein Studium ist.«

»Doch, das weiß ich sehr wohl. Aber du hast keine Ahnung, wie anstrengend es ist, sich immer um ein krankes Kind zu kümmern!«

»Wenn ich ihn jetzt nehme, dann wirst du es bitter bereuen. Überleg es dir also gut.« Er verzieht das Gesicht zu einer fiesen Fratze.

»Nein, danke! Geh ins Bett und schlaf!«, schreie ich.

Tom sieht mich an, dann hebt er die Hand und schlägt mir mit voller Wucht gegen die Stirn. Einfach so. Ich taumele ein paar Schritte nach hinten, kann mich gerade noch fangen, bevor ich stürze und Alexander mit mir zu Boden reiße. Aber glücklicherweise habe ich das Gleichgewicht nicht verloren.

»Bevor du mich noch einmal weckst, denk gut nach! Denk ja gut nach.«

Tom dreht sich um und geht.

Alexander weint leise. Ich drücke ihn an mich, meine Augen füllen sich mit Tränen des Entsetzens. Kein Mann, keiner schlägt mich, jemals. Auch Tom nicht, auch nicht derjenige, den ich so liebe, denn ich liebe Tom, natürlich. Er ist weder ein schlechter Mann noch ein schlechter Vater. Morgens steht er immer schon um halb sieben auf, wickelt Alex, nimmt ihn mir ab. Dann darf ich eine Stunde schlafen, bis halb acht, bis Tom zur Uni geht. Er lernt wie besessen, damit er schnell fertig wird und dennoch einen guten Abschluss macht. Am Wochenende geht er mit uns spazieren, macht Ausflüge, wenn es seine Zeit zulässt, manchmal geht er sogar mit zur Kinderärztin. Er liebt Alex. Kaum betritt Tom die Wohnung, ruft er schon nach seinem Sohn, nimmt ihn, wirft ihn hoch, bis Alex vor Glück jauchzt. Er badet ihn zärtlich, cremt ihn ein, kuschelt mit ihm auf dem Sofa.

Tom ist kein schlechter Mann, denke ich und lehne meine schmerzende Stirn an die kalte Fensterscheibe. Er liebt uns, und er ist überfordert, so wie ich auch. Aber kein Mann schlägt mich.

Schließlich setze ich mich auf das Sofa. Alexander schläft in meinen Armen ein, und ich mit ihm.

Als ich am nächsten Morgen aufwache, ist Tom schon weg. Ich kann es kaum glauben, Alexander hat über drei Stunden geschlafen – und ich auch.

Tom und ich sprechen nie wieder über diese Nacht.

Alexander wächst und nimmt langsam zu, er schläft mittlerweile auch mal zwei Stunden am Stück. Dennoch sitzt mir die Erschöpfung tief in den Knochen.

»Komm zu uns«, sagt meine Mutter im Frühjahr, als mein Sohn fast ein Jahr alt ist. »Ich habe Urlaub und kann dich ein wenig entlasten.«

Ich überlege nicht lange, sondern packe meine Sachen.

Tom steht vor wichtigen Prüfungen, er ist erleichtert, dass

wir fahren. »Lass dich von deiner Mutter verwöhnen«, sagt er und küsst mich zärtlich. »Und pass gut auf unseren Jungen auf.«

Zu Hause bei meinen Eltern bringe ich die Sachen in mein altes Zimmer und baue das Reisebett für Alexander auf. Meine Mutter schiebt stolz den Kinderwagen durch die Nachbarschaft, von ihrer anfänglichen Skepsis ist nichts mehr übriggeblieben. Die ersten beiden Tage sind wundervoll. Ich darf ausschlafen – das erste Mal seit Monaten. Meine Mutter nimmt ihren Enkel, kümmert sich um ihn. Ich kann baden, mich aufweichen lassen in der Wanne und im heißen Wasser. Ich kann mit meinen Freundinnen telefonieren. Aber immer lausche ich nach meinem Baby, mit halbem Ohr bin ich stets bei ihm.

Am dritten Tag bekommt er plötzlich Fieber. Ich fluche, suche die Adresse der nächsten pädiatrischen Praxis heraus. Alexanders medizinische Mappe habe ich natürlich dabei und lege sie auf den Schreibtisch der Ärztin, als wir endlich drankommen.

»Mein Sohn hat eine Fallot-Pentalogie und hypoxämische Anfälle. Der Klappendefekt ist ausgeprägt, und er leidet an einer Rechtsherzverdickung«, leiere ich herunter. »Er hatte heute Morgen 38,4 Temperatur und braucht Antibiose. Leider hat er eine Penicillinallergie entwickelt, aber Erytromycin geht.«

Die Kinderärztin sieht mich mit großen Augen an. »Kommen Sie aus dem medizinischen Bereich?«

»Nein, ich bin nur Mutter.«

»Oh, so ist das.«

Sie untersucht Alexander, stellt ein Herzgeräusch fest. Ich überlege, ob ich meine Sachen packen und zurück zu Tom fahren soll.

»Er hat einen Schnupfen, nicht ungewöhnlich für Kinder in

dieser Jahreszeit. Außerdem zahnt er. Was bekommt er zu essen?«

»Ich stille noch«, sage ich. »Aber ich versuche ihm auch Gläschen zu geben und Brei. Nur verträgt er das nicht gut und hat deswegen oft Koliken.«

Sie schaut mich über den Rand ihrer Brille an. »Er ist schon fast ein Jahr alt.«

»Das weiß ich«, sage ich müde.

Ich mag nicht diskutieren. Alexander schafft kaum eine ganze Mahlzeit. Er mag keinen Brei und keine Gläschen, davon isst er nicht viel. Wenn ich jetzt auch noch Flaschen auskochen und Sauger desinfizieren müsste, würde ich garantiert am Stock gehen. Außerdem genieße ich das Stillen, diesen intimen Moment, diese Nähe und Innigkeit zwischen uns, auch wenn es mir Freiheit raubt, weil ihm niemand die Flasche geben kann.

Die Ärztin verschreibt ihm ein mildes fiebersenkendes Mittel und Nasentropfen, wünscht uns alles Gute. In der Nacht geht die Temperatur etwas herunter, aber am nächsten Tag ist sie wieder da und höher als zuvor. Abends nähern wir uns der 40-Grad-Marke. Ich packe einige Sachen zusammen und fahre mit Alexander in die Essener Kinderklinik.

Der Weg ins Krankenhaus ist nicht weit, aber meine Reflexe sind ausgeschaltet, in meinem Kopf nur das Rauschen des Blutes. Ich kann mich glücklich schätzen, dass sich die anderen Fahrer an die grundlegenden Verkehrsregeln halten.

Wir werden aufgenommen, es ist ein Virusinfekt mit hohem Fieber.

»Das geht grade um«, sagt der Stationsarzt und schaut mich besorgt an. »Wir müssen die Temperatur auf jeden Fall senken, sie belastet sein Herz sehr. Sehen Sie? Sein Puls rast, immer über zweihundert. Das wird er nicht lange aushalten, deshalb müssen wir schnell reagieren.«

Aber kein Mittel hilft. Ich versuche immer wieder Tom zu erreichen, doch er geht nichts ans Telefon, und auch Martin und Falko, seine Kommilitonen, wissen nicht, wo er steckt.

Verzweifelt stehe ich an Alexanders Bett, mache Wadenwickel. Das hat meine Mutter bei uns auch immer gemacht. Sein Körper ist verkabelt, Schläuche führen in ihn hinein und aus ihm heraus, er bietet einen jämmerlichen Anblick. Mein Baby ist zu schwach, um zu weinen, er schaut mich nur an, und ich ihn.

Bitte, bitte, bitte, denke ich nur. Bitte, lass alles gut werden.

»Es tut mir leid«, sagt der Arzt mit unbeweglicher Miene zwei Stunden später. »Es gibt nichts mehr, was wir tun können. Sein Herz macht nicht mehr mit. Er wird diese Nacht vermutlich nicht überleben.«

Er wird die Nacht nicht überleben?

Was ist mit »Er hat gute Chancen, erwachsen zu werden«? Zählt das nicht mehr?

Mir ist durch und durch kalt, eisige Finger umklammern mein Herz. Wenn du grausamer Gott es so willst, denke ich, dann lass es wenigstens schnell gehen. Lass es vorüber sein. Die Tränen brennen in meinen Augen, können aber nicht fließen. Ich starre aus dem Fenster in die Schwärze der Nacht. Es ist die tiefe, dunkle Stunde der Schatten, in der das Wachstum stoppt und die Bäume wie benommen dastehen.

Das Telefon ist unten in der Halle, wenn ich Tom versuche zu erreichen, muss ich mein Baby allein lassen, und das will ich nicht. Er ist zu schwach, um zu trinken, deshalb muss ich Milch abpumpen. Es tut weh, es ist grässlich, ich will das nicht. Ich möchte dabei mein Kind im Arm halten, es spüren, doch das geht nicht.

Wie gebannt schaue ich immer wieder auf die Monitore, die seinen Puls und die Herzfrequenz überwachen. Gegen Morgen, als das erste Licht nur als Ahnung am Horizont erscheint, gehen die Werte herunter. Das Fieber sinkt. Er hat die Nacht überlebt. Ich weine so sehr, dass es mich schüttelt, und weiß nicht, ob es Tränen der Verzweiflung oder der Erleichterung sind – aber ich schäme mich dafür.

Gegen sieben endlich traue ich mich aus dem Zimmer und erreiche Tom, er macht sich sofort auf den Weg und ist schon eine Stunde später bei uns. Arm in Arm stehen wir an Alexanders Bett.

»Mein Sohn ist ein Kämpfer«, sagt er zuversichtlich. »Er wird es schaffen.«

Ich hoffe, er hat recht.

4. Kapitel

Es geht aufwärts, als hätte Alexander einen unsichtbaren Bann durchbrochen, der ihn bislang gelähmt hat. Endlich schläft er ein paar Stunden am Stück, wächst und gedeiht. Er ist immer noch viel zu dünn und weit von der Neun-Kilo-Marke entfernt, doch wir schöpfen Hoffnung.

Es wird Sommer. Vierzehn Monate lang habe ich Alexander gestillt, aber nun beginnt er endlich richtig zu essen. Nur noch nachts will er an die Brust. Auch wenn er schon so alt ist, kann er weder krabbeln noch sitzen, jede körperliche Anstrengung kostet ihn viel Kraft. Doch unser Sohn ist ein fröhliches Kind, lacht viel und fängt langsam an zu plappern. Ich plane, zum Wintersemester im Oktober wieder mein Studium aufzunehmen. Alexander wäre dann zweieinhalb, meine Freundin Brigitte aus dem Geburtsvorbereitungskurs ist Kinderkrankenschwester, sie würde ihn betreuen.

Auch die Beziehung von Tom und mir, die seit der Geburt mehr schlecht als recht lief, verbessert sich nach und nach. Er fängt mit seiner Diplomarbeit an. In weniger als einem Jahr wird er fertig sein und die Stelle antreten können, die ihm schon vor Jahren zugesichert wurde, dann wird es für uns auch finanziell leichter werden. Wir freuen uns darauf, planen die Zukunft.

Lange hatten wir nicht die Kraft und die Muße, miteinander zu schlafen, endlich geht es wieder. Diese Intimität hat uns sehr gefehlt, und wir genießen diese Momente der Nähe, Haut an Haut, Herzschlag auf Herzschlag. Weil ich nachts manchmal noch stille, nehme ich die Pille nicht, aber es gibt ja Kondome. Tom benutzt sie nicht gern, und irgendwie ist es ihm immer peinlich, wenn ich es ihm überziehen will. Meist wendet er sich ab, streift das Kondom selbst über und legt sich dann zu mir. Danach entsorgt er es hastig im Papierkorb neben dem Bett.

An meinem Geburtstag im Juni öffnen wir eine Flasche Wein. Ich habe zum ersten Mal Forelle zubereitet und bin stolz, dass es mir gelungen ist. Alexander lässt sich problemlos ins Bett bringen, und wir nutzen die Zeit für einen Moment der Nähe. Im Überschwang der Gefühle achte ich mal wieder nicht darauf, ob Tom verhütet.

Er tut es nicht.

»Es wird schon nichts passiert sein«, beruhigt er mich danach und grinst. »Ohne ist es doch viel schöner.«

»Und wenn nun doch etwas passiert ist?« Ich habe noch keinen regelmäßigen Zyklus und weiß nicht, wann meine fruchtbaren Tage sind.

»Was soll's? Dann bekommen wir eben noch ein Kind. Wir wollen doch eine große Familie.«

»Ich kann doch jetzt kein weiteres Kind bekommen! Wer weiß, wann Alexander laufen lernt und wie es mit ihm weitergeht. Die große OP steht uns noch bevor, und er wird mich brauchen, meine ganze Aufmerksamkeit. Außerdem will ich mein Studium beenden. Irgendwann will ich doch auch mal arbeiten!«

»Du brauchst nicht zu arbeiten, ich werde für uns sorgen. Und es ist doch für Kinder schöner, wenn sie mit Geschwistern aufwachsen. Wir wollten immer mehrere Kinder.«

»Ja, aber doch noch nicht jetzt! Alexander war nicht geplant.

Er ist schwer krank. Ich kann nicht schon wieder schwanger werden.«

Tom dreht sich weg und zieht sich die Decke bis zum Kinn. Sein letztes Wort ist gesprochen.

Ich liege schlaflos im Bett und bete, dass ich gerade nicht fruchtbar bin. Es war ja nur einmal, denke ich.

Oder?

»Ansonsten hast du doch aber immer Kondome benutzt?«, flüstere ich in die Nacht.

»Nein.«

In mir knackt etwas, es ist wie ein feiner Sprung in einer Glasscheibe. Ich fühle mich verraten und benutzt.

Ja, wir wollten immer mehrere Kinder – später. Und das haben wir auch gesagt, als Alexander noch nicht da war. Inzwischen weiß ich nicht, ob ich überhaupt noch ein Kind bekommen möchte. Mein Sohn braucht mich so sehr, und die Mutterschaft ist ganz anders, als ich es mir vorgestellt habe. Zwar überwiegen jetzt die glücklichen und fröhlichen Momente, aber der Horror der letzten Monate steckt mir in den Knochen.

Nein, ich will gerade nicht wieder schwanger werden, da bin ich mir ganz sicher.

Es ist zu spät für diesen Gedanken, wie ich zwei Wochen später feststelle, als mir mein Frauenarzt zur Schwangerschaft gratuliert.

Tom freut sich sehr. Stolz ist er. Er nimmt mich in den Arm. »Alles wird gut, du wirst schon sehen.«

»Und wenn das Baby auch krank ist?«

»Das wird es nicht sein.«

»Ich will jetzt aber kein weiteres Baby!«, schreie ich wütend.

»Es ist aber da«, sagt er leise und funkelt mich an. »Es lebt. Es ist unser Kind. Ein Kind der Liebe, und du wirst es genauso lieben wie Alex.«

»Das kann ich mir beim besten Willen nicht vorstellen!«

»Darüber werden wir gar nicht diskutieren, Corinna.«

Mir geht es schlecht – psychisch, aber auch physisch. Ich habe große Angst vor der körperlichen Belastung der Schwangerschaft, Angst davor, Alexander nicht mehr gerecht zu werden, Angst vor weiterer Verantwortung und Angst davor, noch ein krankes Kind zu bekommen.

Ich denke über eine Abtreibung nach. Ich will dieses Kind nicht, ich will nicht noch ein Kind! Nicht jetzt. Ich mache einen Termin bei einer Beratungsstelle von Pro Familia aus und sage Tom nichts davon.

Die Morgenübelkeit hält den ganzen Tag an, und die Toilette wird mein bester Freund. Ich kann mich gar nicht freuen auf dieses zweite Kind, auch dann nicht, wenn Tom abends zärtlich über meinen Bauch streichelt.

Ich bekomme Zweifel. Will ich das kleine Würmchen in mir wirklich wegmachen lassen? Wir müssen so oft um Alexanders Leben bangen, ich kann doch kein Kind freiwillig umbringen! Ich sage den Beratungstermin ab und füge mich in mein Schicksal, auch wenn ich sehr mit ihm hadere.

Wie sage ich es bloß meinen Eltern? Vor Mamas Reaktion fürchte ich mich. Ich kann ihr auf keinen Fall sagen, dass Tom das Kind wissentlich gezeugt hat und ich davon ausgegangen bin, dass er verhütet. Sie wird uns für verrückt erklären. Ich kann ihr erst recht nicht sagen, dass Tom mich in seine Entscheidung, noch ein weiteres Kind zu bekommen, nicht einbezogen hat, das würde sie nie verstehen. Ihr »Hab ich es dir nicht gesagt? Du hättest ihn nicht heiraten sollen!« kann ich schon hören.

Es hilft aber nichts. Ich muss es meinen Eltern beichten, bevor sie es sehen können. Ich setze ein breites Lächeln auf, das überträgt sich auch auf die Stimme, habe ich gelesen, und wähle ihre Nummer.

»Mama, du wirst es nicht glauben. Ich bin schwanger!«

»WAS?«

»Ja.«

Sie schweigt, und ich kaue auf meiner Lippe.

»Freust du dich nicht?«, frage ich leise.

»Freust du dich etwa? Was wird mit deinem Studium? Mein Gott, Conny, habt ihr euch das gut überlegt?«

Nein, denke ich, und außerdem ist es dazu jetzt auch zu spät. Ich dränge die Tränen zurück, die in mir aufsteigen, zwinge mich wieder zu einem Lächeln.

»Mein Studium kann ich immer noch beenden. Im Moment ist es sowieso schwierig, da kann ich auch gleich ein zweites Kind bekommen. Wenn die beiden dann größer sind und einen Kindergartenplatz haben, gehe ich auch wieder zur Uni.«

Ich weiß, was sie jetzt denkt. Ich denke es ja auch: Das wird nichts. Aber ich will, dass es klappt, es muss einfach! Es gibt doch auch andere Mütter, die Kinder, Haushalt und Beruf unter einen Hut bekommen haben. Meine Mutter zum Beispiel.

»Du hast es doch auch geschafft«, sage ich.

»Ich war älter als du, hatte mein Studium beendet und eine feste Stelle im öffentlichen Dienst, als ich Mutter wurde.«

Jetzt kommt sie wieder mit der Leier: Ich bin doch noch so jung. Ja, ja. Vierundzwanzig und bald schon zweifache Mutter – na und? Mein Kampfgeist ist geweckt, euch werde ich es schon zeigen. Immerhin habe ich die schwierige Zeit mit Alexander überstanden. Alles Weitere werde ich auch meistern.

»Wir freuen uns auf jeden Fall«, sage ich trotzig und will es unbedingt selbst glauben.

Zwei Wochen später stürzt meine geliebte Omi und kommt mit einem Oberschenkelhalsbruch ins Krankenhaus. Sie ist eine wichtige Person in meinem Leben, ich liebe sie sehr. Der Arzt macht meinen Eltern wenig Hoffnung, dass sie sich noch einmal erholt, sie ist schon weit über achtzig.

»Wir müssen hin«, sage ich unter Tränen zu Tom. »Ich will sie noch einmal sehen.«

Widerstrebend packt er die Sachen ins Auto. Mit Baby ist es immer ein halber Umzug zu meinen Eltern.

Meine Mutter begrüßt uns herzlich, nimmt Alexander und kitzelt ihn, bis er vor Vergnügen quietscht und »Oma, Oma!« ruft.

Ich packe schnell aus, fahre dann weiter zum Krankenhaus. Lange kann ich nicht bleiben – aber meine Großmutter erkennt mich ohnehin nicht mehr. Es ist ein frustrierender, ein trauriger Besuch.

Am nächsten Tag fahre ich mit meiner Mutter noch mal hin, während Tom auf Alexander aufpasst. Ich hätte den Kleinen gern mitgenommen, damit Omi ihren Urenkel noch einmal sieht, aber die Krankenhauskeime sind zu gefährlich für ihn.

Meine Mutter sieht mich nachdenklich an. »Blass bist du. Dir geht es nicht gut.«

Ich zucke mit den Schultern. »Wird schon. Dauert nur noch zwei Wochen oder so, dann ist das erste Trimenon vorbei.«

»Hilft Tom dir wenigstens?«

In ihrer Frage liegt bereits die Antwort. Am Ton ihrer Stimme erkenne ich, dass sie die Art und Weise, wie mein Mann und ich uns die Arbeit mit Kind und Haushalt aufteilen, missbilligt.

»Du kannst ihn immer noch nicht leiden, oder?«

Sie schweigt einen Augenblick. »Doch, ich kann ihn leiden. Er ist ja kein schlechter Mensch, ist höflich und hat Manieren. Er will Karriere machen, und so selbstbewusst, wie er ist, wird er das auch schaffen. Aber ich habe den Eindruck, dass er für dich mitbestimmt, dass er dein Leben für dich regelt. Du hast dich sehr verändert, Conny.«

»Natürlich habe ich mich verändert«, gebe ich wütend zurück. »Ich habe ein schwer krankes Kind geboren und beinahe verloren. Wir kämpfen um jeden glücklichen, sorgenfreien Tag.«

»Und in dieser Situation müsst ihr noch ein zweites Kind in die Welt setzen? Wo ist deine Fröhlichkeit geblieben, deine Leichtigkeit? Du kleidest dich sogar anders als früher, trägst keine Röcke und Kleider mehr, dabei hast du doch die Figur dazu. Und was ist mit dem ganzen poppigen Schmuck, den du so liebst?«

»Tom mag keine kurzen Röcke und auch keinen Modeschmuck. Außerdem ist es unpraktisch, wenn man ein Baby hat.« Mein Tonfall wird pampig, und das merkt sie.

»Ich bin immer für dich da«, sagt sie leise.

Ich nehme es schweigend zur Kenntnis und ärgere mich – über sie und über mich. Ich will keine Kritik an Tom und an unserem Leben zulassen. Wir lieben uns sehr, und alles wird gut werden. Das ist mein Mantra, das hält mich auf den Beinen.

Meine Großmutter ist wach, als wir in ihr Zimmer kommen, und sie erkennt mich. Das werte ich als gutes Omen. Ich erzähle ihr von dem Baby, dass ich bekomme.

»Du musst wieder gesund werden«, sage ich eindringlich, »und auch deinen zweiten Urenkel kennenlernen.«

Sie nickt. »Das habe ich mir fest vorgenommen.«

Zu Hause bei meinen Eltern trommelt Tom schon mit den Fingern auf die Tischplatte, er will zurück. Ich wäre gern noch einen weiteren Tag geblieben, bemerke aber seine Ungeduld – er will an seiner Arbeit weiterschreiben. Also packe ich eilig alles zusammen und verabschiede mich von meinen Eltern.

»Du könntest doch mit Alexander hierbleiben«, schlägt meine Mutter vor, aber das will ich nicht. Daheim bei uns habe ich alles, was ich brauche, lebe nicht aus dem Koffer, da fühle ich mich wohler. Also fahren wir.

Als ich, in unserer Wohnung angekommen, die Sachen ausräume, spüre ich einen stechenden Schmerz im Unterleib. Auf der Toilette stelle ich entsetzt fest, dass ich blute.

»Tom, das Baby! Ich verliere das Baby!«

Er packt Alexander wieder in den Autositz, rast mit uns zur Klinik. Ich weine fassungslos und voller Schuldgefühle. Ich verliere das Baby! Es hat sicher gemerkt, dass es bei mir nicht willkommen ist. Das wollte ich nicht. Ich habe zwar mit meinem Schicksal gehadert, aber so etwas habe ich mir nicht gewünscht.

Es kommt mir vor, als müssten wir endlos in der Aufnahme warten. Alexander wird knatschig, und schon wieder habe ich ein schlechtes Gewissen. Doch dann sind wir endlich dran. Ich setze mich auf den gynäkologischen Stuhl, der mir immer ein wenig wie ein Folterinstrument aus dem Mittelalter vorkommt, und der Frauenarzt macht einen Ultraschall. Es dauert ewig. Mir ist ganz kalt, und ich muss die Tränen zurückhalten.

»Da«, sagt er schließlich. »Da ist eine Fruchthöhle, und da ist der Herzschlag.«

»Es lebt?«, frage ich ungläubig.

»Dieses lebt. Es hatte einen Zwilling. Sehen Sie hier? Da war noch eine Fruchthöhle, aber sie löst sich bereits auf. Deshalb die Blutung.«

»Einen Zwilling?« Ich kann es nicht fassen.

»Was ist mit dem anderen Baby? Wird es überleben?«, fragt Tom, der in einer Ecke des Raumes sitzt und Alexander wiegt. Man kann ihm die Anspannung anhören.

»Das kann man noch nicht sagen. Aber es waren getrennte Fruchthöhlen, zweieiige Zwillinge. Die Wahrscheinlichkeit ist groß, dass die intakte Schwangerschaft bestehen bleibt. Sie müssen sich schonen, dürfen nicht mehr schwer heben. Viel liegen in den nächsten Tagen.«

»Wie soll das gehen?« Ich schaue zu Alexander, der auf Toms Arm zu zappeln beginnt. »Er kann noch nicht richtig laufen, ist herzkrank.«

Der Doktor zuckt mit den Schultern. »Das müssen Sie regeln. Gehen Sie am besten morgen zu Ihrem Frauenarzt.«

»Das schaffen wir schon, Schatz«, sagt Tom zuversichtlich. »Hauptsache, das Baby lebt.«

Wieder zu Hause lege ich mich ins Bett, die Hände über meinem noch flachen Bauch gefaltet. Zwillinge, denke ich, das hätte ich nie geschafft. Vielleicht hat es der eine gemerkt und ist gegangen. Zwillinge, nein, das hätte ich nicht hinbekommen.

Aber dieses Kind, dieser kleine Kämpfer, ist geblieben.

In den nächsten Tagen versöhne ich mich mit meinem ungeborenen Kind und der Schwangerschaft. Jetzt will ich dieses Baby, will es schützen und behalten. Auch weil ich ein schlechtes Gewissen habe, da ich ganz am Anfang über eine Abtreibung nachgedacht habe. Ich wollte mein Baby töten, habe es ernsthaft in Erwägung gezogen, weil es nicht in meine Lebensplanung passte, weil ich mich überfordert gefühlt habe, weil ich ein schlechter Mensch war. Der eine Zwilling ist gestorben, vielleicht wegen meiner negativen Gedanken.

Ach nein, das kann nicht sein. Aber vielleicht war der Embryo ebenfalls krank, wie Alexander? Zu krank, um zu leben? Und wenn das, was noch in meinem Bauch ist, auch nicht gesund ist? Nicht so krank wie mein Erstgeborener, aber eben nicht ganz gesund … Ich verdränge die Gedanken.

Tom füttert und wickelt Alexander. Unser Sohn ist quengelig, der Tag war lang und aufregend. Tom nimmt ihn hoch und schaut ihn eindringlich an. »Du musst jetzt ganz lieb zu deiner Mami sein.« Dann legt er Alexander neben mich aufs Bett. »Ich geh zu Martin.«

»Was?« Ich kann es nicht fassen. »Wie? Was soll das heißen, du gehst zu Martin?«

»Ich muss«, sagt er und zieht sich die Jacke an. »Nur dort kann ich in Ruhe an der Arbeit weiterschreiben. Alex schläft sicher gleich ein.«

Er winkt uns zu und verschwindet.

Alexander weint laut, strampelt und schlägt um sich. Er ist übermüdet. Ich nehme ihn in den Arm, wiege ihn – im Liegen. Sein Schnuller liegt auf dem Wickeltisch, die Teeflasche ist noch nicht gemacht. Oder? Die muss Tom doch vorbereitet haben, bevor er gegangen ist. Ich schaue mich um, übersehe ich sie bloß? Nein, da ist keine Teeflasche. Ich muss aufstehen. Ich *muss* aufstehen, in die Küche, Wasser kochen, den Schnuller suchen, Tee machen.

Ich nehme Alexander hoch, drücke ihn an mich, und er brüllt wie am Spieß. »Nein! Nein!«, schreit er.

Es tut mir leid, mein Schatz, denke ich, du musst schlafen. Und es tut mir leid, du Schatz in meinem Bauch. Bitte bleib. Bitte, bitte bleib!

Ich koche Tee, befülle die Flasche, suche den Schnuller und wiege Alexander, der es kennt, in den Schlaf getragen zu werden. Was weiß er denn von dem Leben seines Geschwisterchens? Nichts. Er kennt nur das, was bisher sein Leben war – geborgen in meinem Arm. Nun wird er meine Aufmerksamkeit mit einem anderen Kind teilen müssen.

Alexander schläft ein, und ich kann ihn in sein Bett legen. Dann falle ich in meines. Die Blutungen sind nicht schlimmer geworden. Lebt der Wurm in mir noch? Und wie lange?

Tom ist einfach gegangen. So ist er. Er weiß, was er will – ja, das tut er. Er ist zielstrebig, will Karriere machen, damit wir uns ein schönes Leben leisten können.

Leben.

Das Baby in mir will leben, aber es muss eine Chance bekommen. Alexander will auch leben. Immer noch darf er nicht über die Maßen schreien, dann wird er hypoxämisch – erst blau, dann bewusstlos. Zweimal hatte er einen Atem-Herzstillstand, hat sich weggeschrien, in den Tod, in das Nichts. Beide Male habe ich ihn wiederbelebt, bevor der Notarzt da war. Ich bin im Verein Herzkrankes Kind, habe mich belesen, informiert, an Fortbildungen teilgenommen. Ich bin fachlich fit. Und ich bin risikoschwanger, soll mich schonen. Das wird nicht gehen.

In dieser Nacht schlafe ich nicht. Auch nicht, als Tom irgendwann heimkehrt, sich neben mich legt und schnell einschläft. Er schnarcht leise, und ich denke nach. Was kann ich tun? Wie kann ich bewältigen, was vor mir liegt? Tom wird sicher nicht die Pflege von Alexander übernehmen, er muss seine Diplomarbeit schreiben. Unser Sohn braucht intensive Aufmerksamkeit, am besten eine Betreuung rund um die Uhr. Er muss getragen, versorgt und getröstet werden. Er darf nicht weinen, nicht zu lange, nicht zu oft, sonst stirbt er. Alexander lebt, atmet, er ist da.

Ich schließe in dieser Nacht einen Pakt mit dem ungeborenen Baby in meinem Bauch: Ich werde mich schonen, so gut ich es kann. Keine Gewaltmärsche, kein schweres Schleppen, außer Alex, keine besonderen Anstrengungen – aber mehr kann ich nicht leisten. Du musst dich festkrallen, musst bei uns bleiben wollen. Ich will dich, jetzt will ich dich wirklich, aber ich kann nicht all das aufgeben, was Alexander das Leben ermöglicht. Er, du – oder ihr beide. Es ist deine Entscheidung … irgendwie. Mich versöhnt der Gedanke, und ich kann im Morgengrauen einschlafen.

In den nächsten Tagen halte ich mich mehr auf dem Sofa und im Bett auf als sonst wo. Alexander stört das nicht, er will nur bei mir sein. Ich soll für ihn da sein, und das bin ich. Ich kaufe nicht ein, ich bringe keinen Müll runter, und es gibt nur einfache Gerichte. Die Wäsche mach ich schon mal gar nicht.

Tom flucht, als er die Waschmaschine beladen muss, aber er flucht immerhin leise. Er geht einkaufen, bringt den Müll weg, und wenn er zu Hause ist, nimmt er Alexander. Er geht mit ihm spazieren oder zu Freunden. Es sind nur wenige Stunden, aber es ist Zeit, die mich entlastet. Ich könnte jetzt meine Semesterarbeit beenden, die ich schon angefangen habe, aber ich schaffe es nicht. Immer noch ist mir schlecht. Tag und Nacht.

Die Übelkeit bleibt, das Baby auch. Es ist ein Kämpfer. Aber ich kann es nicht so lieben, wie ich Alexander geliebt habe, als ich mit ihm schwanger war. Damals habe ich immer meine Hand auf den Bauch gelegt, seine Bewegungen gespürt und mit ihm gesprochen. Ich habe mir sein Leben ausgemalt, mit mir als Mutter – ein schönes Leben. Mit meinem Kind beim Babyschwimmen, in der Krabbelgruppe, die ersten Schritte, das erste Fahrrad, Kindergarten … All das wird bei Alexander anders sein als bei seinem Geschwisterchen oder jedem anderen Kind, weiß ich jetzt. Es gab kein Babyschwimmen, keine Krabbelgruppe. Die ersten Schritte geht er wackelig und nur an der Hand, aber er wird sicher irgendwann laufen lernen.

Krabbeln kann er immerhin, als mein Bauch sich wieder wölbt. Sprechen auch. »Mama, Baby. Bauch!«, sagt er stolz. »Da Baby.«

Kinder sprechen von sich in der dritten Person, habe ich gelesen. Alexander macht das nicht. Schon früh benennt er sich mit »ich«: »Ich müde. Ich hungrig. Ich traurig.« Das ist außergewöhnlich, aber Alexander ist ja auch ein besonderes Kind.

5. Kapitel

Im November, im sechsten Monat meiner Schwangerschaft, weiß ich, dass das Baby in mir leben wird, selbst wenn es jetzt zur Welt käme. Aber es macht keine Anstalten. Es ist ein gesundes Mädchen, sagt der Frauenarzt. Ein Mädchen. Meine Tochter.

Immer noch ist mir kotzübel, jeden Tag. Dabei sind die ersten drei Monate längst vorbei.

»Stell dich nicht so an«, sagt Tom, und sein Tonfall ist mittlerweile von gereizt in genervt übergegangen. »Reiß dich zusammen! Du bist schwanger, nicht krank. Die Kotzerei ist ekelhaft, weißt du?«

Seine Diplomarbeit hat Tom geschrieben und abgegeben, die mündliche Prüfung muss er noch absolvieren – aber er hat bereits einen Arbeitsvertrag bei der Firma unterschrieben, für die er schon während seines Studiums tätig war. Allerdings nicht in unserer Heimatstadt Essen, sondern in der Nähe von Münster.

Dort gibt es Werkswohnungen, die wir uns ansehen. Im Anschluss an die Besichtigung breche ich heulend zusammen. Es sind trostlose Wohnblocks mit nichtssagenden Grünflächen um die Häuser. Den nächsten Supermarkt oder Discounter erreicht man nur mit dem Auto, den Kinderarzt nur, wenn man zwanzig Minuten fährt. Zur nächsten Klinik ist es eine halbe Stunde Fahrt. Ich will das nicht. Das geht gar nicht, das kann ich nicht! Was, wenn etwas mit Alexander ist? Minuten retten Leben, das haben wir schon mehr als einmal erfahren.

Tom beugt sich. Freunde von uns haben eine Altbauwohnung in Münster, diese wollen sie für ein Jahr untervermieten, weil sie ins Ausland gehen. Wir schauen uns die Wohnung an und unterschreiben den Untermietvertrag.

Der Umzug ist Ende März, drei Wochen nach dem Entbindungstermin, das sollte klappen, wenn sich unsere Tochter an den Plan hält. Bis wir nach Münster ziehen können, fährt Tom jeden Tag knapp hundertzwanzig Kilometer zur Arbeit und wieder nach Dortmund. Er ist genervt. Aber unser Mädchen lässt sich Zeit.

Ich packe unseren Hausstand zusammen, was nicht so einfach ist mit dickem Bauch und einem Kleinkind. Alexander kann inzwischen gut krabbeln und läuft auch frei, aber immer noch ist er schnell erschöpft und muss viel getragen werden. Es ist schwierig und nervig – überall stehen Kartons herum, Regale und Schränke sind schon auseinandergebaut. Ich muss fürchterlich aufpassen, damit Alexander sich nichts tut in dem Chaos, und wünsche mir gleichzeitig, dass das Baby endlich kommt.

Die Tage vergehen. Jeden Morgen, wenn Tom um vier aufsteht, fühle ich in mich hinein. Hat sich etwas verändert? Ich kann ihn auf der Arbeit schlecht erreichen, außerdem hat er den langen Fahrtweg. Zur Geburt hätte ich ihn gern dabei. Meine Mutter steht parat, um Alexander zu nehmen, sobald es losgeht, das zumindest beruhigt mich. Aber schon wieder will das Kind nicht kommen.

Zehn Tage nach dem errechneten Termin muss ich ins Krankenhaus zum Belastungstest. Die Ärzte wollen sehen, ob es unserer Maus in meinem Bauch noch gut geht, ansonsten droht ein Kaiserschnitt. Zum Glück ist Samstag, und Tom kann mich begleiten.

Meine Mutter kommt, um auf Alexander aufzupassen. Auf dem Weg in den Kreißsaal muss ich mich wieder einmal übergeben, die Übelkeit hat sich in der ganzen Schwangerschaft nicht gelegt. Tom kommentiert mein Würgen mit einem angewiderten Gesichtsausdruck, was mir in diesem Moment allerdings herzlich egal ist.

Ich werde an einen Tropf und an den Wehenschreiber angeschlossen, muss eine Stunde liegen bleiben. Es zeigen sich zwar Kontraktionen, aber ich spüre sie nicht. Unserer Tochter geht es gut, die Herztöne sind normal.

Nach einer Stunde wird der Tropf abgestellt, der Wehenschreiber bleibt noch eine weitere Stunde dran. Die Wehen verschwinden zu meiner Enttäuschung aber wieder.

»Johanna«, bitte ich das ungeborene Kind in meinem Bauch still, »jetzt wäre ein guter Zeitpunkt für deine Geburt. Oma ist bei Alexander, Papa ist hier. Überleg es dir gut, denn wenn du nicht von selbst kommst, wird mein Bauch aufgeschnitten.«

Endlich darf ich wieder aufstehen. Wir sollen noch eine halbe Stunde laufen und dann zur Abschlussuntersuchung in den Kreißsaal kommen.

Im Flur durchzuckt mich plötzlich ein heftiger Schmerz, mein Bauch zieht sich zusammen – es ist eine Wehe. Ich kann es kaum glauben, sollte Johanna tatsächlich auf mich hören?

An diesem Nachmittag bringe ich meine Tochter zur Welt. Ich schaue sie staunend an, sie ist rot und zerknautscht, hat einen Storchenbiss an der Stirn – eine Schönheit ist sie wahrlich nicht, aber ich verliebe mich sofort unsterblich in sie. In meinen Augen ist sie perfekt, meine Prinzessin. Auch Tom ist stolz, immer wieder nimmt er sie und wiegt sie in seinen Armen.

Dieses Mal habe ich keine Angst. Ich weiß, dass Johanna gesund ist. Ich spüre es.

Eine Woche später ziehen wir endlich um. Das Chaos ist unbeschreiblich, und Tom kann mir fast gar nicht helfen, weil er jeden Tag zwölf bis vierzehn Stunden außer Haus ist. Es ist mühsam – alles ist in Kisten und Kartons, Taschen und Koffern verpackt, und ich muss es allein aus- und einräumen. Und das mit einem frisch geborenen Säugling an der Brust und einem fast zweijährigen Kleinkind an der Hand.

Aber es hilft nichts. Erst sind die Kindersachen dran, dann der Rest. Ich habe einen Geschwisterwagen gekauft, der zwar sehr hässlich, aber ungemein praktisch ist. Mit Alexander und Johanna im Gepäck erkunde ich Münster. Schon bald finden wir Anschluss, zwei Häuser weiter wohnt eine junge Mutter mit einem Sohn in Alexanders Alter. Auch sie erwartet demnächst ihr zweites Kind. Sie empfiehlt mir ihren Kinderarzt, zeigt mir die Spielplätze und lädt mich zum Kaffee ein. Ihr Sohn geht in eine Spielgruppe, und da Alexander im Moment stabil ist, melde ich ihn dort an und lerne weitere Mütter kennen. Schon bald fühle ich mich wohl in der Stadt. Tom fällt es nicht so leicht, er trauert unserem alten Zuhause nach, fährt lieber eine Stunde nach Dortmund, um sich mit seinen alten Kumpels zu treffen, als neue Kontakte zu schließen. Aber alles in allem leben wir uns gut ein.

Dann endlich, im Sommer, haben wir ein wenig Geld übrig und fahren mit den Kindern nach Dänemark. Ich bekomme kurz darauf ein eigenes Auto, einen gebrauchten Kombi, einen blauen Opel Kadett – das erleichtert vieles für mich.

»Wir sind eine junge Familie«, erklärt mir Tom eines Abends, »und bekommen eine Menge an Fördergeldern, wenn wir uns Eigentum anschaffen.«

»Sollten wir dafür nicht erst mal ein paar Jahre sparen?«

»Brauchen wir nicht. Ich habe mich schon erkundigt. Mein Arbeitgeber gibt uns ein günstiges Darlehen.« Tom legt ein paar Prospekte auf den Tisch.

Zweifelnd nehme ich die bunten Kataloge in die Hand. Eine Neubausiedlung wird angepriesen. Reihenhäuser, das perfekte Familienidyll. Ich schaue nach der Adresse – Nottuln, ein kleiner Ort im Münsterland.

»Es sind noch zwei Häuser zu haben«, erklärt mir Tom.

»Reihenhaus.« Ich schlucke. Meine Eltern haben ein Reihenhaus, ich bin in so einer Siedlung groß geworden. Jedoch in einem Vorort einer Ruhrgebietsstadt mit einer dichten Infrastruktur. »Das ist ja in der Pampa.«

»Du hast doch jetzt ein Auto.«

Ich suche Preise, finde aber keine.

»Was soll das denn kosten? Wir können es uns doch gar nicht leisten zu bauen.«

Tom verdreht die Augen. »Natürlich können wir uns das leisten. Wir sollten uns jetzt Eigentum anschaffen. Betongold – das ist das, was zählt.«

»Und woher soll das Geld kommen?«

Er seufzt. »Ich hab es dir doch eben erklärt, wir bekommen jede Menge Zuschüsse. Außerdem billige Darlehen, weil Alexander schwerbehindert ist.«

Als unser Sohn ein halbes Jahr alt war, füllte Tom den Antrag auf Schwerbehinderung aus. Er kreuzte alles an: braucht Hilfe beim Ankleiden, kann sich nicht allein fortbewegen, braucht

Dauerbetreuung und so weiter. Mir war das unangenehm, denn schließlich ist das ja bei allen Kinder in diesem Alter so.

Aber Tom wollte davon nichts wissen. »Stell dich bloß nicht an«, sagte er damals. »Wir bekommen jede Menge steuerlicher Vorteile dadurch.«

Der Antrag ging durch, und Alexander gilt seitdem als hundert Prozent schwerbehindert.

Nun soll uns das auch zum eigenen Haus verhelfen. Mir ist nicht wohl dabei, aber Tom redet lange auf mich ein. Ich bitte ihn, mir ein wenig Zeit zu geben, das alles kommt etwas zu plötzlich für mich.

»Wir haben diese Wohnung nur bis Anfang März gemietet, danach müssen wir eh hier raus«, meint er.

Natürlich, das stimmt. Dennoch, ich will noch nicht klein beigeben. »Ich dachte, wir legen erst mal Geld zurück und leben ein wenig. Wir haben die letzten Jahre nur gespart, uns nichts leisten können.«

Ich denke an meinen Kleiderschrank, der ein trauriges Sammelsurium an billigen und praktischen Klamotten enthält. Tom ist zu Beginn seiner Arbeitsaufnahme mit einem Freund in die Nähe von Stuttgart zu Hugo Boss gefahren und hat sich dort neu eingekleidet. Werksverkauf, hat er mir gesagt, total preiswert. Trotzdem hat es uns fast tausend Mark gekostet.

»Wir kaufen uns ein Haus«, sagt Tom, und es klingt so, als wäre dies sein letztes Wort.

Nachts, als ich Johanna stille, gehen mir seine Worte durch den Kopf. Er hat sicherlich recht, ein Haus ist eine gute Geldanlage, und mit Garten in einer Neubausiedlung bestimmt toll für die Kinder. Mich stört aber sehr, dass er offenbar allein diese Art von

Beschlüssen fasst und mich in die Entscheidungen nicht einbindet. Hat meine Meinung kein Gewicht?

Ich will nicht in die Walachei ziehen und für jede Kleinigkeit ins Auto steigen müssen. Irgendwann, wenn die Kinder etwas größer sind und Alexander operiert worden ist, möchte ich abends auch mal weggehen, wieder an kulturellen Veranstaltungen teilnehmen. Wenn man auf dem Dorf wohnt, wird jeder Kino- oder Restaurantbesuch zu einer Weltreise. Ich weiß das seit der ersten gemeinsamen Wohnung, die Tom und ich gemietet haben. Da sind wir auch nicht mehr vom Sofa runtergekommen, da war uns jeder Weg in die Stadt zu weit.

Will ich das? Und ist meine Meinung überhaupt gefragt?

Ich bin mir nicht sicher.

Tom, so finde ich, hat sich verändert. Ich weiß, er will Karriere machen, er will ganz hoch auf der Leiter steigen, und dazu braucht man Ellbogen. Aber doch nicht mir gegenüber, oder? Was bin ich für ihn? Die Mutter seiner Kinder? Seine Haushälterin? Ich habe nicht das Gefühl, noch seine gleichberechtigte Partnerin zu sein. Daran müssen wir dringend arbeiten, beschließe ich.

Der nächste Tag ist ein Samstag, und Tom hat frei. Beschwingt zieht er die Kinder an.

»Was hast du vor?«, frage ich.

»Wir fahren nach Nottuln und sehen es uns an.«

»Was?«

»Na, in das Neubaugebiet. Du wirst sehen, es wird dir gefallen.«

Ich seufze, gebe mich aber geschlagen. Vielleicht muss das mit der gleichberechtigten Partnerin noch warten.

Die Landschaft, die durch das Autofenster an uns vorbeizieht, ist wunderschön, die herbstliche Sonne lässt das Laub aufleuchten, wie Feuer scheinen die Blätter zu brennen. Der Ort, in dem sich die Neubausiedlung befindet, ist klein und beschaulich, friedlich und ruhig, nicht so hektisch wie Münster. Tom schiebt den Kinderwagen durch die Straßen, Alexander trippelt in seinen neuen Gummistiefeln neben mir her.

»Siehst du, es gibt hier Geschäfte und sogar einen neuen Kindergarten. Da vorn ist die Grundschule.«

Tom wirkt so, als wäre er der Erschaffer dieser Welt, die er mir nun stolz präsentiert. Ich muss ihm jedoch zustimmen, der Ort ist richtig schön. Bin ich einfach nur beleidigt und eingeschnappt, weil er mich nicht vorher um meine Meinung gefragt hat, und will deshalb die Vorteile nicht sehen? Wir wollten immer ein Haus mit Garten haben. Die Kinder könnten hier freier und ungezwungener aufwachsen als in der Innenstadt. Es ist ruhig hier, es gibt kaum Verkehr. Dafür einen Bäcker, einen Metzger, einen Discounter und einen Supermarkt in unmittelbarer Nähe. Es scheint das Rundum-Sorglos-Paket zu sein.

Am Ende von Nottuln ist die Neubausiedlung. Die Reihenhäuser wirken modern und hell. Noch gibt es keine Straßen, sondern nur Schotterwege, und die Grundstücke bestehen aus großen Schlammhaufen. Ich erinnere mich daran, dass hinter dem Haus meiner Eltern auch solche Erdhügel waren, bevor die Gärten angelegt wurden. Darauf haben mein Bruder und ich mit den Nachbarkindern ganz wunderbar gespielt und gematscht. Ein Neubaugebiet hat unbestreitbar große Vorteile, vor allem für Kinder. Ein Mittelhaus und das größte Reihenendhaus sind noch nicht verkauft. Bisher stehe nur der Rohbau, sodass man noch eigene Pläne einbringen könne, erklärt Tom.

»Warst du schon mal hier?«, frage ich, skeptisch geworden durch sein Detailwissen.

»Warum?«

Ich zucke mit den Schultern, möchte jetzt keinen Streit.

»Ja«, sagt er dann. »Ein Kollege hat hier gebaut und mir sein Haus gezeigt. Ich habe schon mit der Bauleitung gesprochen. Ich wollte mich gründlich informieren, damit ich dir keinen Blödsinn erzähle.«

Er schaut mich an und lächelt. Ich schmelze dahin, so hat er es also gemeint. Er wollte gar nicht ohne mich entscheiden, er wollte nur sichergehen, dass es überhaupt etwas für uns ist. Sofort habe ich ein schlechtes Gewissen wegen meiner negativen Gedanken.

»Sollen wir zum Bauleiter gehen? Der ist auch samstags da.«

Ich nicke.

Die Bauleitung sitzt in einem großen Container am Rande des Baugebiets. Es gibt Roger-Rabbit-Malzeug und Spielfiguren für Alexander, für uns Kaffee. Umfassend werden wir informiert, dürfen die Pläne ansehen und bekommen noch mehr Infomaterial.

»Überlegen Sie es sich in Ruhe. Das ist nichts, was man über das Knie bricht, denn in so einem Haus wollen Sie ja alt werden«, sagt er. »Da muss schon alles passen.«

Seine Worte beruhigen mich, wir haben also Zeit, können abwägen und planen. Ich hatte befürchtet, dass wir sofort eine Entscheidung treffen müssten.

Auf der Rückfahrt, die Kinder schlafen friedlich, sprechen wir über das Projekt. Tom ist Feuer und Flamme, und auch ich kann mich immer mehr mit dem Gedanken anfreunden, nach Nottuln zu ziehen.

Zu Hause legen wir die Baupläne auf den Tisch, schauen sie uns genau an. Das Eckhaus hat mehr Möglichkeiten, auch der Garten ist um einiges größer als der des Mittelhauses. Ich sehe mich schon Johannisbeeren und Äpfel mit den Kindern pflücken, baue in Gedanken das Planschbecken auf. Das ganze Wochenende planen wir, verwerfen, planen neu. Tom rechnet. Leicht wird es nicht für uns werden, auch wenn wir all die Zuschüsse bekommen sollten, von denen er spricht. Wir werden etliche Jahre sehr sparsam leben müssen.

»Das mussten deine Eltern auch, als sie gebaut haben«, sagt er.

Daran kann ich mich noch gut erinnern. Wir sind nie ins Ausland gefahren, sondern haben immer bei Verwandten an der Nordsee Urlaub gemacht. Mein Vater hat, zum Leidwesen meines Bruders, lange Jahre einen alten Käfer gefahren, während die Nachbarn BMW und Mercedes vor dem Haus stehen hatten.

Aber Tom wischt diese Einwände weg. »Ich werde nächstes Jahr befördert, und zwei Jahre später steige ich noch weiter auf. Du wirst sehen, es ist nur eine kurze Durststrecke. Und ein eigenes Haus, das wolltest du doch immer. Du darfst es einrichten und alles aussuchen. Welche Bodenbeläge du haben willst, welche Fliesen, und eine neue schicke Küche gibt es auch.«

Zwei Wochen lang beschäftigen wir uns nur mit diesem Thema. Noch zweimal fahren wir nach Nottuln, lassen uns noch mehr Informationen geben, schauen uns die Häuser an, die schon fertiggestellt sind, sprechen mit den Bewohnern. Alles macht einen sehr guten Eindruck. Tom vereinbart Termine bei verschiedenen Banken, er will Finanzierungsangebote einholen.

»Man kann verhandeln«, sagt er. »Auch bei Krediten. Die *wollen* uns ja Geld leihen, wir sind keine Bittsteller. Die verdienen schließlich an uns.«

Ich bin furchtbar stolz auf ihn, darauf, wie er alles bedenkt und plant, wie er sich für uns einsetzt. Ich kaufe mir Wohnzeitschriften, befasse mich mit Badeinrichtungen und Armaturen, Fliesen und Elektrogeräten. Tom wälzt Informationsmaterial zu Heizungen und Warmwasserbereitung. Er plant eine Doppelgarage neben dem Haus.

Wir bekommen die Zusage einer Bank mit einem günstigen Finanzierungsangebot und machen einen Termin beim Notar. Noch zwei Wochen, dann unterschreiben wir den Kaufvertrag. Im Februar können wir einziehen, gerade rechtzeitig, bevor wir die Wohnung, in der wir zur Untermiete leben, wieder verlassen müssen.

Meine Mutter ist, wie immer und wie nicht anders zu erwarten, skeptisch. »Wollt ihr euch wirklich so schnell festlegen? Wer weiß, was noch alles kommt. Und außerdem, wenn du da draußen in der Provinz wohnst, was ist dann mit deinem Studium?«

Mein Vater hingegen ist ganz bei uns, er freut sich für uns und ist sehr stolz auf seinen Schwiegersohn. »Das macht ihr richtig. Es gibt keine bessere Geldanlage als ein Eigenheim.«

Nachdenklich komme ich von meinen Eltern zurück. Mein Studium, da hat meine Mutter recht, werde ich wohl vergessen können, wenn ich erst mal in der Neubausiedlung lebe. Immerhin sind es dreißig Kilometer bis nach Münster, wo ich zur Uni gehen könnte. Aber eigentlich habe ich schon gewusst, als ich von meiner Schwangerschaft mit Johanna erfahren habe, dass ich meinen Abschluss wohl nicht machen werde, auch wenn ich es nicht wahrhaben wollte.

Noch ein anderer Gedanke geistert mir durch den Kopf, während ich nachts mit Johanna durch das Wohnzimmer laufe. Sie zahnt und ist quengelig, und ich will nicht, dass sie Tom oder

Alex weckt. Ich blicke hinauf zu den Stuckdecken des schönen Wohnzimmers, das Licht der Kerzen, die ich angezündet habe, schimmert an den dunklen Holzvertäfelungen der Wände. Der Dielenboden knarzt leise unter meinen Schritten. So eine Altbauwohnung hat einen ganz besonderen Charme, denke ich und erinnere mich an einen Artikel, denn ich in einer der Wohnzeitschriften gelesen habe.

Johanna ist endlich auf meinem Arm eingeschlafen, und ich lege sie vorsichtig in ihr Bettchen, suche die Zeitschrift und finde den Artikel wieder. Es geht um die Entscheidung, ob man neu baut oder eine Bestandsimmobilie kauft. Ein älteres Haus kann viele Nachteile habe, es können versteckte Mängel auftauchen, finanziell betrachtet ein Loch ohne Boden, und auch energietechnisch ist es eher ein Himmelfahrtskommando. Aber das Fazit des Artikels ist, man solle gut überlegen, was man kauft, weil man eben doch etliche Jahre in seinem Eigentum verbringe.

Ein Neubau in einer Reihenhaussiedlung. Auch wenn es ein Eckhaus ist, es bedeutet, man wohnt in einem Legodorf. Praktisch ist, wenn man nachts betrunken nach Hause kommt und aus Versehen beim Nachbarn landet: Man wird auch dann zielsicher das Gästeklo finden, es ist bei allen Häusern an der gleichen Stelle.

Ein Altbau hat sehr viel mehr Charme, es ist verwinkelt und vielleicht auch verwunschen. Die Räume sind groß und hoch. Selbst wenn man in einem Neubau Holzboden verlegt, er wird nie so knarzen wie antiker Dielenboden oder jahrzehntealtes Parkett.

Ich schaue mich um, betrachte die hohen Decken, die großen Fenster. Ich denke an den verwinkelten Flur, die alten Fliesen im Treppenhaus und den Zauber, der solchen Altbauten innewohnt. Diese Häuser haben Geschichte. Vor hundert Jahren hat hier schon jemand gewohnt. Hier wurde geliebt, gestritten, gelacht und vermutlich auch gestorben. Ich bin verzaubert von der Geschichte alter Häuser. Ich will in keinem Neubau wohnen, ich weiß es plötzlich ganz genau, ich möchte ein altes Haus mit Charakter.

Doch wie sage ich das Tom? Er wird wahrscheinlich durchdrehen und wütend werden. Mit einem flauen Gefühl im Bauch gehe ich zu Bett.

Am nächsten Morgen beim Frühstück lege ich Tom den Artikel hin und erläutere ihm meine nächtlichen Gedanken. Er ist in Eile, nickt nur und steckt die Zeitschrift ein.

Den ganzen Tag denke ich darüber nach, was er abends wohl sagen wird. Als die Kinder mittags schlafen, stelle ich das Radio an. Susan Vega singt von Tom's Diner. Ich lächele und schlage die Tageszeitung auf, studiere die Immobilienanzeigen. Es ist wahrscheinlich verschenkte Zeit, aber ich suche trotzdem nach Altbauhäusern und streiche drei Anzeigen an.

Nervös warte ich auf Tom. Endlich kommt er – er hat mal wieder Überstunden gemacht, wie so oft. Die Kinder habe ich schon ins Bett gebracht, sie schlafen. Tom hat sie heute nicht zu Gesicht bekommen.

Ich richte ihm einen Teller mit dem aufgewärmten Essen vom Mittag. Normalerweise sitzen wir alle zusammen am Esstisch in der Küche, nach der Arbeit isst er aber lieber im Wohnzimmer und schaut dabei die Nachrichten. Ich koche jeden Tag frisch und esse gemeinsam mit den Kindern. Johanna wird zwar noch gestillt, aber mit sechs Monaten hat sie schon so gierig auf unsere Teller gestarrt, dass ich ihr zerdrückte Kartoffeln und weiches Gemüse gegeben habe. Seitdem isst sie mittags mit. Alexander hat früher Gläschen und hochkalorische Nahrung bekommen, mochte aber auch selbstgekochte Kartoffeln lieber. Inzwischen isst er wenig, aber alles, was ich koche.

Ich will Toms Teller ins Wohnzimmer bringen, doch er nimmt ihn mir ab, stellt ihn auf den Küchentisch und setzt sich.

»Ich habe den Artikel gelesen. Interessanter Aspekt.«

Ich schlucke und lasse mich mit klopfendem Herzen auf den Stuhl ihm gegenüber sinken.

»Weißt du, worüber ich heute nachgedacht habe?«, fährt er fort. »Altbauten aus der Jahrhundertwende sind meist Mehrfamilienhäuser. Das heißt, man würde eine Wohnung, zum Beispiel die untere, bewohnen, und die anderen vermieten. Dadurch kann man so ein Haus teilfinanzieren, und später hat man auch noch Rendite. Gar kein doofer Gedanke. Ich habe schon mit unserem Sachbearbeiter bei der Bank telefoniert und einen Termin ausgemacht, um das mit ihm durchzusprechen.«

Für einen Moment glaube ich nicht, was ich gehört habe. »Das … das heißt, du findest die Idee nicht dumm?«, stottere ich.

»Nun, es ist eine wirtschaftliche Frage. Aber grundsätzlich … Nein, ich finde, es ist eine Überlegung wert.«

»Mir geht es um das Wohlfühlen. Um das Wohngefühl. Weißt du, Altbauten sind doch irgendwie anders, einzigartig. Dieses Haus hier ist hundert Jahre alt, und ich finde, das kann man fühlen. Nicht negativ, sondern positiv. Hier hat es Freude und Leid gegeben, die Wände strahlen das aus, und ich meine, das ist so etwas Besonderes …«

»Denkmalschutz«, unterbricht mich Tom, »spielt auch eine Rolle. Wenn wir ein Haus unter Denkmalschutz stellen lassen können, gibt das immense steuerliche Vorteile.«

»Tom, es geht mir eigentlich darum, wo wir uns …«

»Ja, ja. Wir müssen erst einmal ein Haus finden. Eines, das passt. Dann sehen wir weiter. Einrichten und so darfst du. Da kannst du dich ja mal drum kümmern und ein paar Objekte raussuchen. Du hast ja Zeit. Ich regele die finanzielle Seite. Aber wirklich kein dummer Gedanke – kaufen und einen Teil zu vermieten. Clever von dir.«

Mit diesen Worten nimmt er seinen Teller, geht ins Wohnzimmer und schaltet den Fernseher an.

Ich hole tief Luft. Eigentlich bin ich erleichtert, dass er auch dafür ist – aber da ist etwas, etwas Kleines, Spitzes, wie ein Splitter in der Haut, den man spürt, an den man aber nicht herankommt. Es tut nicht wirklich weh, aber es stört. Ich kann das Gefühl nicht benennen, ich weiß nur, dass es ein leichtes Unwohlsein in mir hinterlässt.

6. Kapitel

Wir suchen sechs Wochen. Das heißt: Ich suche. Ich rufe Makler und Verkäufer an, lasse mir Exposés schicken, statte allen möglichen Adressen einen Besuch ab – allerdings immer nur von außen. Nur wenn ein Objekt vielversprechend erscheint, mache ich einen Besichtigungstermin aus und Tom kommt mit. Wir sehen uns viele Häuser in der Umgebung an. Zu dem Verkaufspreis kommen meist noch eine Maklerprovision und die kaum zu kalkulierenden Renovierungskosten. Wir sehen so ziemlich alles von tollen und viel zu teuren Villen bis zu heruntergekommenen Bruchbuden.

Mir kommt zugute, dass meine beste Schulfreundin Tochter von zwei Architekten ist und ich meine Jugend quasi in deren Haushalt verbracht habe. Eine Weile wollte ich Innenarchitektin werden. Auch gehören Wohnzeitschriften zu meiner Lieblingslektüre für zwischendurch, schon immer. Viel lieber noch als irgendwelche Modemagazine. Deshalb kenne ich jede Menge Fachtermini und weiß, worauf ich achten muss: Ist der Keller trocken? Woran sieht oder riecht man das? Wie alt ist das Dach? Welche Leitungen liegen hier? Was ist mit der Elektrik? Tom ist sichtlich beeindruckt von meinem Auftreten und meinen Fragen.

Als ich schon glaube, dass wir nie etwas finden, stoße ich auf eine Gründerzeitvilla mit drei Etagen und schönem Garten in einem der besten Viertel der Stadt. Es ist kein Schnäppchen, aber auch nicht überteuert. Da muss es einen Haken geben.

Und es gibt gleich mehrere: Das Haus muss gründlich renoviert werden, die drei Wohnungen sind nicht abgeschlossen, sondern offen, das Souterrain derzeit nicht bewohnbar, und die Bäder sind anscheinend vor dem Ersten Weltkrieg zum letzten Mal saniert worden. In der oberen Wohnung ist das Badezimmer so klein, dass man die Duschtasse an Scharnieren hochklappen muss, um zum Klo zu kommen. Zu der mittleren Wohnung gehören nur zwei Zimmer, das dritte zur Partei unterm Dach. Die untere Wohnung hat vier Türen, die alle zum Treppenhaus gehen. Das Bad dort ist mit hässlichem Holz verkleidet, es riecht nach Schimmel, und die abgehängte Decke sieht nicht vertrauenswürdig aus.

Aber das Treppenhaus ist eine Pracht – gedrechseltes Geländer, oben eine große Glaskuppel im Dach, antike Holzvertäfelung und Villeroy & Boch-Fliesen von 1909, dem Baujahr des Hauses. Hinter dem lang gestreckten Garten, der von einer Backsteinmauer umgeben wird, liegen ein kleiner Park und dahinter ein humanistisches Gymnasium – dort werden nie Häuser gebaut werden. Überhaupt, das ganze Viertel besteht aus alten Gemäuern mit riesigen Gärten. Wunderschön.

Ich verliebe mich sofort in das Haus. Die Treppe muss komplett erneuert werden, dann muss eine Zwischenwand eingezogen werden, damit die Eigentümerwohnung im Erdgeschoss einen Flur erhält und abgetrennt ist. Auch die Wohnung im Dachgeschoss braucht eine Abtrennung zum Treppenhaus. Das Zimmer in der mittleren Etage muss der Wohnung in diesem Stockwerk zugeführt werden – was kein Problem ist, denn es gibt eine Verbindungstür. Diese Wohnung hat eine große Terrasse, an die obere könnte man einen Balkon anbauen. Tausend Pläne entstehen in meinem Kopf. Es gibt viel zu tun, und es wird ganz sicher nicht billig werden, doch dieses Haus ist ein ungeschliffener Diamant, das weiß ich sofort.

Tom lässt sich ebenfalls für das Haus begeistern. Wir überlegen eine Weile, der Makler kommt uns mit dem Preis entgegen, wir reden mit der Bank, überlegen wieder. Dreimal besichtigen wir das Haus, wir nehmen sogar einen Architekten mit. Die Substanz ist gut, die Lage hervorragend, der Preis in Ordnung – aber es muss eben viel gemacht werden. Schließlich entscheiden wir uns dafür und kaufen es. Die Mieter in der oberen Etage wollen sowieso ausziehen, also können wir diese Wohnung schnell in Angriff nehmen. Sie wird entkernt, neue Fenster und ein neues großzügiges Bad werden eingebaut, außerdem ein Balkon.

Leider wollen die Mieter der unteren Wohnung nicht ausziehen, wir müssen auf Eigenbedarf klagen. Das übernimmt Tom, während ich die Bauleitung mache. Jeden Tag fahre ich zum Haus, spreche mit den Handwerkern und überwache die Fortschritte, Johanna im Kindersitz, Alexander an der Hand. Dazu muss ich mit dem Kadett einmal quer durch die Stadt fahren.

Unsere Freunde, in deren Wohnung wir zur Untermiete wohnen, kommen schon bald zurück – es ist absehbar, dass wir hier rausmüssen, aber noch nicht in das Haus können. Ich suche eine Zwischenlösung, möglichst in der Nähe unseres neuen Hauses. Endlich finde ich etwas, eine kleine Zweizimmerwohnung, die übergangsweise gehen wird. Dann heißt es wieder packen.

Tom arbeitet viel, macht häufig Überstunden und etliche Schulungen. Er tut es für uns, für unsere Zukunft und seine Karriere, das weiß ich. Dennoch bin ich am Rand meiner Belastbarkeit. Dazu kommt, dass es Alexander inzwischen wieder schlechter geht – die Kontrolltermine bei den Ärzten nehmen zu, und es ist klar, er muss bald operiert werden. Das kann er nur an der Uniklinik in Aachen, gute zwei Stunden von hier entfernt.

Ich rotiere. Wie soll ich das alles hinbekommen? Unseren Alltag erschwert außerdem, dass ich nur das Nötigste aus den Kisten und Kartons ausgepackt habe. Das Chaos greift Tag für Tag mehr um sich. Das Gefühl habe ich zumindest, auch wenn es von außen vielleicht gar nicht so aussieht.

»Was wird mit Johanna, wenn ich mit Alexander in der Klinik bin?«

»Es wird sich eine Lösung finden«, meint Tom ruhig.

Doch bevor es so weit ist, stehen eine Menge Untersuchungen an. Der Professor klärt uns auf, dass die Operation am offenen Herzen kein Klacks für unseren Sohn werden wird. Sie wird mehrere Stunden dauern, und er wird an die Herz-Lungen-Maschine angeschlossen werden.

»Wir werden Blutkonserven brauchen«, sagt der Professor. »Sie, Frau Richter, haben leider keine übereinstimmende Blutgruppe, aber Sie, Herr Richter, schon. Sie sollten für Ihren Sohn Blutkonserven anlegen. Die Kasse zahlt das, weil die Aidstests, die es bisher gibt, nicht sicher sind und Fremdblut nur im Notfall eingesetzt wird. Ich kann Ihnen das nur empfehlen. Wir brauchen drei Konserven, also drei- bis viermal spenden, das sollte reichen. Da wir die Operation für Januar oder Februar planen, ist also noch genügend Zeit. Ich habe schon einen Termin bei unserer Blutbank für Sie ausgemacht.«

Tom nickt, sagt nichts. Der Professor verabschiedet sich von uns und erklärt uns den Weg zur Blutbank. Wir werden uns für weitere Untersuchungen in einigen Wochen wiedersehen.

Die erste Blutabnahme soll jetzt gleich stattfinden. Tom setzt sich in den Wartebereich, ich wandere mit Alexander an der Hand hin und her, singe mit ihm. Zum Glück kennt er Krankenhäuser und hat keine Angst. Durch meine Kontakte in der Spielgruppe und auf dem Spielplatz habe ich einige junge Mütter kennengelernt. Bei Beate, die ich dort getroffen habe, ist Johanna heute. Sie hat sich schon angeboten, die Kleine zu nehmen, wenn Alexander operiert wird, so wie einige andere Freundinnen auch. Ganz wohl ist mir nicht bei dem Gedanken, dass meine Tochter herumgereicht werden wird – aber vielleicht geht es nicht anders.

Plötzlich steht Tom auf. »Wir fahren.«

»Bitte?«

»Komm jetzt«, sagt er unwirsch und nimmt Alexander auf den Arm. »Wir fahren.«

»Wohin?«

»Frag doch nicht so blöd«, faucht er mich an. »Nach Hause.«

»Aber was ist mit der Blutspende?«

Tom stapft mit großen Schritten zum Ausgang.

Ich packe eilig unsere Sachen zusammen, die Jacken, die Bilderbücher, die Tasche mit den Unterlagen, und renne ihm hinterher. Erst am Aufzug kann ich ihn einholen.

»Tom …«

Er sieht mich nur böse an, und verzweifelt denke ich darüber nach, ob ich etwas falsch gemacht, etwas Verkehrtes gesagt habe. Habe ich ihn verärgert? Ich weiß es nicht.

Tom rennt fast zum Parkhaus, schnallt Alexander im Kindersitz an, setzt sich hinter das Steuer und lässt den Motor an. Ich kann gerade noch die Sachen im Kofferraum verstauen und mich auf den Beifahrersitz fallen lassen, da fährt er auch schon an.

»Was ist denn los?«, frage ich wieder, aber Tom antwortet nicht.

Ich überlege, ob ich versuchen soll, harmlose Konversation zu betreiben, normalerweise lässt er sich irgendwann darauf ein, aber heute bin ich zu verwirrt dafür.

Schweigend fahren wir nach Hause. Tom wird bei Streitigkeiten nicht laut, er brüllt nie. Er wird stattdessen leise und gemein. Dann sagt er mir Sachen, die mich wirklich treffen. Keine Schimpfwörter, sondern Abfälligkeiten mir gegenüber, so als hätte ich von nichts eine Ahnung. Bei meinen anderen Partnern war ich selbstbewusst, und ich wurde auch gern mal laut, wenn ich mich aufregte. Aber bei Tom habe ich mir das abgewöhnt. »Brüll nicht so«, sagte er früher immer. »Du benimmst dich wie eine Marktfrau. Hast du kein Benehmen?«

Heute sagt er andere Dinge. Sie sind wie kleine Nadelstiche, sie schüchtern mich ein, und ich beginne, an mir zu zweifeln. Immerhin ist Tom fünf Jahre älter als ich und viel erfahrener. Ich komme mir dumm vor, wenn er so mit mir spricht, naiv. Außerdem macht mir seine leise und kalte Stimme Angst, auch wenn ich mir das nur ungern eingestehe.

Er hat seit der Nacht damals nie mehr die Hand gegen mich erhoben, und ich glaube auch nicht, dass er es wieder tun wird, trotzdem gehe ich Auseinandersetzungen mit ihm lieber aus dem Weg. Manchmal ist das sehr bequem, manchmal sehr feige – immer muss ich mich dafür ein Stück weit verbiegen. Aber das ist mir nicht so richtig bewusst, ich verdränge diese unangenehmen Gedanken.

Wir streiten nicht um weltbewegende Dinge, grundsätzlich haben wir ja dieselbe Einstellung. Es sind eher Kleinigkeiten. Aber ist das nicht immer so in Beziehungen, und sind diese

Streite nicht immer überflüssig und destruktiv? Deshalb ist es vielleicht gar nicht verkehrt, ihnen aus dem Weg zu gehen.

Diesmal jedoch ist es anders, diesmal geht es nicht um mich, ein paar Schuhe, einen Besuch bei meinen Eltern, nein, es geht um unseren Sohn. Es geht darum, dass Tom einen wichtigen Beitrag zu Alexanders Leben leisten kann.

Zu Hause angekommen, nehme ich Alex und die Sachen aus dem Auto. Während Tom Johanna von Beate abholt, mache ich Abendbrot. Ich füttere und wickele die Kleine, während Tom das Brot für Alex kleinschneidet. Dann bringen wir die Kinder ins Bett.

Tom geht ins Wohnzimmer und schaltet den Fernseher ein.

Ich hole tief Luft, folge ihm und schalte das Gerät wieder aus.

Wütend sieht er mich an. »Was soll das?«

»Ich muss mit dir reden. Und zwar jetzt. Warum haben wir das Krankenhaus verlassen? Warum hast du kein Blut für die Operation von Alexander gespendet?«

»Ich habe mich dagegen entschieden. Und jetzt mach den Fernseher wieder an«, sagt er leise.

»Du hast dich *dagegen* entschieden? Du hast dich einfach so *dagegen* entschieden?«

Meine Stimme wird lauter. Ich weiß, das wird unseren Streit noch schlimmer machen, doch in mir kocht es, und es ist mir egal.

»Ja.« Er runzelt die Stirn, will an mir vorbei zum Fernseher gehen.

Ich halte ihn am Ärmel fest. »Wieso?«

Er schüttelt mich ab. »Weil ich es nicht will. Und jetzt hör auf rumzukeifen wie ein Fischweib.«

»Du willst kein Blut für deinen Sohn spenden?! Warum nicht?« Ich brülle inzwischen.

Tom verzieht ärgerlich und angeekelt das Gesicht. »Ich will es nicht. Es ist meine Entscheidung.«

»Nein, es ist nicht nur deine Entscheidung. Es geht um Alexander, um deinen Sohn. Was wenn er sich infiziert durch die Blutkonserven? Was wenn er krank wird, Aids oder Hepatitis bekommt?«

»Die Blutspenden werden mittlerweile getestet«, sagt Tom leise, aber scharf.

»Du hast doch gehört, was der Professor gesagt hat, die Tests sind nicht sicher. Dein Blut ist es aber. Außerdem habt ihr dieselbe Blutgruppe. Es ist die beste Spende, die er kriegen kann.«

»Ich kann kein Blut sehen und Nadeln auch nicht«, spuckt er mir entgegen. Dann drückt er mich zur Seite und schaltet den Fernseher wieder an.

»Was? *Das* ist der Grund? Du kannst dich nicht einmal für deinen eigenen Sohn überwinden?«

Tom antwortet nicht mehr, er setzt sich aufs Sofa und starrt in den Fernseher, nur kurz schaut er zu mir, als sei ich ein lästiges Insekt.

»Wenn sich Alexander irgendetwas durch die Blutkonserven holt und krank wird, dann werde ich dich dafür verantwortlich machen«, sage ich und knalle die Tür hinter mir zu.

Ich schaue nach den Kindern, die beide friedlich schlafen, gehe dann ins Schlafzimmer und lege mich aufs Bett. Ich kann es nicht glauben. Ich kann nicht glauben, dass er nicht alles für unser Kind tun will, dass er Alexander wissentlich einer Gefahr aussetzt.

Das erste Mal zweifele ich an unserer Ehe. Und ich zweifele

an Tom. Wenn er Alexander wirklich liebte, dann würde er doch sein Blut spenden, auch wenn er sich dafür überwinden muss. Ich kann es immer noch nicht fassen, es muss ein böser Traum sein, aus dem ich gleich erwachen werde. Sagt Tom nicht immer, dass ihm die Familie, dass wir ihm das Wichtigste auf der Welt seien? Dass er alles für uns tun würde? Alles ist ein weitgefasster Begriff. Hier geht es doch nur um einen Piks, eine kleine Nadel und einen halben Liter Blut. Man muss ja noch nicht einmal hinschauen!

Wie kann er Alexander bloß wissentlich in Gefahr bringen? Ich verstehe es nicht. Wenn Alexander stirbt … Ich mag den Gedanken gar nicht zu Ende denken, aber wenn meinem Sohn deshalb etwas passiert, weil Tom ihm sein Blut verwehrt hat, dann …

Ja, was dann? Was könnte ich tun? Tom verlassen? Aber ich liebe ihn doch. Er ist doch mein Leben. Ich bin doch so glücklich mit ihm, wie ich es nur sein kann. Wir erfüllen uns gerade zusammen all unsere Lebensträume. Kinder, ein Haus, eine gemeinsame goldene Zukunft. Oft liegen wir abends nebeneinander im Bett und reden, machen Pläne. Wir besprechen, was noch am Haus gemacht werden muss, wie es vorangeht, was noch fehlt, wie es werden wird. Wie wir unsere hundertfünfzig Quadratmeter große Wohnung im Erdgeschoss einrichten wollen.

Außerdem bauen wir uns einen neuen Freundeskreis auf. Im Viertel wohnen viele Akademiker, Ärzte, Anwälte, Studienräte und Ingenieure. Sie sind alle etwas älter als wir, haben jedoch Kinder im Alter von Alexander und Johanna. Die Mütter habe ich auf dem Spielplatz kennengelernt. Wir treffen uns zum Kaffee, verabreden die Kinder miteinander. Auch wenn wir noch nicht in unsere Villa eingezogen sind, wurden wir schon zum Kaffee und zum Grillen eingeladen, und Tom zu gemeinsamen Aktionen mit den Vätern. Er mag die Männer und schließt gerade neue Freundschaften. Er fühlt sich inzwischen wohl in Münster und ist froh, dass wir nicht auf dem Land gebaut haben, denn die Vorteile in der Stadt überwiegen.

Über die Spielplatzfreunde habe ich auch eine kleine private Spielgruppe gefunden, zu der Alexander zweimal in der Woche für ein bis zwei Stunden gehen darf. Da es nur wenige Kinder sind, strengt es ihn nicht so an. Er blüht regelrecht auf an diesen Nachmittagen. Ich sitze dann zusammen mit Johanna in der Küche und spiele mit ihr. Mit der Betreuerin der Spielgruppe verstehe ich mich gut.

Tom freut sich über die neuen Kontakte. Besonders stolz ist er über seine Stellung, denn er ist ja nicht nur Hausbesitzer, sondern auch Vermieter, auch wenn erst die erste Etage vermietet ist. Bald aber ist die Dachgeschosswohnung fertig und kann bezogen werden. Nur bei unserer Wohnung, der im Erdgeschoss, wird es noch etwas dauern, weil die Mieter sich immer noch weigern auszuziehen. Ich hoffe, dass es bis zum Prozess nicht mehr lange dauert und wir endlich Zugang zu unseren eigenen vier Wänden bekommen.

Wir sind die Jüngsten in unserem neuen Freundeskreis, aber die Einzigen mit Eigentum. Und dann auch noch eine Gründerzeitvilla, kein einfaches Reihenhaus. Die anderen starten gerade erst in das Berufsleben und wollen noch Eigenkapital ansparen. Wir sind schon einen Schritt weiter, das macht Tom stolz. Er ist sowieso stolz – darauf, eine eigene Familie zu haben, und dass ich alles so gut regele. Das sagt er zumindest oft. Er sagt auch oft, dass er mich liebt. Wenn wir abends im Bett liegen, lobt er mich und weiht mich in seine Pläne ein. Wir liegen dann Hand in Hand da und reden.

Aber Sex – nun ja. Sex mit Tom war ja von Anfang an nicht einfach. Als wir zusammenkamen, war er schon ein paar Monate Single. Er hat sich viel Zeit gelassen, bis wir endlich miteinander geschlafen haben. Es dauerte lange, der Akt an sich. Und meistens kam er nicht. Das wird sich schon geben, dachte ich damals, wenn wir uns erst einmal aufeinander eingespielt haben. Aber es gab sich nicht. Mit der Hand konnte ich ihn auch nicht befriedigen, meist gab ich nach zwanzig Minuten auf, und selbst oral klappte es nicht oft.

»Es liegt an dir«, sagte er damals. »Du bewegst dich falsch.«

Ich war nicht seine erste Freundin, und er war auch nicht mein erster Freund. Ich hatte vor ihm nie Probleme und stets Spaß an Sex. Aber nun bewegte ich mich in den entscheidenden Momenten wohl falsch. Also hörte ich auf, mich zu bewegen. Dadurch wurde der Akt für mich sehr passiv und unbefriedigend, aber Tom fiel es leichter, und er kam endlich zum Orgasmus.

In den Schwangerschaften schliefen wir nicht miteinander, das wollte Tom nicht, das war ihm zu nah am Baby. Ich lachte darüber, versuchte ihn zu verführen – vergeblich. Er wollte nicht.

In Alexanders erstem schwerem Lebensjahr indes hatten wir beide nicht die Kraft intim zu werden, erst als es ihm wieder besser ging. In dieser Phase, fällt mir nun ein, hat es auch gut geklappt bei Tom. Aber dann war ich fast sofort wieder schwanger mit Johanna. Auch in dieser Schwangerschaft hatten wir keinen Sex.

Seitdem schlafen wir zwei- oder dreimal im Monat miteinander. Zwar fehlt mir die körperliche Nähe, aber ich tröste mich damit, dass bei allen Ehepaaren irgendwann die Leidenschaft nachlässt, gerade wenn Kinder da sind. Bei uns ist das eben etwas schneller gegangen, aber Sex ist nicht alles im Leben.

Wir lieben uns, wir haben gemeinsame Träume, die Kinder, das Haus. Ich könnte ihn gar nicht verlassen. Ich habe zwei kleine Kinder, eins davon ist schwer krank, und ich habe keine Ausbildung. Mein Studium habe ich bisher nicht beendet. Wie sollte ich das tun mit zwei kleinen Kindern?

Und dann ist da noch das Haus. Wir haben kein Eigenkapital, und obwohl meine Eltern uns unterstützt haben, sind Tom und ich verschuldet bis nach dorthinaus. Ich habe alle Verträge mitunterschrieben, es sind auch meine Schulden. Und das Haus lässt sich ohne Verlust nicht verkaufen, befürchte ich.

Außerdem steht Alexanders Operation bevor. Ich kann mir nicht vorstellen, dass ich das allein schaffe, zumal ich jetzt schon nicht weiß, wer Johanna betreuen soll. Für ein paar Stunden werden unsere Freunde sie nehmen, aber nicht wochenlang. Meine Mutter muss arbeiten, sie ist Angestellte im Öffentlichen Dienst und kann sich gerade keinen Urlaub nehmen. Tom will sich freinehmen, aber wir wissen ja nicht, wie lange Alexander im Krankenhaus bleiben muss. Allein lassen werde ich meinen Sohn auf keinen Fall. All diese Dinge gehen mir durch den Kopf, nicht nur an diesem Abend, auch in den nächsten Tagen und Wochen.

Tom spricht nie wieder über die Blutspende.

7. Kapitel

Der Termin für die Operation rückt immer näher. Ich versuche alles vorab zu organisieren. Währenddessen erfahre ich, dass sich die Spielgruppe auflösen wird, die Alexander so gern mag. Die Leiterin hat einen Job gefunden. Ich rede erst lange mit ihr, dann mit Tom.

»Wenn wir im Haus wohnen«, sage ich, »hätten wir genügend Platz. Ich könnte die Spielgruppe übernehmen. Die Kinder hätten soziale Kontakte, ich auch, und Geld würde ich zusätzlich verdienen.«

»Wie viel?«, fragt er.

»Nun, das kommt darauf an. Wir zahlen derzeit pro angefangene Stunde sechs Mark. Kinder, die regelmäßig den ganzen Vormittag kommen, zahlen eine Pauschale von zwanzig Mark pro Vormittag – und zwar auch dann, wenn sie nicht kommen. Es könnten so pro Kind zwischen zweihundert und dreihundert Mark im Monat zusammenkommen.«

»Wirklich?« Er denkt kurz nach. »Wenn du nur Pauschalen vereinbarst und zwar für fünf Tage die Woche mit fünf Kindern … Überleg mal, das wären einhundert Mark am Tag.«

»Jeden Tag fünf Kinder von acht bis eins? Das ist mir zu viel. Ich habe ja auch noch unsere beiden. Außerdem muss man sich so etwas genehmigen lassen.«

»Dann lass es dir genehmigen.«

Ich erkundige mich beim Amt. Wenn ich die Spielgruppe

leite, so wie sie bisher besteht, brauche ich keine Genehmigung, denn es ist eine private Art der Kinderbetreuung. Ich könnte zusätzlich ein paar Kurse an der Volkshochschule machen, aber eine richtige Ausbildung wäre das nicht. Trotzdem werde ich die Kurse belegen.

Doch erst einmal steht Alexanders Operation an.

Alexander und ich müssen zwei Tage vor dem eigentlichen Termin schon im Krankenhaus sein, es werden noch Untersuchungen durchgeführt. Tom hat sich eine Woche Urlaub mit Option auf Verlängerung genommen. Beate, Sonja und Nicola, drei Frauen aus unserem Freundeskreis, bieten sich an Johanna zu nehmen, wenn Tom uns in der Klinik in Aachen besuchen kommen möchte – immerhin mehr als zweihundert Kilometer weit weg von Münster. Sie haben alle kleine Kinder, aber durchgehend betreuen kann keine unsere Tochter. Das wäre auch zu viel verlangt.

»Ich bin ja da. Ich habe schon mit meinem Chef gesprochen, ich kann mir noch zwei weitere Wochen freinehmen, wenn es sein muss«, beruhigt mich Tom.

Wir haben beide Angst um unseren Sohn, wissen, dass die Operation eine große Chance, aber auch gefährlich für ihn ist. Ich packe unsere Sachen, ich werde ja auch aufgenommen, denn ich werde die ganze Zeit bei Alexander im Krankenhaus sein. Er ist fast drei, und ich habe fürchterliche Angst um ihn.

Am Abend bevor wir fahren müssen, nehme ich Johanna mit zu mir ins Bett und kuschele noch einmal ganz lange mit ihr. Sie ist nun fast ein Jahr alt und wird nicht verstehen, warum ihre Mami plötzlich weg ist. Ich habe ihr gegenüber ein furchtbar schlechtes Gewissen, und sie tut mir leid, auch sorge ich mich darum, ob alles klappen wird. Alles in mir schreit: Bleib hier, bleib bei deiner Tochter! Aber Alexander kann ich in dieser Situation unmöglich allein lassen.

Als ich Johanna bei Beate abliefere, unterdrücke ich mühsam die Tränen, küsse meine Tochter auf den Kopf und steige ins Auto. Erst dort weine ich.

»Nun hör aber auf!«, sagt Tom unwirsch. »Sie wird es schon überstehen. Immer musst du alles so dramatisieren.«

»Ich find es dramatisch«, schniefe ich, reiße mich dann aber zusammen.

Das Letzte, was ich jetzt gebrauchen kann, ist ein Streit mit Tom.

Leider gibt es auf der kinderkardiologischen Abteilung keine Kind-Eltern-Zimmer wie auf fast allen anderen Stationen, die ich bislang kennengelernt habe. Das geht nicht, wird mir erklärt, weil die Zustellbetten der Eltern den Zugang zu den Überwachungsgeräten und Monitoren verstellen würden und sie bei einem eventuellen Notfall im Weg stünden.

Ich bekomme einen eigenen Raum zugewiesen, eigentlich ein Bereitschaftszimmer der Ärzte. Es verfügt über ein Bett, einen kleinen Schreibtisch, einen Schrank und eine Nasszelle auf ungefähr vier Quadratmetern, und es ist am anderen Ende des riesigen Klinikums. Ich bin zehn Minuten unterwegs, um zu Alexander zu gelangen. Aber ich bin greifbar, habe sogar ein Telefon in meinem Zimmer, sodass die Schwestern mich sofort erreichen können, wenn etwas sein sollte.

Wir haben Alexander schon lange erzählt, dass er irgendwann operiert werden muss. Es gibt dazu Bilderbücher, die wir besorgt und mit ihm angeschaut haben. Der Kinderarztkoffer ist eines seiner Lieblingsspielzeuge. Darin finden sich Spielzeugspritzen, ein Stethoskop aus Plastik, aber auch echte Pflaster, Verbände und einiges mehr. Alexander bittet bei jeder Untersuchung um Material, damit er seine Stofftiere verarzten kann. Obwohl wir ihm zur Geburt einen Teddy von Steiff geschenkt haben, hat er zwei andere Kuscheltiere, die im Krankenhaus dabei sind: ein Stoffpferd und eine Kuh. Er hat sie vor eineinhalb Jahren bei Ikea gesehen, direkt eingepackt und seitdem nie wieder losgelassen. Pferd und Kuh, die beide keinen Namen haben, müssen überall mit hin und werden heiß geliebt.

Die Schwestern auf der Station amüsieren sich darüber. Und sie finden gut, dass wir Alexander altersgerecht auf den Eingriff vorbereitet haben.

Und dann erleben wir eine große Überraschung: Brigitte steht urplötzlich vor uns. Sie war mit mir zusammen im Geburtsvorbereitungskurs, doch leider haben wir uns etwas aus den Augen verloren, und so wusste ich nicht, dass sie nach Aachen gezogen ist.

»Brigitte?«, frage ich ungläubig.

Sie lacht. »Ja, ich bin es wirklich. Manfred ist nach Aachen versetzt worden, also wohnen wir jetzt hier. Als ich den Namen Richter in den Akten gelesen habe, dachte ich schon, dass ihr es seid.«

»Und du bist jetzt hier im Klinikum angestellt?«

Sie nickt. »Ja, und ich werde mich auch um euer Herzchen Alex ganz besonders kümmern, das verspreche ich dir.«

Mir fällt ein Stein vom Herzen. Ich bin so erleichtert, ein bekanntes Gesicht zu sehen. Brigitte vertraue ich voll und ganz.

»Wir hatten hier mal ein Kind«, erzählt sie dann, »das war schon sieben und wusste nicht, dass es am Herzen operiert wird, ja, es wusste nicht einmal, dass es *überhaupt* operiert wird. Als es aus der Narkose aufgewacht ist, mit der großen Naht auf dem

Brustbein, wurde es panisch. Es hat mehrere Tage nicht mit den Eltern gesprochen. Der Vertrauensverlust muss gigantisch gewesen sein.«

Ich mag mir gar nicht vorstellen, wie das für das Kind gewesen sein muss, habe mich aber auch schwergetan, mit Alexander über das Kommende zu reden. Zum Glück bin ich bald nach der Diagnose dem Verein Herzkrankes Kind beigetreten und habe mir dort viel Unterstützung und Informationen geholt. Mein Sohn weiß, er wird »aufgeschnitten«, wobei er nicht wissen kann, was das bedeutet. Ich habe ihm jedoch gesagt, dass er später eine Narbe vom Hals bis zum Bauchnabel haben wird. Er ist darauf vorbereitet, dass er im Krankenhaus bleiben und eine Weile im Bett liegen müssen wird. Er weiß, es wird ein wenig wehtun, aber ich habe ihm auch gesagt, dass es dagegen etwas gibt und wir darauf achten werden, dass es nicht zu doll wehtut. Er kennt Blutabnahmen, denn bereits in den letzten Wochen musste sein Blut mehrfach untersucht werden. Spritzen schockieren ihn nicht mehr. Alexander weiß, er ist krank, und jetzt soll ihm geholfen werden, wieder gesund zu werden.

Es gibt nur Zweierzimmer auf der kinderkardiologischen Station. Mit Alexander im Raum liegt Max, der nur wenig älter ist als mein Sohn. Er hat einen Vorhofseptumdefekt, ein Loch in der Vorhofscheidewand, das man mit einem kleinen Flicken stopfen will.

Alexander tut es sichtbar gut, einen Kameraden zu haben. Ihm und mir auch – nicht nur mein Sohn ist betroffen. Außerdem verstehe ich mich mit Eva, Max' Mutter, auf Anhieb. Auch sie hat eine kleine Tochter zu Hause. Lena ist so alt wie Johanna.

Der Tag vergeht, ich bringe Alexander ins Bett, warte, bis er schläft, dann gehen Eva und ich nach unten, holen uns im Kiosk eine Flasche Wein und setzen uns in ihr Zimmer. Sie wohnt drei Bereitschaftszimmer von meinem entfernt. Wir lassen die Türen auf, damit wir das Telefon bei mir hören können, falls etwas ist. Eva hat Chips, und ich habe Schokolade – und wir haben die Flasche Wein. So überstehen wir diesen Abend irgendwie.

Am nächsten Morgen bin ich schon vor sechs auf der Station. Alexander ist knatschig, denn er darf weder etwas essen noch trinken. Ihm wird wieder Blut abgenommen, aber er hat schon einen zentralen Zugang gelegt bekommen, also merkt er es nicht. Außerdem wird ihm ein Beruhigungsmittel verabreicht.

Mein Sohn ist einer der Ersten im OP an diesem Morgen. Max ist erst am nächsten Tag dran, er sieht dem ganzen Prozedere interessiert zu. Ich beneide die Unschuld der Kinder. Brigitte hat heute keinen Dienst, aber heute wird Alex ja auch noch nicht auf die Station zurückkommen. Nach der OP bleibt er mindestens vierundzwanzig Stunden im Intensivbereich und wird auch dort beatmet.

Alexander darf Kuh und Pferd mit nach unten nehmen. Ich laufe neben dem Bett her, das zu den OP-Räumen gebracht wird, und halte meine Tränen zurück. Ich frage mich, wo Tom bleibt. Er wollte schon längst da sein.

An der Schleuse muss ich mich von Alexander verabschieden. Ich küsse ihn, Kuh und Pferd, helfe den Wagen durch die Schleuse zu schieben, aber ich bleibe draußen vor der Tür stehen, als sie sich vor meiner Nase schließt.

Jetzt kann ich die Tränen nicht mehr zurückhalten. Was, wenn ich ihn ein letztes Mal lebend gesehen habe? Was, wenn die Operation misslingt? Der Gedanke ist unfassbar grausam, und ich verdränge ihn mit aller Gewalt. Darin bin ich gut, fast so gut wie Scarlett O'Hara. Aber noch nicht perfekt.

In der Kantine besorge ich mir einen Kaffee, essen kann ich nicht. Und zu Eva und Max kann ich so auch nicht, die mache ich ja vollkommen verrückt mit meinem Gefühlsausbruch. Wie soll ich die nächsten Stunden nur überstehen?

Plötzlich ist Tom da, etwas atemlos. Er küsst mich flüchtig. »Johanna geht es gut, sie und Anke haben viel Spaß miteinander«, sagt er und nimmt mich in den Arm.

Ich nicke, kann nichts sagen.

»Weißt du was? Es ist Winterschlussverkauf. Lass uns in die Stadt gehen und was Hübsches einkaufen.«

Erst finde ich den Plan blöd, aber dann kann ich der Sache doch etwas abgewinnen. Nur weg hier – weg von dem Ort, an dem Alexander gerade aufgeschnitten wird.

Tom fährt uns zu C&A, ich soll mir etwas Neues kaufen. Doch ich lande in der Kinderabteilung, besorge Sachen für Alexander. Hosen, T-Shirts, Pullover. Es ist wie ein stilles Versprechen, ein Hoffnungsschimmer, den ich mit klammem Herzen immer wieder anpuste, sodass er aufglimmt. Ich habe die Sachen gekauft, also wird er auch überleben und sie tragen können.

Nach C&A gehen wir in ein Spielzeuggeschäft. Mit riesigen Tüten in den Händen kehren wir zurück zum Auto, aber erst in einer Stunde bekommen wir eine Auskunft.

Was sollen wir jetzt tun? Brigitte wohnt ganz in der Nähe. Da sie heute keinen Dienst hat, hat sie uns gesagt, dass wir jederzeit bei ihr vorbeischauen können. Und das tun wir. Ihre Tochter Lina tobt durch die Wohnung und zeigt mir wieder einmal, wie Kinder in dem Alter sein *könnten*. Vielleicht wird Alexander nach der Operation auch so lebhaft.

Brigitte hat Reste vom Mittagessen übrig, aber ich mag nichts essen.

»Du musst!«, sagt sie. »Du musst jetzt stark sein für deine Kinder.«

Sie hat recht. Also schaufle ich gedankenlos Nudeln in mich hinein, ohne etwas zu schmecken oder zu spüren.

Endlich ist es ein Uhr. Mit zitternden Händen wähle ich die Nummer der Intensivstation, auf der Alexander in den Stunden nach der Operation betreut werden soll. Ich nenne meinen Namen, frage nach meinem Sohn.

»Ich schaue nach«, sagt der Pfleger.

Meine Hände zittern so sehr, ich kann den Telefonhörer kaum halten.

Kurze Zeit später kommt er zurück ans Telefon. »Wie heißt Ihr Sohn?«, fragt er nach.

»Alexander Richter.«

Der Pfleger geht wieder, kommt zurück, schließlich sagt er: »Tut mir leid, ich suche den Arzt. Einen kleinen Moment.«

Den Arzt? Was soll das heißen? Ich weiß, dass Pfleger gewisse medizinische Informationen nicht weitergeben dürfen. Ich will doch nur wissen, ob Alexander die Operation überstanden hat, warum kann er mir das nicht sagen? Hilfesuchend schaue ich zu Tom, doch der liest den Wirtschaftsteil der Zeitung.

Die Zeit dehnt sich aus, scheint endlos zu werden. Mir ist schlecht.

Was ist mit meinem Kind?

Dann endlich, eine tiefe Stimme am anderen Ende der Leitung. »Frau Richter? Ich bin Doktor Müller. Ich war bei der Operation dabei. Es ist alles gut gegangen. Die Details können wir später in Ruhe besprechen. Ihr Sohn wurde schon verlegt, wir brauchten seinen Beatmungsplatz für einen Notfall. Er liegt nun auf der pädiatrischen Intensivstation. Dort können Sie ihn besuchen.«

»Jetzt?« Uns wurde gesagt, dass wir die ersten vierundzwanzig Stunden nicht zu ihm können.

»Ja, jetzt.« Ich kann die Zuversicht in der Stimme des Arztes hören. »Er hat es wirklich ganz gut gepackt.«

Schnell ziehen wir uns an und fahren zum Klinikum.

Im Fahrstuhl, der uns in die dritte Etage bringt, wo die Kinderintensivstation ist, wird Tom ganz still. Wir müssen uns umziehen, Kittel, Überschuhe, Hauben, Mundschutz, alles in mattem Grün, dann dürfen wir durch die Schleuse auf die Station. Überall piepst es, Maschinen brummen und summen. Es ist sehr warm.

Tom bleibt vor dem Zimmer stehen, in das uns die Schwester führen will. »Ich weiß nicht, ob ich den Anblick ertrage«, sagt er zögerlich.

Ich zucke nur mit den Schultern und gehe weiter. Nichts und niemand kann mich davon abhalten, zu meinem Sohn zu gehen.

Er sieht winzig aus in dem riesigen Bett. Daneben stehen Monitore, Geräte und andere Maschinen, von denen ich nicht weiß, was sie machen. Ich schaue auf den Monitor, den ich zu lesen gelernt habe. Ein regelmäßiger Sinusrhythmus. Ich atme erleichtert auf. Alexanders Brust hebt und senkt sich, seine Augen sind geschlossen. Überall sind Kabel und Schläuche, ein großer Verband bedeckt seinen Oberkörper. Neben ihm auf dem Bett liegt das Pferd, es ist ähnlich verkabelt.

Die Schwester lächelt mich an. »Er war kurz wach. Jetzt haben wir ihn wieder in den Schlaf versetzt.«

»Hat er Schmerzen?«

Sie schüttelt den Kopf. »Nein, dafür sorgen wir. Er muss sehr genau überwacht werden, aber bisher sieht alles gut aus. Normalerweise werden die kleinen Patienten viel länger beatmet und müssen unten im OP-Intensivbereich bleiben, aber Ihr Sohn kann schon wieder selbstständig atmen.« Sie schiebt mir einen Stuhl an das Bett. »Sie können bleiben, solange Sie möchten.«

»Die ganze Nacht?«

Sie nickt.

Tom ist in das Zimmer gekommen, blickt schweigend auf das Bett.

Ich streichele vorsichtig über Alexanders Hand, sie sieht so winzig aus.

Nach einiger Zeit berührt mich Tom an der Schulter, ich schaue zu ihm hoch.

»Ich kann hier nichts tun, außer warten. Soll ich nicht lieber nach Hause fahren?«, fragt er, aber eigentlich ist es keine Frage, sondern ein Entschluss.

»Wie du meinst.« Ich gehe mit ihm zur Schleuse. »Ich ruf dich nachher an.«

»Ist gut.«

Wir küssen uns zum Abschied, und ich sehe ihm hinterher, wie er sich eilig die grünen Sachen auszieht und dann zum Aufzug hastet. Nicht jeder kann den Anblick eines Frischoperierten ertragen, das weiß ich wohl. Schade, dass Tom dazugehört.

Am Abend gehe ich mir etwas zu essen und zu trinken holen und rufe Tom an.

»Alles unverändert. Die Ärzte sagen, es geht ihm gut, aber natürlich muss er die ersten kritischen Stunden überstehen.«

»Das wird er.«

Das Gespräch mit Tom kommt nur schwer in Gang. Er antwortet einsilbig, beinahe widerwillig. Vielleicht schaut er gerade fern. Ich lasse ihn und gehe wieder in das Zimmer auf der Kinderintensivstation.

Mitten in der Nacht kommt ein Arzt, schaut auf den Monitor und nickt. Alexander hat einen schönen und sehr regelmäßigen Sinusrhythmus. Der Arzt drückt einen Knopf. Plötzlich fällt die Kurve nach unten, das Piepsen wird erst hektisch, dann zu einem durchgehenden Ton, gleichzeitig geht ein schriller Alarm an. In aller Ruhe drückt der Arzt wieder den Knopf, und die Kurve geht nach oben, wird wieder zu einer Sinuskurve.

»Was war das?«, frage ich erschrocken.

»Oh, ich habe nur ausprobiert, ob sein Herz schon von allein schlägt. Das tut es noch nicht, noch muss das der Schrittmacher übernehmen. Aber das wird schon.«

Ein Schrittmacher? Das habe ich nicht gewusst. Es ist gar nicht Alexanders Herz, was da schlägt. Es ist eine Maschine, die ihn am Leben hält.

Ich bleibe die ganze Nacht an seinem Bett, schlafe nur kurz im Sitzen, schrecke immer wieder hoch, wenn eines der Geräte Alarm gibt. Und Alarme gibt es oft. Es sind etliche Kinder auf der Intensivstation. Kinder, die schreckliche Unfälle hatten, die operiert wurden, und die Frühchen. Die Schwestern kümmern sich liebevoll um die kleinen Patienten und finden immer wieder tröstende und aufbauende Worte für die Eltern, die um das Leben ihrer Lieblinge bangen.

Die Visite wird um neun sein, ich husche schnell runter ins Untergeschoss, wo mein Zimmer ist. Ich dusche heiß, ziehe mich um, gehe schnell einen Happen essen und haste dann wieder nach oben. Ich will die Visite auf keinen Fall verpassen.

Als ich das Zimmer betrete, sieht die Kurve auf dem Monitor anders aus als vorhin, unregelmäßig – aber es ist keine flache Linie.

Was ist mit dem Schrittmacher?

Er wird doch nicht kaputtgehen?

Die Schwester beruhigt mich. »Der Stationsarzt war kurz da und hat den Schrittmacher noch mal ausgestellt. Und sehen Sie selbst, das Herz Ihres Sohnes schlägt.«

»Was, wenn es plötzlich aufhört?«, frage ich ängstlich.

»Die Drähte des Schrittmachers werden so lange bleiben, bis er wirklich stabil ist. Machen Sie sich keine Sorgen.«

Ich sorge mich natürlich trotzdem – auch wenn es mich etwas beruhigt, dass der Schrittmacher offenbar nur temporär ist.

Am Nachmittag werden die Medikamente reduziert, Alexander soll aufwachen. Schmerzmittel bekommt er immer noch. Er macht tatsächlich die Augen auf und erkennt mich.

»Mama, ist mein Herz jetzt gesund?«

Ich kann mein Glück nicht fassen. Die Erleichterung, die von mir abfällt, ist beinahe greifbar. Ich bin wie im Rausch. Alexander hat die Operation überlebt! Mein Sohn lebt. Und es geht ihm von Tag zu Tag besser.

Schlimm wird es noch einmal nach zwei Wochen, als der Draht, der sein Brustbein zusammenhält, gezogen wird. Da sehe ich zum ersten Mal die riesige Narbe auf Alexanders schmächtigem Oberkörper, und Tränen schießen mir in die Augen. Doch die Narbe, so versichern mir die Ärzte, wird verheilen und verblassen.

Insgesamt sind wir etwas mehr als drei Wochen im Krankenhaus. Tom kommt alle zwei Tage vorbei, jetzt, wo es Alexander besser geht, er keine Infusionen mehr bekommt und nur noch nachts vom Monitor überwacht werden muss, kann er sich auch wieder mehr mit ihm beschäftigen. Er bleibt immer ein paar Stunden, liest ihm vor, malt mit ihm oder baut Lego. Ich bin froh, wenn Tom mich ablöst, denn dann kann ich ein paar Stunden Kraft schöpfen, in die Stadt fahren oder mich einfach nur ausruhen.

Max ist einen Tag nach Alexander operiert worden. Seine OP war nicht so schwierig wie die von Alex, aber auch er hat eine große Narbe auf der Brust. »Das sind unsere Reißverschlüsse«, witzeln die beiden und vergleichen ihre Narben. Eva und mir tut es gut zu sehen, wie locker die Jungen damit umgehen. Oft sitzen wir abends zusammen, es ist eine Freundschaft entstanden.

Man hat uns nahegelegt, mit den Kindern eine Reha in Bad Oeynhausen zu machen, dort gibt es ein spezielles Kurheim für herzkranke Kinder und ihre Familien. Eva und ich wollen versuchen, zur gleichen Zeit dorthin zu fahren. Auf jeden Fall wollen wir in Kontakt bleiben.

Endlich ist der Tag gekommen, an dem Alexander entlassen wird. Wir können nach Hause fahren. Tom holt uns ab, er hat Johanna dabei. Sie durfte ihren Bruder leider nicht besuchen, und so habe ich sie drei Wochen lang nicht gesehen. Tom war es zu lästig und zu anstrengend, sie mit nach Aachen zu nehmen. »Die lange Autofahrt«, sagte er, wenn ich ihn bat, sie wenigstens einmal mitzubringen, »das ist doch Quälerei für sie.« Außerdem war es so natürlich auch viel einfacher für ihn.

Voller Freude schließe ich sie in die Arme. Sie hat in der Zeit einen großen Entwicklungsschritt gemacht, merke ich.

Tom hat sich, das habe ich in den letzten drei Wochen nach

und nach herausgefunden, nur tageweise freigenommen – immer dann, wenn er zu uns in die Klinik gefahren ist. An den anderen Tagen hat er gearbeitet. Johanna hat er mal hier, mal da abgegeben, obwohl ich ihn gebeten hatte, mehr für sie da zu sein. Doch ich weiß inzwischen, dass seine Karriere eine höhere Priorität für ihn hat als die Kinder. Vielleicht ist dieser Gedanke sehr ungerecht, denn schließlich will er das Geld für uns verdienen. Aber Geld ist nicht alles im Leben, auch wenn es viele Dinge einfacher macht.

8. Kapitel

Wir haben nicht viel Zeit, uns zu Hause wieder einzugewöhnen, denn nur drei Wochen später beginnt die Reha. Johanna darf mitkommen, und zu meiner größten Freude wird Eva mit ihren beiden Kindern zur gleichen Zeit in Bad Oeynhausen sein. Wir freuen uns sehr, uns wiederzusehen, die schwere Zeit im Krankenhaus hat uns zusammengeschweißt.

Unsere Männer kommen an den Wochenenden, und wir unternehmen viel gemeinsam. Tom ist allerdings ungeduldig. Es wird Zeit, findet er, dass ich nach Hause komme, denn endlich können wir auch die Wohnung im Erdgeschoss unseres Hauses renovieren und dann hoffentlich bald einziehen. Er braucht meine Hilfe, denn ich soll die Arbeiten überwachen und kontrollieren.

So beginnt im Frühjahr 1990, nur zwei Monate nach Alexanders großer OP, eine weitere hektische und anstrengende Lebensphase. Ich merke jedoch, dass sich die Beziehung von Tom und mir etwas entspannt. Wir gehen wieder freundlicher miteinander um, der Ton ist weniger harsch als noch vor ein paar Wochen. Natürlich liebe ich ihn, wird mir wieder einmal bewusst, trotz seiner Schwächen. Vielleicht auch gerade deshalb?

Wieder stürzen wir uns in die Planungen, ich beauftrage Handwerker und suche die Materialien aus. Unser Schlafzimmer wird in das Souterrain kommen, dort war die Küche, damals, als eine reiche Familie das Haus gebaut hat. Es führt ein

Schacht nach oben, das war früher der Speiseaufzug. Ich finde einen Metallbauer, der uns eine schmale und steile Treppe in diesen Schacht baut.

Ein zusätzliches neues Bad lassen wir direkt neben dem Schlafzimmer einbauen. Leider ist hässlicher PVC auf den schönen Terrazzoboden geklebt worden. Jeden Abend, wenn Tom von der Arbeit kommt, übernimmt er die Kinder, und ich gehe zur Baustelle und kratze, bewaffnet mit einem Heißluftföhn, die Klebereste von den Steinen.

Der Holzboden in der Diele ist leider nicht mehr zu retten, also lassen wir neuen verlegen. Langsam nimmt unsere Wohnung Gestalt an. Wir finden eine wunderschöne Echtholzküche und kaufen sie. Die Kinder bekommen ein Abenteuerbett mit Rutsche und Kletterseil. Die Wohnung ist herrlich, und wir freuen uns sehr, als wir endlich einziehen können. Die beiden anderen Wohnungen sind auch sehr schön geworden und inzwischen zu einem guten Preis vermietet.

Im Frühsommer desselben Jahres eröffne ich meine Spielgruppe. In unserem Viertel gibt es einen großen Bedarf an Kinderbetreuung, denn die Kindergärten in der Umgebung sind bis auf den letzten Platz belegt. Die meisten Mütter hier sind Akademikerinnen und wollen wenigstens ein paar Stunden in der Woche arbeiten gehen.

Bald schon habe ich die Gruppe voll. Zwei Kinder kommen tatsächlich täglich von acht bis eins, die anderen mal für einen Vormittag oder auch nur für ein paar Stunden. Es ist immer etwas los bei uns, aber mir macht es Spaß, und auch Alexander und Johanna fühlen sich wohl.

Durch meinen Nebenerwerb und die Vermietungen wird es finanziell endlich etwas leichter. Für den Herbst planen wir, wieder einmal mit den Kindern nach Dänemark zu fahren, und mieten ein Ferienhaus. Es ist schon Nachsaison und somit recht günstig. Alexander hat sich gut erholt, man merkt deutlich, dass er mehr Kraft hat. Plötzlich kann er rennen, ohne blau anzulaufen. Dass er nicht mehr so eingeschränkt ist, macht ihn zufriedener. Ihm wird die Seeluft zusätzlich gut tun.

Auf der Fahrt nach Dänemark fängt Tom plötzlich an, von einem weiteren Kind zu reden.

»Was?«, frage ich ihn verblüfft. »Das kann doch nicht dein Ernst sein!«

»Doch. Sieh mal, Alexander geht es jetzt ganz gut, aber wer weiß, wie sich das entwickelt. Du hast doch den Professor gehört. Man kann keine Prognose machen, weil es erst wenige Kinder gibt, bei denen dieser Herzfehler korrigiert wurde.«

»Er hat eine gute Chance erwachsen zu werden, und wer weiß, welche Möglichkeiten es in ein paar Jahren gibt! Die Medizin entwickelt sich doch rasant weiter«, werfe ich ein.

»Das ist richtig. Aber theoretisch kann er an einem kleinen Infekt sterben.«

Ich schaue mich um. Die Kinder schlafen zum Glück in ihren Autositzen und bekommen von dem Gespräch nichts mit.

»Keiner weiß, was passiert«, sage ich. »Deshalb müssen wir doch kein weiteres Kind bekommen!«

»Wir wollten immer eine große Familie. Wenn Alexander es nicht schafft, haben wir nur Johanna. Sie wäre dann ein Einzelkind.«

»Spinnst du, Tom? Wir können doch nicht ein Kind nach dem nächsten bekommen, nur weil *theoretisch* etwas passieren kann. Wir haben zwei Kinder, die uns brauchen und fordern.

Ich finde, das reicht. Endlich kommen sie aus dem Gröbsten raus. Alexander kann nächstes Jahr vielleicht sogar in den richtigen Kindergarten gehen. Ich denke darüber nach, mein Studium wiederaufzunehmen.«

»Wann willst du das denn machen? Studieren geht nicht so nebenbei, mach dir nichts vor. Und was wird dann aus deiner Kindergruppe?«

Ich habe in der Zwischenzeit sogar schon eine Warteliste für die Gruppe. Es ist ideal für mich, ich kann meine eigenen beiden betreuen, sie haben soziale Kontakte, Freunde und nie Langeweile. Und das Geld ist natürlich auch nicht zu verachten.

»Ich habe nicht vor, ewig die Kinder von unseren Nachbarn zu betreuen, Tom. Und wenn ich jetzt wieder schwanger werde, kann ich die Kindergruppe auch nicht weiterführen.«

»Wieso? Du machst nur ein paar Wochen Pause. Das wird ja wohl gehen.«

»Ich will aber kein weiteres Kind! Was, wenn es krank ist? Noch einmal so etwas wie mit Alexander? Das schaffe ich nicht.«

»Es gibt inzwischen viel bessere Untersuchungsmöglichkeiten als noch vor vier Jahren. Wir müssen kein krankes Kind bekommen. Die Wahrscheinlichkeit ist sowieso gering, haben die Ärzte gesagt.«

»Tom, ich will kein Kind mehr!«

»Aber ich. Denk darüber nach. Wir wollten eine große Familie. Jetzt haben wir die besten Voraussetzungen dafür, ein großes Haus mit reichlich Platz, einen Garten und genügend Geld.«

»Das ist nicht alles, was Kinder brauchen, Tom.«

Er seufzt. »Und Liebe, Corinna, jede Menge Liebe. Wir lieben doch unsere Kinder. Wir werden auch noch ein weiteres Kind lieben können.«

»Du musst es ja nicht bekommen«, fauche ich. »Nein, ich will kein Kind. Darüber muss ich erst gar nicht nachdenken!«

Das Ferienhaus liegt in einem kleinen Waldgebiet. Wir scheinen weit und breit die Einzigen dort zu sein, alle anderen Häuser sehen leer und verlassen aus. Zum Strand gelangt man nur mit dem Auto, aber da es jetzt im September windig und kühl ist, ist das nicht schlimm. Auf dem Grundstück stehen Schaukel und Sandkasten, sogar eine Wippe. Die Kinder laufen fröhlich nach draußen und spielen. Sie verstehen sich gut, können sich stundenlang miteinander beschäftigen, auch wenn fast zwei Jahre zwischen ihnen liegen.

Ich packe aus, beziehe Betten, räume die Küche ein. Tom besorgt Holz und zündet den Kamin an. Ich freu mich schon auf nachher, wenn die Kinder im Bett sind und wir mit einer Flasche Wein vor dem Kamin sitzen.

Als ich unsere Kulturbeutel auspacke und die Zahnbürsten in die Becher stelle, suche ich auch meine Pillenpackung, finde sie aber nicht. Ich bin mir ganz sicher, dass ich sie eingepackt habe, aber sie ist nicht da. O nein! Tom kann das mit dem dritten Kind nicht ernst gemeint haben. Das ist so eine Schnapsidee! Am Montag werden wir Kondome kaufen, bis dahin müssen wir eben enthaltsam sein. Ich kann mir sowieso nicht vorstellen, dass er nach der langen Autofahrt noch Lust auf Intimitäten hat.

Aber ich habe mich getäuscht. Als die Kinder im Bett sind, fängt er an, mich zu küssen und meine Bluse aufzuknöpfen.

Ich schiebe ihn von mir weg und lache. »Entschuldige, Schatz, aber ich habe wohl meine Pille zu Hause vergessen.«

»Ich weiß«, sagt er und grinst hinterlistig. »Und jetzt stell dich nicht so an und zieh dich aus. Guck mal, hier vor dem Kamin, ist das nicht romantisch?«

Fassungslos sehe ich ihn an. »Bitte nicht.«

»Doch. Nun komm schon.«

Hastig reißt er mir die Bluse auf und schiebt mit der Hand meinen BH beiseite. Er fasst mir hart an die Brust, dann beugt er sich vor und saugt an meiner Brustwarze, dass es wehtut.

»Nein!«, rufe ich und will ihn wegschieben. »Hast du nicht verstanden? Ich habe meine Pille vergessen! Wir können nicht miteinander schlafen. Wenn du willst, befriedige ich dich so.«

»Ich will dich! Hör auf zu schreien, du weckst nur die Kinder. Und das willst du doch nicht, oder? Wir sind hier allein, ganz allein. In den umliegenden Häusern ist kein Mensch. Du kannst schreien, so laut du willst, du wirst nur die Kinder wachmachen.«

Er öffnet den Reißverschluss meiner Jeans, drückt mich auf den Juteteppich vor dem Kamin und zieht mir die Hose über die Hüfte nach unten.

»Tom«, sage ich entsetzt. »Ich will nicht!«

Er scheint mich nicht zu hören. Stattdessen drückt er mich auf den Boden, schiebt sich zwischen meine Beine und dringt sofort in mich ein.

Es tut weh.

Ich schließe die Augen. Ich kann nicht glauben, was gerade passiert. Das kann nicht wahr sein. Das kann er doch nicht machen!

Seine Stöße sind hart, hart und rücksichtslos. Meine Haut am Gesäß und am Rücken scheuert über den groben Teppich, ich habe das Gefühl, dass sie sich ablöst. Ich versuche an etwas anderes zu denken, hoffe, dass es schnell vorbei ist, hoffe, dass es nur ein Albtraum ist. Ich will sterben. Nein, das geht nicht, die Kinder, ich muss an die Kinder denken.

Endlich ist er fertig, rollt sich von mir herunter. Ich will aufstehen, ins Bad gehen und mich duschen. Ich will seinen Geruch von mir herunterschrubben, aber er hält mich fest.

»Bleib liegen. Die kleinen Schwimmer sollen doch eine Chance haben.«

Er grinst wieder. Das Grinsen ist noch fieser geworden.

Ich stoße ihn von mir weg, diesmal lässt er es zu, stehe auf, renne ins Bad und schließe mich dort ein.

Erst jetzt kommen die Tränen, heiß und bitter. Ich dusche, seife mich ein. Mein Rücken brennt, ich habe eine offene Wunde dort. Auch zwischen meinen Beinen brennt es, als wäre alles wund und roh. So fühlen sich also Frauen an, die vergewaltigt wurden, denke ich. Aber wir sind verheiratet, und laut Gesetz hat er einen Anspruch auf Geschlechtsverkehr. Es ist einfach nur schrecklich.

Ich schaue noch einmal nach den Kindern, sie schlafen zum Glück friedlich und haben nichts mitbekommen. Was soll ich machen? Sie ins Auto packen und wegfahren? Aber wohin? Nach Hause, zu meinen Eltern? Ich habe gar keinen Autoschlüssel, den hat Tom in seiner Hosentasche. Vielleicht kann ich den Schlüssel heute Nacht klauen und mit den Kindern heimlich verschwinden. Aber schon als ich den Gedanken denke, weiß ich, dass ich dafür zu schwach bin.

Also bleibt mir nur eines: beten.

Bitte, lieber Gott, flehe ich, lass heute kein Kind entstanden sein. Bitte. Bitte!

Am nächsten Morgen ist Tom wie immer, als wäre nie etwas gewesen. Er spielt mit den Kindern im Garten, am Nachmittag fahren wir zu einem Aquarium. Wir reden kaum miteinander. Ich halte Distanz, kann immer noch nicht glauben, was passiert ist.

Abends weiß ich schon, was kommt. Er will wieder mit mir schlafen. Ich kann ihn überreden, wenigstens ins Schlafzimmer zu gehen und es nicht noch einmal auf dem rauen Teppich zu tun. Trotzdem ist danach ein Blutfleck auf dem Bettlaken, so brutal ist er vorgegangen.

Ich will nicht darüber nachdenken, will mir nicht eingestehen, was hier gerade passiert. Und dennoch habe ich verstanden: Wenn ich mich nicht zur Wehr setze, wenn ich es über mich ergehen lasse, tut es weniger weh.

Mein neuer Zyklus hat gerade erst begonnen, aber vielleicht bieten mir die wenigen Pillen, die ich eingenommen habe, trotzdem ein wenig Schutz. Außerdem entsteht nicht in jedem Zyklus ein Kind. Viele Paare müssen lange dafür üben, ein halbes Jahr, habe ich gelesen, ist durchaus normal.

Aber ich werde das kein halbes Jahr lang mitmachen, schwöre ich mir. Ich werde Tom verlassen, auch wenn ich keine Ahnung habe, wie ich das anstellen soll. Meine Freundin Beate ist Anwältin, ihre Tochter ist in meiner Spielgruppe. Beate wird mir helfen. Bestimmt wird sie das.

Wie eine Marionette funktioniere ich in den kommenden Tagen, koche, spiele mit den Kindern, räume auf. In meinem Kopf ist es nebelig – die Gedanken, die schrecklichen Gedanken, verdränge ich, so gut es geht. Ich kann Tom nicht anschauen, ohne angewidert zu sein.

In der zweiten Woche wird es noch windiger und stürmischer. Bisher sind wir jeden Tag an den Strand gefahren, so auch heute. Die Kinder sammeln Muscheln, haben Spaß, auch wenn kein Badewetter ist. Manchmal ist es mild genug, dass wir mit nackten Füßen ins Wasser können, aber jetzt scheint endgültig der Herbst gekommen zu sein. Der Wind faucht über den Strand, trägt Sandkörner mit sich, die wie kleine Nadelstiche auf der Haut piksen.

Johanna weint, sie will nach Hause. Tom schiebt ihren Buggy zum Parkplatz, wo das Auto steht. Ich habe Alexander an der Hand, wir suchen noch nach schönen Muscheln.

»Nun mach schon!«, ruft Tom ärgerlich.

Ich nehme Alexander auf den Arm, haste zum Parkplatz und übersehe einen Poller aus Beton. Er ist nur kniehoch, und ich stolpere darüber. Ich halte Alexander hoch, falle schwer auf die Knie, ein scharfer Schmerz durchzuckt mich. Zum Glück hat sich Alexander nichts getan, nur erschreckt hat er sich. Er fängt an zu weinen.

Tom läuft zu mir, reißt mir das Kind aus den Händen. Johanna sitzt schon angeschnallt im Auto.

»Wie kann man bloß so blöd sein?«, fragt er mich eisig. »Herrgott, bist du dämlich!«

Dann dreht er sich um und eilt zum Auto zurück. Er setzt Alexander in seinen Sitz, öffnet die Fahrertür und lässt sich hinter dem Steuer nieder.

Ich stehe mühsam auf, die Jeans an meinem rechten Knie ist aufgerissen, es blutet heftig. Langsam humpele ich auf das Auto zu, balle die Hände zu Fäusten.

Aber bevor ich die Beifahrertür erreichen und öffnen kann, lässt Tom den Motor an und drückt aufs Gaspedal. Er fährt einfach los, ohne mich, lässt mich hier am Strand stehen.

Fassungslos blicke ich dem Auto hinterher, das auf der Landstraße immer kleiner wird. Er wird umkehren, ganz bestimmt. Es sind gut drei Kilometer bis zu unserem Ferienhaus, er wird mich doch nicht hier stehen lassen?

Ich untersuche mein Knie. Ich habe eine tiefe Wunde, die Hose ist auch hin. Langsam humpele ich zur Straße. Es wird immer windiger, bald fängt es zu regnen an.

Er muss doch kommen und mich holen.

Oder?

Er tut es nicht.

Ich werde ihn verlassen. Sobald wir wieder in Deutschland sind. Ich hoffe so sehr, dass ich nicht wieder schwanger bin, und kann immer noch nicht glauben, was mir gerade widerfährt.

Das wird mir keiner glauben. *Niemand* wird mir das glauben. Nach außen ist Tom Vorzeigevater und Ehemann. Er verbringt seine wenige Freizeit mit den Kindern, ist liebevoll und umsichtig. Meine Freundinnen beneiden mich um ihn. Er wickelt, badet, füttert die Kinder. Vor anderen ist er immer freundlich zu mir, fürsorglich. Er fährt samstags einkaufen, schleppt Getränkekisten ins Haus, mäht den Rasen und räumt die Spülmaschine aus. Das macht er besonders gern, wenn andere Leute da sind und sein Verhalten bezeugen können.

Ich hasse ihn! Er hat zwei Gesichter. Ich hasse ihn mit jeder Faser meines schmerzenden Körpers. Ich hasse seine dunkle machtbesessene Seite, denn inzwischen weiß ich, dass Macht für ihn die Triebfeder ist. Vermutlich bedeutet es für ihn auch Macht, Kinder zu zeugen. Macht über mich. Macht, Leben entstehen zu lassen. Auch Johanna ist nicht zufällig und aus Versehen entstanden, dass wird mir nun klar. Tom hat es drauf angelegt, und ich war nicht sorgsam genug.

Bitte, lass mich nicht schwanger sein!, schicke ich ein Stoßgebet zum Himmel. Bitte, lass mich die letzten Tage überstehen. Bitte, lass das alles wieder gut werden!

Endlich erreiche ich das Haus. Inzwischen ist es dunkel. Das Licht im Inneren brennt, warmes Licht, das mich lockt. Der Kamin flackert, es sieht so wohlig und heimelig aus von außen. Die Kinder sitzen am Tisch, Tom hat irgendetwas gekocht, das dampfend auf dem Tisch steht. Wahrscheinlich Nudeln.

Ich schaue durch das Fenster nach drinnen. Alles wirkt so friedlich, dass man gern hineingehen und sich an den Tisch setzen möchte. Mein Magen knurrt, aber bei dem Gedanken an Essen wird mir schlecht. Überhaupt mag ich nicht über mein Leben nachdenken – es ist alles schiefgelaufen.

Aber da sind die Kinder, sie lachen und quietschen, weil Papa Späße mit ihnen macht, sie sind glücklich und vergnügt. Wahrscheinlich läuft schon das Wasser in der Wanne ein, gleich wird er sie baden, ihnen dann noch etwas vorlesen und sie schließlich ins Bett bringen.

Wenn ich jetzt und hier tot umfallen würde, wenn ich weglaufen und nie mehr wiederkommen würde, dann wäre es vielleicht das Beste. Aber wer weiß … Tom ist lieb zu den Kindern, weil sie noch klein sind und das tun, was er sagt, ohne es infrage zu stellen. Was aber, wenn sie größer werden? Was, wenn sie ihm das erste Mal widersprechen, wenn sie Nein sagen?

Es sind meine Kinder. Ich liebe sie von ganzem Herzen, ich könnte sie nicht zurücklassen, ich kann nicht ohne sie sein, will sie begleiten, solange es mir möglich ist.

Langsam gehe ich auf die Tür zu. Kurz überlege ich, was ich mache, wenn sie abgeschlossen sein sollte, aber sie ist es nicht.

Ich komme in den Wohnraum, die Kinder begrüßen mich fröhlich.

»Wo warst du?«, fragt Alexander.

»Mami!«, ruft Johanna. »Mami, da ist Mami!« Sie klatscht in die Hände.

Ich zwinge mich zu lächeln, schaue Tom an. Er weicht meinem Blick aus.

»Papa hat Nudeln gemacht«, sagt Alexander.

»Lecker, Mami!« Johanna lacht breit, ihr Gesicht ist voller Tomatensoße, sie sieht aus wie ein Clown.

Meine Kehle ist zugeschnürt, ich zwinge mich zu lächeln, bringe aber kein Wort heraus, gehe ins Bad und schließe mich ein. Die Kinder sind mein Leben, für sie muss ich stark sein. Irgendwie. Ich säubere und verbinde die tiefe Wunde am Knie, gehe ins Bett. Die Wunden in meiner Seele bluten weiter.

Tom kümmert sich um die Kinder. In dieser Nacht und den nächsten lässt er mich endlich in Ruhe. In den darauffolgenden Tagen benimmt er sich, als sei nichts gewesen. Nein, er ist eher lieb zu mir, so als wollte er etwas gutmachen, ohne darüber zu sprechen.

Wir machen Ausflüge mit den Kindern, unternehmen viel. Zwischendurch lachen wir sogar über Kleinigkeiten. Es ist fast unheimlich, es ist so, als wäre es nie geschehen und ich hätte mir die schrecklichen Dinge nur eingebildet. Ich zweifele an meinem Verstand, aber da sind die pochende Wunde an meinem Knie, mein wunder Rücken und meine verletzte Scheide, die bei jedem Wasserlassen schmerzt.

Ich habe mir das nicht eingebildet.

Ich werde ihn verlassen.

9. Kapitel

Wie kann es auch anders sein: Ich habe ein Familienandenken aus Dänemark mitgebracht.

Fassungslos schaue ich auf den Schwangerschaftstest. Zwei Striche. Er ist positiv. Ich bin wieder schwanger.

O nein, nein, nein! Ich will dieses Kind nicht, ich will es noch weniger, als ich Johanna zu Beginn wollte. Heute liebe ich sie mit jeder Zelle, jeder Faser meines Körpers, ich liebe sie unendlich.

Aber noch ein Kind? Eines, das unter Zwang gezeugt wurde? Kann ich das lieben? Kann ich das annehmen? Will ich das? Ich weiß es nicht und mache einen Termin bei meiner Frauenärztin aus. Tom werde ich nichts sagen, bevor ich mir nicht hundertprozentig sicher bin. Bevor ich nicht wirklich weiß, ob ich schwanger bin, und wenn doch, ob ich dieses Kind behalte.

Ich sehe die Nulllinie auf dem Monitor vor mir, als der Arzt der Nachtschicht zum ersten Mal Alexanders Schrittmacher ausgeschaltet hat. Ich weiß, wie kurz der Weg vom Leben zum Tod ist, auch bei meinen Kindern. Kann ich eines von ihnen töten? Ich glaube nicht. Aber kann ich dieses Kind lieben – wenn ich weiß, wie es entstanden ist? Ich weiß es nicht. Eigentlich will ich diese Entscheidung auch gar nicht treffen müssen. Wirklich nicht. Ich hoffe immer noch, dass die zwei Striche auf dem Test nicht mehr als ein Zeichen für ein großes Durcheinander im Universum sind und dass sich alles klären wird.

Ich denke immer noch über die Trennung nach. Aber ich

merke, wie feige ich bin. Der Alltag hat uns wieder, Tom geht arbeiten, er ist tagsüber kaum da, kommt abends müde wieder und will nur seine Ruhe. Er liest den Kindern vor, wenn sie noch wach sind, dann schaltet er den Fernseher an, will nicht großartig reden oder irgendetwas machen. Mir ist das recht. Wir gehen essen mit Freunden, zu Geburtstagen oder Partys, aber das kommt eher selten vor und findet auch nur statt, wenn wir die Kinder mitnehmen können.

Wir müssten grundlegende Dinge ändern, denke ich, wenn wir uns nicht trennen wollen. Ich treffe mich mit Beate und spreche das Thema vorsichtig an. Sie hält mir einen Vortrag über die Rechte der mittellosen Mutter, der mich verschreckt. Ich werde es schwer haben. Aber egal, ich werde Tom verlassen, wenn ich nicht schwanger bin. Ich muss. Mit drei Kindern wird es noch schwerer, fast unmöglich …

Aber natürlich bin ich schwanger. Ich will es erst gar nicht glauben, auch wenn die Gewissheit in den letzten Tagen an mir genagt hat. Ich will dieses Kind nicht. Ich will es ganz und gar nicht, denke ich.

Und dann fällt mir ein, wie Säuglinge duften, ihre Hilflosigkeit, die kleinen winzigen Händchen und Füßchen und daran, dass dieses Kind nun wirklich nichts dafür kann, wie es entstanden ist. Es hat nicht darum gebeten, mit solch brutaler Gewalt gezeugt zu werden. Es kann nichts dafür. Kann ich es umbringen, es abtreiben, nur weil es nicht in mein Leben passt? Was, wenn ich Johanna nicht bekommen hätte? Ein Leben ohne sie kann ich mir nicht mehr vorstellen. Was, wenn ich Alexander nicht bekommen hätte? An ihm bin ich gewachsen, erwachsen geworden.

Ich kann nicht anders. Es ist unmöglich, ich kann mein Kind

nicht töten. Ich sage Tom, dass ich schwanger bin, und er freut sich unbändig. Eines zumindest ist sicher: Er wird in den nächsten Monaten keinen Sex von mir verlangen. Denn wie immer will er dem Baby nicht zu nahe kommen, solange es in meinem Bauch ist. Immerhin etwas.

Ich werde dieses Kind bekommen, aber an unserer Partnerschaft muss sich etwas ändern. Der Gedanke an eine Trennung ist immer noch präsent, er liegt in meinem Bewusstsein, am Rande, wie ein Boot vor Anker inmitten eines großen Sees. Ich kann das Boot besteigen, es ist mein Ausweg, wenn es gar nicht mehr anders geht. Dann, dann mache ich es … dann trenne ich mich. Vielleicht.

Tom ist kein schlechter Mensch. Er ist nicht immer so zu mir wie in Dänemark, und er ist nie so zu den Kindern. Ich bin feige, ich bin klein, ich bin erbärmlich. Ich halte an der Ehe fest. Es gibt Schlimmeres, sage ich mir. Er schlägt mich nicht, auch nicht die Kinder. Wie erbärmlich sind diese Gedanken? Sehr erbärmlich, sehr schwach.

Schwach fühle ich mich auch in den nächsten Wochen. Mir ist unentwegt übel, und ich bin unsagbar müde. Tom klettert weiter auf der Karriereleiter empor. Er muss einige Seminare besuchen, ist manchmal drei Tage am Stück weg. Außerdem will sein Chef den Doktor machen, und er müsse ihn dabei unterstützen, für ihn recherchieren, erklärt er mir.

Ich fühle mich im Stich gelassen. Morgens ist das Haus voller Kinder, am Nachmittag muss ich den Haushalt schmeißen. Wir haben zwei Katzen, an denen ich sehr hänge. Bisher hat Tom in meinen Schwangerschaften immer die Reinigung der Katzenklos übernommen, da ich negativ auf Toxoplasmose getestet wurde. Das heißt, ich habe keine Antikörper gegen diese vor allem bei Katzen auftretende Infektion. Das ist ein Problem, denn wenn ich mich anstecke, gehen die Keime automatisch auf den Embryo über, wo sie schwere Fruchtschäden und Immunerkrankungen verursachen können. Doch diesmal hilft mir Tom nicht – er ist ja kaum da. Eine der Katzen, die Ältere, bekommt schlimmen Durchfall und wird unsauber. Ich gehe mit ihr zum Tierarzt. Sie ist sehr krank und muss eingeschläfert werden. Immerhin ist sie siebzehn Jahre alt geworden, tröste ich mich.

Das erste Drittel der Schwangerschaft geht vorbei, aber ich fühle mich ständig krank, als säße eine Grippe in meinen Knochen. Ich bitte meine Frauenärztin, mich noch einmal auf Toxoplasmose zu testen, doch der Test ist zum Glück ohne Befund.

Meine Eltern reagieren schockiert, aber auch resigniert, als ich ihnen von meiner Schwangerschaft erzähle. Natürlich sage ich ihnen, dass es ein Wunschkind ist, geplant von Tom und mir, und dass wir uns sehr freuen. Was hätte ich auch sonst sagen sollen? Die Wahrheit? Dass mich mein Mann auf dem Boden eines Ferienhauses zum Sex gezwungen hat? Das kann ich nicht.

Der Dezember naht, und wie jedes Jahr treffen wir uns um Nikolaus mit der alten Geburtsvorbereitungsgruppe in Dortmund. Wir treffen uns nur noch ein paar Mal im Jahr, wenn überhaupt. Brigitte und ich sind weggezogen, die Interessen der Familien gehen mittlerweile auseinander. Auch die meisten anderen haben inzwischen ein zweites Kind bekommen, es ist also immer ein ordentliches Gewusel. Das Treffen soll an einem Sonntag stattfinden, bei Kaffee und Kuchen, anschließend kommt der Nikolaus und verteilt Geschenke. Die Kinder freuen sich schon darauf.

Aber ausgerechnet an diesem Wochenende ist Tom auf einem Seminar in Frankfurt.

»Du kannst nicht kommen?«, frage ich enttäuscht.

»Ich weiß nicht. Laut Plan endet das Seminar Sonntagmittag um eins. Wenn nicht zu viel Verkehr ist, schaffe ich es, um vier in Dortmund zu sein«, meint er.

»Dann muss ich ja allein hinfahren«, seufze ich.

Mir geht es nicht besonders gut, und ich bin mir nicht sicher, ob ich mir die Fahrt nach Dortmund zutraue – selbst wenn es nur siebzig Kilometer sind.

»Stell dich nicht so an«, sagt Tom wirsch. »Du bist schwanger und nicht krank. Sonst hattest du ja auch keine Probleme Auto zu fahren.«

Diesmal ist es aber anders. Ich überlege hin und her, weiß mir keinen Rat. Dann ruft Christoph, mein Bruder, an, und ich erzähle ihm von meiner Misere.

»Die Kinder freuen sich so. Ich habe auch schon geschaut, ob ich nicht mit der Bahn fahren kann, aber irgendwie muss ich ja auch zum Bahnhof kommen. Und dann mit den beiden Kleinen im ICE? Ich weiß nicht.«

Mein Bruder ist ein hingebungsvoller Onkel, er ist der Pate von Johanna und hängt sehr an meinen Kindern, zumal er keine eigenen hat. Er kommt uns oft besuchen und verbringt viel Zeit mit ihnen.

»Weißt du was«, sagt er nun, »ich fahre dich. Ich komme am Sonntag von Essen zu euch und fahre euch zu dem Treffen in Dortmund. Vielleicht kriege ich ja auch ein Tässchen Kaffee, und dann mache ich mich wieder auf den Heimweg. Tom kann euch dann nach Hause fahren.«

»Das würdest du machen?«

»Na klar, Schwesterherz.«

Christoph und ich sind nur 18 Monate auseinander und haben uns, bis auf einige Zeit in der Pubertät, immer sehr gut verstanden. Wir sind uns auch jetzt noch sehr nah. Selbst wenn er nur eineinhalb Jahr älter ist als ich, so ist er doch mein großer Bruder, der immer für mich da ist.

Auch Tom gefällt die Lösung. Am Donnerstag fährt er nach Frankfurt, meldet sich aus dem Hotel und gibt mir die Durchwahl zu seinem Zimmer. Freitag und Samstag telefonieren wir kurz. Er sagt, es sei anstrengend, eine Art Psychoseminar. Es sind lauter Manager da, was ihn freut, denn da will er auch hin, ins Management. Er möchte am Samstagabend früh ins Bett gehen, nur noch etwas fernsehen. Tom ist sich sicher, dass er schon vor vier am nächsten Nachmittag zu uns stoßen kann.

Auch ich kuschele mich abends auf dem Sofa ein. Es kommt ein lustiger Film, der Tom bestimmt auch gefällt. Ich rufe ihn auf seinem Zimmer an, um zu fragen, ob er den Film auch guckt, aber er geht nicht ans Telefon. Ich versuche es noch ein paar Mal, gebe um elf Uhr aber auf. Sicher trinken sie noch ein Bierchen zusammen, sage ich mir.

Mein Bruder kommt wie versprochen am nächsten Tag und fährt uns. Die Kinder jubeln begeistert, sie lieben ihn.

»Du siehst schlecht aus«, sagt er besorgt.

»Mir geht es auch nicht gut«, gebe ich zu. »Ich hoffe, das legt sich bald.«

»Wann soll das Kind kommen?«

»Im Mai. Bis dahin ist noch eine lange Zeit«, seufze ich.

Wir fahren nach Dortmund. Natürlich bekommt mein Bruder seine Tasse Kaffee und auch Kuchen, doch dann macht er sich wieder auf den Heimweg, immerhin ist er jetzt schon seit ein paar Stunden unterwegs und hat den halben Tag im Auto verbracht.

Brigitte und ihr Mann sind mit Lina gekommen. Wir fallen uns in die Arme, sie hat mich in der Zeit im Klinikum sehr unterstützt und ich bin ihr immer noch dankbar.

»Wo ist Tom?«, werde ich gefragt und erzähle von seinem Seminar in Frankfurt.

Es ist mittlerweile vier Uhr, aber Tom ist noch nicht aufgetaucht. Auch am Morgen habe ich ihn nicht auf seinem Zimmer erreichen können, wahrscheinlich waren die letzten Stunden des Seminars hektisch und noch einmal arbeitsreich. Ich wünschte, ich könnte ihn erreichen – Handys sind zu dem Zeitpunkt noch nicht so verbreitet. Ob ich in dem Hotel anrufen soll, bei der Rezeption? Nein, das ist natürlich Quatsch, und Tom würde sich sehr darüber aufregen.

Es wird fünf, und der Nikolaus, ein Student mit Wattebart und Kostüm, kommt. Die Kinder lauschen aufgeregt seiner Geschichte, die älteren singen und tragen kleine Gedichte vor. Es ist so schön, und es erwärmt mein Herz. So sollte die Vorweihnachtszeit sein.

Dumm nur, dass Tom das nicht miterleben kann. Wo bleibt er bloß? Hoffentlich ist nichts passiert.

Meine Unruhe steigt, je später es wird, und ich versuche, sie vor den Kindern zu verbergen. Der Nikolaus verteilt seine Geschenke und macht sich auf den Weg, weitere Kinder zu besuchen.

Um sechs ist Tom immer noch nicht da. Die Ersten aus unserer Gruppe verabschieden sich, die Kinder sind überdreht und müde. Auch Brigitte macht sich auf den Heimweg, sie müssen schließlich noch nach Aachen fahren.

Was mache ich nur, wenn Tom nicht kommt, wenn ihm etwas passiert ist? Wie komme ich dann nach Hause?

Als es fast sieben Uhr ist, steht er endlich vor der Tür. Er will sich nicht lange aufhalten, ist kurz angebunden, fast schon unhöflich zu unseren Freunden. Er begrüßt auch mich nur flüchtig.

»Wo warst du so lange?«, frage ich. »Ist etwas passiert?«

»Jetzt bin ich doch da«, sagt er und zieht Alexander die Jacke an. »Lass uns fahren, ich will nach Hause.«

Die Kinder erzählen ihm aufgeregt vom Nikolaus, zeigen die Geschenke, die ich im Vorfeld besorgt habe. Tom nickt, schnallt sie im Auto an, drängt mich zur Eile.

Kaum sind wir auf der Autobahn, überwiegt die Erschöpfung, und die Kinder schlafen ein. Ich erzähle Tom von dem Treffen, von meinem Bruder, plaudere vor mich hin. Das ist die beste Methode, habe ich herausgefunden, damit Tom seine schlechte Laune vergisst.

»Gestern Abend habe ich mehrfach bei dir angerufen«, erzähle ich irgendwann. »Da lief auf dem Dritten ein Film, der dir sicher gefallen hätte.«

»Ach?« Tom beißt sich auf die Lippe.

»Ihr wart sicher noch an der Bar«, sage ich und lächele. »War es denn nett? Wie waren die anderen?«

Tom schweigt, dann fängt er an zu reden. »Es war eine gemischte Gruppe aus allen möglichen Bereichen. Versicherungen, große Konzerne, ganz unterschiedliche Leute. Es waren auch nicht nur Männer, sondern auch Frauen.« Er holt Luft. »Wir haben uns alle gut verstanden. Eine Frau war dabei, Petra, mit der habe ich viel geredet. Ihr Mann hat sich gerade von ihr getrennt, und ihre Mutter ist verstorben.«

»Die Arme.«

»Ich kenne nur ihren Vornamen«, sagt er schnell.

Ich werde stutzig. »Wieso sagst du das?«

»Wir haben uns nur mit Vornamen vorgestellt und auch keine Adressen ausgetauscht.«

»Ja?«

»Wir haben viel miteinander geredet, sie brauchte jemanden, der ihr zuhört.«

»Aha.« Mir wird plötzlich ganz mulmig.

»Gestern Abend waren wir lange spazieren, Petra und ich.«

Ich ziehe die Augenbrauen zusammen, kann fast nicht glauben, was ich da höre. »›Petra und ich‹? Das klingt ja fast so, als würde sie dir etwas bedeuten.«

Tom antwortet nicht. Wir fahren durch die Nacht, hinter uns im Wagen schlafen unsere beiden Kinder, in meinem Bauch wächst das dritte.

Was ist an diesem Wochenende passiert?

»Ja«, sagt er schließlich. »Sie bedeutet mir etwas. Ich habe mich in sie verliebt.«

»Was?« Obwohl ich sitze, zieht es mir beinahe den Boden unter den Füßen weg. Ich starre ihn an.

»Es war einfach diese Ausnahmesituation, denke ich«, sagt er sachlich. »Es hat mir gefallen, das Gefühl gebraucht zu werden. Raus aus dem lästigen Alltag zu sein und mit anderen Menschen zu reden. Nicht immer nur über den Job oder die Familie.«

Ihm hat das Gefühl gefallen, gebraucht zu werden? Ich kann es nicht fassen. Er wird gebraucht, und zwar von *uns*. Ich fühle mich plötzlich, als sei ich in Glas gegossen, spüre nichts, keine

Angst, keine Wut, noch nicht einmal Enttäuschung. So ist das also, denke ich.

Eines will ich dann aber trotzdem wissen. »Wie alt ist sie?«

»Fünfundzwanzig, fast sechsundzwanzig. Sie macht gerade ihren Doktor in Wirtschaftswissenschaften. Eine sehr intelligente Frau, die viel erreichen will.«

Sie ist jünger als ich. Zwar nur ein Jahr, aber dennoch. Aus irgendeinem Grund finde ich gerade diese Tatsache lächerlich. Da sind wir so jung, und trotzdem kann eine Jüngere in unsere Ehe eindringen.

»Eine sehr intelligente Frau«, hallen seine Worte in meinem Kopf nach, der sich wie ein leerer Blecheimer anfühlt. Das war ich auch mal. Jetzt bin ich Mutter und Hausfrau. Ich habe mein Studium und meine Karriere der Familie geopfert. Ich liebe die Kinder, aber ich hätte auch gern mehr aus meinem Leben gemacht, denke ich.

Ob sie wohl Sex hatten? Müde schüttele ich den Kopf – es interessiert mich nicht.

»Und jetzt?«, will ich wissen.

»Nichts und jetzt«, sagt Tom. »Das war ein Wochenende, eine einmalige Sache. Es hat sich wunderbar angefühlt, wieder verliebt zu sein, aber es hat keine Konsequenzen für uns. Ich kenne nur ihren Vornamen, habe keine Möglichkeit, Kontakt zu ihr aufzunehmen, falls du das meinst.«

Ich überlege, ob ich ihn fragen soll, was er denn noch für mich empfindet, beschließe dann aber, es zu lassen.

Plötzlich bin ich so müde, einfach nur müde. Wir reden nicht mehr über dieses Gespräch, erwähnen das Wochenende nie wieder.

Tom hat große Pläne. Er hat erfahren, dass seine Firma im Ausland Stellen neu besetzen will, die überdurchschnittlich gut bezahlt werden.

»Und was ist, wenn du einen der Jobs bekommst?«, frage ich. »Ich will hier nicht wegziehen. Um welches Land geht es überhaupt? Brasilien? Marokko? Oder die Staaten?«

Tom arbeitet in einem großen Energiekonzern, der überall auf der Welt Niederlassungen hat. Schon öfter sind ihm Stellen in Südafrika, im Irak oder in Südamerika angeboten worden. Wir haben darüber diskutiert. Dort würden wir ein Luxusleben führen, eine deutsche Schule für die Kinder, ein großes Haus, Putzfrau, Hausmädchen, Chauffeur, alles, was man sich denken kann, und ein dickes Gehalt obendrauf. Wegen Alexanders Herzfehler bin ich aber dagegen. Hitze macht ihm zu schaffen. Deshalb fahren wir auch nie in den Süden, sondern immer nach Dänemark.

Und jetzt plötzlich will er bei einem Bewerbungstraining für einen Job im Ausland mitmachen? Ohne mit mir darüber zu sprechen? Das gefällt mir nicht. Und außerdem, ich will hier nicht weg. Nicht, solange es Alexander nicht besser geht.

»Werden wir dann sehen. Ich weiß ja auch gar nicht, ob ich den Test bestehe. Wir machen uns Gedanken darüber, wenn es so weit ist.«

»Aber wir haben uns doch gerade erst hier eingerichtet!«

»Heutzutage muss man flexibel sein, wenn man es zu etwas bringen will. Und du weißt, dass ich das will.«

Es ist der zweite Advent und damit das zweite Wochenende in Folge, das ich allein mit den Kindern verbringen werde.

Das Einstellungsverfahren ist langwierig und kompliziert, aber Jürgen, einer seiner Kollegen, mit dem wir befreundet sind, interessiert sich ebenfalls dafür. Die beiden machen sich schlau, melden sich an. Die ersten Hürden nehmen sie ohne Probleme, dann folgt ein schriftlicher Test in Brüssel. Sie wollen gemeinsam dorthin fahren, Tom bereitet sich intensiv darauf vor.

Am Freitag, einen Tag vor dem Vorstellungsgespräch, beschließt Tom, allein nach Brüssel zu fahren. Als ich ihn frage warum, sagt er: »Jürgen macht mich nervös. Außerdem will ich schon heute los, man weiß ja nie, wegen des Verkehrs. Ich habe ein kleines Pensionszimmer gebucht, dann bin ich morgen nicht so im Stress.«

Er küsst mich, bittet mich, seine Tasche zu packen. Im Prinzip hat er recht, es ist sicher stressfreier, einen Tag vorher anzureisen. Ich gehe also und packe seine Sachen für eine Übernachtung.

Um sechs Uhr abends will er am Samstag spätestens wieder da sein. Wir warten mit dem Abendessen auf ihn, aber um sieben esse ich schließlich mit den Kindern. Um acht bringe ich sie zu Bett. Um neun mache ich mir langsam Sorgen.

Um zehn rufe ich bei Jürgen an.

»Wie war der Test?«, frage ich ihn.

»Schwer, aber zu schaffen. Was ist mit Tom? Warum war er nicht da?«

»Er war *nicht da*?« Mein Magen krampft sich zusammen. »Bist du dir sicher?«

»Es waren über hundert Leute eingeladen. Aber ich habe ihn nicht gesehen. Vielleicht habe ich ihn übersehen?«

»Das wird wohl so sein. Er ist noch nicht zurück, weißt du.«

»Dann kommt er sicher gleich. Es ist viel los auf den Straßen, außerdem schneit es.«

Ich verabschiede mich, lege auf. Die Gedanken rasen in meinem Kopf hin und her. Tom hat gelogen. Er ist nicht nach Brüssel gefahren. Wahrscheinlich hatte er das nie vor. Er hat sich mit dieser Petra getroffen, ist jetzt noch mit ihr zusammen. Ob sie Sex haben? Ich lache bitter auf. Vielleicht bewegt sie sich ja richtig und hat mehr Spaß mit ihm als ich. Aber ich wünsche ihr, dass es sich für sie ebenso unbefriedigend anfühlt wie für mich.

Ich lege die Hand auf meinen Bauch, der sich schon wölbt. Kind Nummer drei. Tom wollte dieses Kind *unbedingt*. Er hat es erzwungen, hat mich erniedrigt und vergewaltigt, um es zu zeugen. Und jetzt geht er mit einer anderen ins Bett, schmeißt unser Leben einfach so über den Haufen.

Welche Lügengeschichte wird er mir vorsetzen, wenn er wiederkommt? Es ist mir im Grunde egal. Ich bin so müde. Ich weiß weder, was ich machen soll noch was ich will. Dieses Leben, so wie es ist, will ich auf keinen Fall mehr weiterführen. Doch wie kann ich es ändern?

Ich weiß es nicht.

Meine Eltern wollen über Weihnachten und Silvester Freunde in Russland besuchen. Vielleicht wäre es eine gute Idee, mir eine Auszeit von meinem Alltag zu gönnen und zu überlegen, was ich eigentlich will. So wie es jetzt ist, kann es auf keinen Fall weitergehen. Ich habe einen Schlüssel von meinem Elternhaus, ich müsste sie noch nicht einmal fragen, was nämlich etliche Fragen ihrerseits zur Folge hätte. Und bevor ich nicht wirklich weiß, was ich will, möchte ich mir das nicht antun.

Der Plan fühlt sich gut an. Ich liebe Tom immer noch, aber ich weiß nicht, ob die Gefühle ausreichen, um nach allem, was er getan hat, einfach weiterzumachen. Er ist der Vater meiner Kinder. Er ernährt uns. Die Spielgruppe werde ich in einigen Monaten nicht mehr leiten können. Im Grunde ist mir das jetzt schon alles zu viel. Ich habe kein Einkommen, und wir sind hoch verschuldet. Was für eine Perspektive habe ich ohne Tom? Sozialhilfe? Eine kleine Wohnung ohne Garten, mit drei Kindern? Kann ich ihnen so etwas antun?

Irgendwann gehe ich ins Bett. Tom kommt erst weit nach Mitternacht heim. Am nächsten Morgen erzählt er mir, dass er eine Autopanne gehabt habe, der ADAC habe kommen müssen.

Ich glaube ihm nicht. »Zeig mir mal die Rechnung.« Ich grinse ihn an, aber in mir ist alles taub.

»Was soll das?«, fragt er harsch. »Willst du mich kontrollieren?«

»Ich habe mir Sorgen gemacht und Jürgen angerufen. Er hat dich nicht beim Einstellungstest gesehen.« Ich strecke das Kinn nach vorn.

»Du hast *was* gemacht?«, fragt er leise, so leise, dass ich es kaum hören kann.

Ich weiß, dass er nun sehr wütend ist.

»Wie kannst du so etwas tun? Wie ein Waschweib hinter mir hertelefonieren? Was glaubst du, was Jürgen jetzt von mir denkt?«

»Ich habe mir Sorgen gemacht. Zuerst. Dann habe ich überlegt, dass du vielleicht gar nicht nach Brüssel gefahren bist.«

»Wo soll ich denn sonst hingefahren sein?«

Ich zucke mit den Schultern, beantworte die Frage nicht.

»Willst du mir etwas unterstellen?« Er wird noch leiser, noch bedrohlicher.

»Ich bin nicht diejenige, die sich verliebt hat.«

»Ach, diese Geschichte.« Er lacht bitter auf und zeigt mir einen Vogel. »Ich habe dir doch gesagt, dass ich weder ihren Namen noch ihre Adresse habe.«

»Solche Dinge kann man herausfinden.«

»Mach dich nicht lächerlich.«

Er dreht sich um und geht.

Mein Entschluss, über die Feiertage mit den Kindern nach Essen ins Haus meiner Eltern zu fahren, steht fest. Ich brauche Zeit, um Entscheidungen zu treffen. Mir geht es immer noch nicht gut, ich bin schnell erschöpft und schlage mich wie bei den beiden anderen Schwangerschaften mit der Übelkeit herum.

Eine Woche vor Weihnachten erkrankt mein Vater, und meine Eltern beschließen, nicht zu fliegen. Mein Fluchtort ist somit Geschichte. Ich könnte natürlich trotzdem zu ihnen fahren, aber dann hätte ich weder die Zeit noch die nötige Ruhe, um mir über meine Situation klarzuwerden.

Am ersten Weihnachtsfeiertag fahren wir nach Essen, um gemeinsam mit ihnen zu feiern. Ich bin so froh, dass meine Mutter eine Gans, das obligatorische Weihnachtsessen für Tom, gebraten hat. So muss ich das nicht tun. Schon allein der Geruch bereitet mir Übelkeit.

»Leg dich doch hin«, sagt sie besorgt. »Papa und Christoph spielen mit den Kindern, du brauchst dich nicht zu kümmern.« Sie sieht mich nachdenklich an. »Dir geht es nicht gut.«

»Das ist nur die Schwangerschaft«, lüge ich und lenke dann vom Thema ab: »Christoph kann fantastisch mit Kindern umgehen. Schade, dass er sich von Sabine getrennt hat.«

»Ja, wirklich. Ich hatte so gehofft, dass sie heiraten. Auch wenn Sabine manchmal etwas komisch war.« Meine Mutter zwinkert mir zu.

Ich nicke. Früher hätten wir uns lang und breit darüber unterhalten, aber heute fehlt mir die Kraft.

»Nun leg dich schon hin«, sagt sie wieder, und diesmal tue ich es auch.

Beim Essen erzählt Tom ausführlich von seinen Zukunftsplänen und welchen Posten er anstrebt. Alle hören ihm höflich zu, aber wirklich interessiert ist keiner. Als wir mit dem Essen fertig sind, erzählen meine Eltern Geschichten von früher und spielen mit den Kindern. Ich genieße die wohlige Geborgenheit meines Elternhauses. Aber eine Flucht hierhin kommt für mich nicht mehr infrage. Erst einmal muss ich mir klar darüber werden, was ich wirklich will.

Auf dem Rückweg im Auto, die Kinder schlafen friedlich, fängt Tom plötzlich wieder mit der Spielgruppe an. Ein paar der Kinder haben einen Platz im Kindergarten gefunden, Alexander auch, und ich habe Tom gesagt, dass ich die Gruppe auflösen möchte – auch wenn wir das Geld gut brauchen könnten. Aber die Gelegenheit ist günstig, ich nehme schon seit Monaten keine neuen Kinder mehr an, und in einem halben Jahr ist es ohnehin vorbei damit.

»Was willst du stattdessen machen?«

»Stattdessen?« Ich blicke ihn verblüfft an. »Was soll ich denn stattdessen machen? Ich werde erst mal dieses Kind bekommen.«

»Das kann dir doch nicht reichen. Ich meine, immer nur Kinder und Haushalt. Du tust ja überhaupt nichts mehr für dich. Noch nicht einmal die Zeitung liest du richtig.«

Mir fehlen die Worte. »Wann soll ich die denn lesen?«

»Um sich weiterzubilden, ist immer Zeit, die muss man sich nur nehmen.«

Ich denke an die Wäscheberge, an die vielen Hemden, die ich für ihn bügele, das Haus, das ich putze. Wir haben viele sehr große Fenster. Und dann ist da noch der Garten, der gepflegt werden will. Jeden Tag koche ich frisch, das erwartet Tom.

»Ich habe dir einen Termin beim Amt gemacht«, sagt er.

»Beim Amt? Bei welchem Amt?«

»Beim Arbeitsamt. Damit du dich mal nach Jobs erkundigen kannst. Es kann dir doch nicht reichen, so zu leben. Du bist ja nur noch ein Hausdoofie. Der Termin ist in der ersten Januarwoche.«

»Hast du sie noch alle? Im Mai bekomme ich unser drittes Kind. Wann soll ich denn deiner Meinung nach arbeiten gehen?«

»Wer etwas will, schafft es auch. Es gibt doch auch andere Mütter, die etwas dazuverdienen.«

»Mit einem Neugeborenen?« Ich lache auf. »Sicher. Außerdem habe ich gar keinen richtigen Abschluss. Vielleicht erinnerst du dich, ich wurde schwanger mit Alexander und konnte mein Studium nicht beenden.«

»Eben. Das solltest du ändern, so schnell es geht. Es gibt sicher Umschulungsmöglichkeiten. Es muss dir doch auch wichtig sein, dein eigenes Geld zu verdienen und nicht für immer von mir abhängig zu sein.«

So läuft also der Hase, wird mir klar.

»Ich erwarte von dir, dass du dich darum kümmerst. Im Übrigen muss ich in der nächsten Zeit für meinen Chef mehrfach übers Wochenende in den Osten.«

»Für deinen Chef, soso.«

»Natürlich, was denkst du denn? Er braucht noch Informationen und Material für seine Doktorarbeit.«

»Ist das nicht Betrug, wenn du das sammelst und ausarbeitest? Sollte er das nicht selbst machen?«

»Sei nicht albern! Das läuft überall so. Dafür hat man Assistenten. Es soll, das hat er mir gesagt, mein Schaden nicht sein.«

»Und du bist dir ganz sicher, dass du für ihn unterwegs bist und nicht doch jemand anderen besuchst?«

Tom zieht zischend die Luft ein. »Ich bin es leid, Corinna«, sagt er leise. »Ich bereue so sehr, dir von Petra erzählt zu haben. Ich habe es getan, weil wir offen und ehrlich miteinander umgehen. Ich wollte, dass du es weißt und es nicht unausgesprochen zwischen uns steht. Aber es war offensichtlich ein Fehler, dir von meinen Gefühlen erzählt zu haben. Ich hatte und habe nichts mit ihr, noch nicht einmal Kontakt. Und selbst wenn, es wäre harmlos. Wenn ich dich verlassen wollte, hätte ich das schon längst getan.«

Ich schließe die Augen. Was, wenn es wirklich so ist? Er klingt sehr überzeugend, wie immer. Tom weiß, wie man argumentiert, wie man dem anderen den Wind aus den Segeln nimmt. Und ich muss ihm zustimmen: Er hätte es mir nicht erzählen müssen und hat es nur getan, weil es wahrscheinlich wirklich harmlos ist.

Ich kann mir nicht vorstellen, dass er mich wirklich betrügt. Allein der Akt, der ihn meist viel Mühe kostet, die Blöße wird er sich doch nicht vor einer anderen Frau geben, oder? Vor allem nicht vor einer, in die er wirklich verliebt ist … Ich kann es mir nicht vorstellen, ich *will* es mir nicht vorstellen.

Den Termin beim Amt sage ich noch vor dem Jahreswechsel ab. Was sollen die mir schon sagen? Ich werde in fünf Monaten das dritte Kind entbinden und habe keine abgeschlossene Ausbildung. Einen Hausdoofie hat Tom mich genannt. Vielleicht hat er ja recht, denke ich erschöpft, denn erschöpft bin ich immerzu. Und krank fühle ich mich auch immer noch.

10. Kapitel

Tom hat ein Hobby, dem er erst in den letzten Jahren so richtig nachgehen konnte: seine Modelleisenbahn. Als Kind hat er sich immer eine gewünscht, aber vernünftige Anlagen sind nicht billig. Vor ein paar Jahren habe ich ihm das Starterpaket geschenkt. Jedes Jahr bastele ich ihm einen Adventskalender, den ich mit Häusern, Figuren, Bäumen, Wagons und anderem Zubehör bestücke. Zum letzten Weihnachtsfest hat er von mir eine spezielle Lokomotive bekommen, auf die er schon lange scharf war.

Ich selbst wünsche mir seit Ewigkeiten ein gutes Service – schlicht und in Weiß, aber von guter Qualität, mit Schüsseln und Servierplatten. Wir haben nur zusammengewürfeltes und geschenktes Porzellan. Ich habe gehofft, Tom würde es mir zu Weihnachten schenken, aber für mich lag nichts unter dem Weihnachtsbaum. Dabei habe ich in den letzten Wochen so oft Bemerkungen fallen lassen, wie sehr ich mich über ein einheitliches Service freuen würde. Schweren Herzens schlucke ich meine Enttäuschung hinunter.

Dass er meine Hinweise verstanden hat, erfahre ich ein paar Tage nach Silvester.

Tom legt mir einen Werbeprospekt von einem Kaufhaus und hundert Mark auf den Küchentisch. »Da«, sagt er, »da drin ist ein Service für neunundneunzig Mark. Das kannst du dir kaufen.«

Ich hebe das Heftchen hoch. Es ist voller Porzellansets, über denen »Preisknüller« und »Sonderangebote« steht. Nach den Festtagen sind die Preise für Geschirr und andere Sachen immer drastisch reduziert.

»Ich habe heute frei, du kannst also in die Stadt fahren«, fährt Tom fort. »Ich bleibe bei den Kindern.«

»Sollen wir nicht zusammen gehen?«

»Nein, ich muss mich noch auf die Konferenz vorbereiten.«

Es hat geschneit, und bei Schnee fahre ich nicht gern Auto – also laufe ich in die Stadt. Tränen stehen in meinen Augen. Mir Geld hinzulegen und zu sagen: »Kauf dir dein Geschenk selbst«, ist so lieblos, so herzlos. Warum mache ich mir eigentlich immer so viel Mühe? Warum wasche ich seine Hemden, koche sein Lieblingsessen, versuche ihn immer wieder mit Kleinigkeiten zu überraschen?

Ich kenne die Antwort. Ich möchte, dass er sich wohlfühlt zu Hause. Er hat in seiner Kindheit und Jugend auf einiges verzichten müssen, viele Dinge gar nicht kennengelernt. Er hat seine Eltern verloren und ist bei Verwandten aufgewachsen. Es gab kaum Geld, wirklich etwas leisten konnten sie sich nicht. Wir haben mittlerweile kaum noch Kontakt zu seiner Verwandtschaft. Tante Christel und Onkel Rolf sind Tom zu einfach gestrickt – er ein Arbeiter, sie nur Hausfrau. Er wisse gar nicht mehr, was er mit ihnen reden solle, hat er einmal gesagt.

Aber was ist an Christel und Rolf anders als bei mir? Ich habe auch kein abgeschlossenes Studium, bin keine Akademikerin, habe keinen Job – ich bin Hausfrau und Mutter. Ich bin genau das geworden, was Tom neulich behauptet hat: ein Hausdoofie. Ich bin nicht viel wert, kann nichts. Mein Selbstbewusstsein ist weg, niedergetrampelt, zerstört.

Wie konnte das passieren? Warum lasse ich mir das gefallen? Ich weiß es nicht. Doch ich sehe keinen Ausweg. Nicht jetzt, nicht bevor dieses dritte Kind geboren ist und ich wieder zu Kräften gekommen bin. Die Schwangerschaft strengt mich unglaublich an, sie raubt mir jede Energie. Und es liegen noch fünf Monate vor mir. Wie soll ich das überstehen?

Ich kaufe das Service, das mir Tom im Prospekt gezeigt hat. Das für neunundneunzig Mark. Der Karton ist schwer. Zu schwer für mich, ich kann ihn nicht zurücktragen. Also nehme ich mir ein Taxi, ein ungewohnter Luxus.

Tom steht, mit Johanna auf dem Arm, am Fenster und scheint schon zu warten, als ich nach Hause komme. So lange war ich doch gar nicht weg. Ich schleppe den Karton in unsere Wohnung. Tom hat die Wohnungstür geöffnet, sieht mich vorwurfvoll an.

»Warst du etwa noch einen Kaffee trinken? Das hat ja ewig gedauert! Es kann doch nicht so schwierig sein, in ein Kaufhaus zu gehen, ein Service zu kaufen und wieder nach Hause zu kommen. Ich hatte dir doch gezeigt, welches es sein soll.«

Ich verkneife mir eine bissige Antwort, ziehe die Jacke aus und nehme ihm Johanna ab.

»Ich fahr ins Büro«, sagt er dann.

»Du hast doch heute frei.«

»Ich muss trotzdem noch arbeiten.«

Eigentlich hatte ich gehofft, dass er mir die Kinder noch ein wenig abnimmt, denn ich bin ziemlich müde von der ganzen Aktion. Anderseits ist es besser, wenn er mit seiner schlechten Laune ins Büro fährt.

Wenigstens habe ich ein Service bekommen, das mir gefällt und das ich nun zusammen mit den Kindern in die Spülmaschine einräume. Eigentlich, denke ich, geht es uns gut. Noch steht der Weihnachtsbaum im Wohnzimmer, im Garten liegt Schnee. Tom hat mit den Kindern einen kleinen Schneemann gebaut, während ich weg war.

Ich koche uns heiße Schokolade, schlage Sahne auf. Da ist noch die große Dose mit den Keksen, die ich vor Weihnachten mit der Kindergruppe gebacken habe. Jedes Kind hat ein Tütchen mit Plätzchen mit nach Hause genommen, aber es ist eine Menge übriggeblieben. An den Fenstern hängen die Fensterbilder aus Transparentpapier, die wir zusammen gebastelt haben. Ich zünde zwei große Kerzen auf dem Absatz der Treppe, die zum Garten führt, an. Das Licht flackert heimelig, und Alexander, Johanna und ich kuscheln zusammen auf dem Sofa, trinken Kakao und knabbern Kekse, dabei lese ich den Kindern von *Tomte Tummetott* vor.

So, genau so habe ich mir das immer vorgestellt. Der Kamin fehlt, den können wir leider nicht einbauen, weil im alten Kaminschacht Leitungen verlegt worden sind. Aber die beiden großen Kerzen draußen gaukeln uns ein wenig das flackernde Feuer vor, und die Heizung läuft auf Hochtouren. Die Räume sind hoch, drei Meter fünfzig mit schönen Stuckdecken, aber es ist nie kalt. Tom und ich haben zwei Autos, wir haben dieses wunderschöne Haus, wir haben die Kinder, und eigentlich haben wir uns. Es sieht nur gerade so aus, als hätten wir uns auf dem Weg hierher irgendwo verloren.

Ich spüre das Baby in meinem Bauch. Egal, wie es entstanden ist, es lebt, und ich liebe es. Und Tom … Irgendetwas ist bei ihm schiefgelaufen, das darf nicht sein – vorher war er doch auch nicht so. Er ist immer für mich da, für mich und die Kinder, und gerade dieses noch ungeborene Kind wollte er doch mit aller Macht. Er wird uns nicht verlassen. Er liebt uns, er wünscht sich ein gemeinsames Leben, er steht nur unter sehr großem Druck. Diese Doktorarbeit seines Chefs, die Tom quasi schreiben und erarbeiten muss, kommt ja zusätzlich auf sein normales Arbeitspensum obendrauf. Ich weiß, wie genervt ich manchmal bin, wenn mir alles über den Kopf wächst, und bei mir sind es nur die Kinder, der Haushalt und so, nichts wirklich Wichtiges. Vielleicht bin ich ja in der letzten Zeit Tom gegenüber ungerecht? Vielleicht ist die Belastung zu groß?

Aber die Geschichte mit dieser Petra will mir einfach nicht aus dem Kopf. Er hat dir geschworen, dass nichts zwischen ihnen gelaufen ist, sage ich mir. Und selbst wenn, er hat jetzt keinen Kontakt mehr zu ihr. Er hat sich verliebt – so was passiert, das ist menschlich. Das muss nichts bedeuten.

Wir müssen nur zusehen, dass wir wieder mehr Zeit miteinander verbringen, wieder mehr als Paar machen, Gespräche führen und so. Mal wieder ohne die Kinder weggehen, zum Essen oder ins Kino. Dafür brauchen wir einen Babysitter, aber das wird sich bestimmt organisieren lassen.

Der Mann von Sonja, einer der Mütter aus der Umgebung, mit denen ich befreundet bin, ist Konrektor des Gymnasiums, dessen Grundstück an unseren Garten grenzt. Sie meint, ich solle doch dort mal einen Aushang machen, um einen Babysitter zu finden. Die anderen Paare aus der Nachbarschaft haben ihre Eltern in der Stadt, sie können problemlos abends ein paar Stunden weggehen – wir nicht.

Ich finde die Idee gut und gebe ihr ein paar Zettel mit. In ein paar Monaten wird zwar unser drittes Kind zur Welt kommen, aber bis dahin kann der Babysitter ja schon einmal Alexander und Johanna kennenlernen. Vielleicht verschafft mir das ja ein paar freie Stunden. Es ist nicht einfach, mit immer dicker werdendem Bauch und zwei kleinen Kindern einkaufen zu gehen.

Überhaupt war ich schon ewig nicht mehr bummeln in der Stadt. Wenn Tom mal da ist und auf Alexander und Johanna aufpasst, renne ich zu C&A und kaufe das Nötigste. Ich habe mir schon lange keine neuen Sachen mehr geleistet, das lohnt sich irgendwie auch nicht. Ich habe ein paar Schwangerschaftsjeans und einige große Sweatshirts und Pullover. Die sind schnell gewaschen und getrocknet. Den ganzen Tag habe ich mit kleinen Kindern zu tun, ich habe das Gefühl, immer irgendwo Essensreste und Sabber hängen zu haben. Richtig nette und schöne Kleider, die mir passen und gefallen, besitze ich nicht. Meine Haare trage ich praktisch und kurz, die Ohrringe habe ich im Schmuckkästchen verstaut. Kleine Kinder ziehen schon mal gern an Ringen und Ketten, deshalb trage ich gar nichts mehr.

Luxus bedeutet für mich, Kerzen anzuzünden, eine Stunde in unserer tollen großen Eckbadewanne zu liegen und die Seele baumeln zu lassen. Das geht aber nur, wenn Tom da ist oder die Kinder früh ins Bett gehen. Ich lese viel, wann immer sich eine Gelegenheit bietet, aber das ist schon alles an Hobby und Freizeit, was ich im Moment habe. Das macht mir jedoch nichts aus. Wir wollten ja Kinder, und sie werden ja irgendwann größer.

Zu meiner Überraschung meldet sich kurz darauf ein junger Mann, na ja, eher ein großer Junge, auf meine Babysitteranzeige. Er ist sechzehn, fast siebzehn, hat eine kleine Schwester und einen Babysitterkurs bei der VHS besucht.

Erst bin ich skeptisch. Ein Junge? Als Babysitter? Aber dann denke ich: Warum eigentlich nicht? Eigentlich ist das doch klasse, es sprengt die ganzen Vorurteile und Geschlechterrollen. Für meine Kinder ist es gut, wenn sie sehen, dass nicht nur Frauen auf Kinder aufpassen können.

Ich lade ihn zu uns ein, und Stefan ist mir sofort sympathisch. Auch nachdem ich ihm von Alexanders Handicap erzählt habe, schreckt er nicht zurück.

»Bei der VHS habe ich einen Erste-Hilfe-Kurs für Kinder gemacht. Ich habe darüber eine Bescheinigung, wollen Sie die sehen?«

Natürlich will ich, es geht um meine Kinder. Mit denen kommt er zum Glück auf Anhieb klar. Wir vereinbaren, dass wir es ganz langsam aufbauen. Er kommt ein paar Nachmittage, um mit den Kindern zu spielen. Zuerst bleibe ich zu Hause, aber im Hintergrund. Dann gehe ich einkaufen, lasse sie allein. Das nächste Mal treffe ich mich mit einer Freundin in der Stadt. Und schließlich darf Stefan sie zum ersten Mal ins Bett bringen und auf sie aufpassen.

Tom und ich sind bei unseren neuen Mietern im Dachgeschoss zum Essen eingeladen. Die erste Mieterin ist nach nur knapp einem Jahr wieder weg, es war eine alleinerziehende Mutter mit zwei Töchtern, etwas älter als unsere Kinder. Sie hat einen neuen Partner gefunden und ist ausgezogen. Die neuen Mieter sind ein Pärchen, etwas jünger als wir, und wirken sehr sympathisch.

Für unsere Babysitterpremiere ist die Einladung ideal, denn wir sind zwar weg, aber dennoch im Haus. Wenn das klappt, können wir endlich mal wieder ausgehen. Ich freue mich sehr. Tom und ich gehen vorsichtig miteinander um, als ob das neue Service noch zwischen uns stünde, als ob wir selbst aus Porzellan wären. Wir wollen beide keinen Streit, das merke ich. Wir wollen einen Weg zueinander finden, hoffe ich.

Das Essen bei den Mietern beginnt um halb acht. Es wird mehrere Gänge geben. Markus ist ein Kochfreak und hat mir seine Messingtöpfe und -pfannen gezeigt. Er spricht begeistert davon, was er alles zubereiten will. Meinen Versuch, ihn zu bremsen, lacht er aus.

»Ich liebe es zu kochen«, sagt er. »Und ich hoffe, ich kann eure Geschmacksknospen explodieren lassen.«

Es macht mich neugierig. Ich koche jeden Tag, manchmal zweimal. Es macht mir Spaß, aber ich bereite meist nur normale Sachen zu – dass irgendwelche Geschmacksknospen bei den Kindern explodieren, muss ja nicht sein.

Der Freitag der Einladung kommt. Es ist Ende Februar. An den drei Wochenenden vorher war Tom, wie er sagte, im Auftrag des Chefs unterwegs. Der Schnee, der in Münster sowieso selten ist, ist wieder weggetaut, der Frühling naht.

Ich freue mich auf wärmeres Wetter, mit dickem Bauch in dicken Jacken ist einfach furchtbar. Und ich freu mich auf diesen Abend mit den Mietern, die vielleicht Freunde werden könnten. Hoffentlich klappt alles mit Stefan, aber bisher hat er sich wirklich geschickt angestellt, und die Kinder mögen ihn. Sie freuen sich sogar schon auf ihn.

Tom kommt von der Arbeit nach Hause, schon um fünf. Er wirkt unruhig, genervt. Nur kurz will er noch in die Videothek, um ein paar Filme fürs Wochenende auszuleihen.

»Um halb sieben kommt der Babysitter«, rufe ich ihm hinterher. »Um halb acht sollen wir oben sein.«

Eine unnötige Ermahnung, denke ich, als ich die Worte ausspreche. So lange wird er gar nicht wegbleiben. Blöd von mir.

Stefan kommt pünktlich, spielt mit den Kindern, macht sie

schließlich bettfertig und liest ihnen vor. Es ist inzwischen sieben, und Tom ist noch nicht wieder da. So ein Mist! Das bringt den ganzen Ablauf durcheinander. Stefan soll beweisen, wie es geht, wenn ich nicht greifbar bin, vor allem aber die Kinder sollen lernen, einen Abend lang ohne mich klarzukommen. Sie sollen sich von ihm ins Bett bringen lassen, ohne zu wissen, dass ich in unmittelbarer Nähe bin. Also verabschiede ich mich um halb acht von ihnen, sage ihnen, dass sie auf Stefan hören sollen, küsse sie und gehe.

Ich setze mich im Treppenhaus auf die Stufen und warte auf Tom. Das ist wirklich … erniedrigend. Eine halbe Stunde sitze ich so da. Ich werfe einen Blick auf die Uhr, es ist schon acht, und wahrscheinlich verkocht das Essen bei unseren Gastgebern.

Wo bleibt er nur?

Es ist alles falsch und schief.

Langsam steige ich schließlich die Treppe empor, klingele an der Tür, lächele.

»Tom kommt gleich«, sage ich und hoffe, dass es wahr ist. Ich habe eine Flasche Wein mitgebracht, gebe sie dem Gastgeber, lasse mir die Wohnung zeigen. Schön haben sie es sich gemacht, ich hoffe, sie werden glücklich hier.

Es wird halb neun, und das Essen droht in sich zusammenzufallen.

»Wir essen einfach. Tom hat Pech gehabt. Das ist manchmal so. Sein Job …«, versuche ich zu erklären und lache schief. Es ist mir peinlich, unangenehm – es ist schrecklich. Aber Markus und seine Freundin Fiona überspielen es gut und lassen mich nicht merken, wie irritiert sie sind.

Wir sind beim Dessert, als Tom endlich kommt. Es ist nach

zehn, ich kann es nicht fassen. Das Baby in meinem Bauch tritt mich, es tut weh.

Er setzt sich an den Tisch, entschuldigt sich mit der Arbeit, sagt, wie leid es ihm tue, weicht meinem Blick aus.

Ich bin sprachlos.

Um halb elf gehen wir nach unten. Stefan hat alles wunderbar gemeistert, er hat die Kinder zu Bett gebracht, sie schlafen friedlich. Ich bezahle ihn, während Tom sich noch einen Schnaps einschenkt.

Dann sind wir allein, und ich weiß nicht, was ich machen, was ich sagen, fragen soll. Ich gehe nach unten ins Bad, putze die Zähne, ziehe mich um.

Tom kommt nach, zieht sich auch aus.

»Wo warst du?«, frage ich. »Wo zum Teufel warst du?«

»Weg. Geht dich nichts an.«

»*Was?*«

»Lass mich in Ruhe!« Er stöhnt auf. »Nerv mich nicht!«

Ich lasse die Worte sacken, sie sind schwer wie Steine, die in einen Brunnen fallen. »Es geht mich sehr wohl etwas an.«

Ich stehe vor dem Bett, in dem er bereits liegt, und schaue ihn an. Dann hole ich tief Luft. Es kostet mich viel Kraft, diese Frage zu stellen, aber ich muss.

»Liebst du mich noch?«

Tom schweigt. Er sieht überall hin, nur nicht zu mir. Schließlich guckt er mich doch an. »Ich weiß es nicht.«

»Was? Wie bitte?«

»Corinna, ich weiß es nicht.«

»Gibt es eine andere Frau?«

Ich weiß gar nicht, wo die Worte plötzlich herkommen.

»Ja.«

»*Bitte?*« Ich ringe um meine Fassung. »Ist es diese Petra?«

Er schüttelt den Kopf. »Nein, das mit Petra ist aus.«

Ich brauche einen Moment, aber dann begreife ich, was er gesagt hat.

»Du hattest also doch etwas mit Petra?«

Tom lacht auf. »Ja. Und? Es ist vorbei. Das hat nicht gepasst.«

Ich schnappe nach Luft. »Es hat nicht *gepasst*?«, schreie ich, und mein Bauch krampft sich zusammen. »Wie jammerschade!«

»Corinna«, zischt Tom. »Hör auf zu keifen, du bist kein Marktweib.«

»Nein, ich bin deine Frau. Es hat also mit Petra nicht gepasst, und jetzt gibt es eine Neue?«

»Das geht dich nichts an, das ist meine Sache.«

»*Wie bitte?*«

Mein Bauch krampft sich wieder zusammen. Es tut weh.

»Es ist nicht wichtig, es hat nichts mit dir zu tun.«

»Liebst du mich? Liebst du mich noch?«, will ich erneut wissen.

Tom zögert. »Ich weiß es nicht.«

Wie im Traum, wie unter Trance, gehe ich zurück ins Bad, dort liegen meine Sachen. Ich ziehe mich wieder an.

»Was machst du?«, fragt Tom vom Bett aus.

»Ich muss an die frische Luft«, würge ich hervor und weiß selbst nicht, was ich machen soll.

Was zum Teufel soll ich tun?

Wo soll ich hin?

Ich kann nirgendwo hin.

Tom sagt nichts, ich steige die Treppe hoch, laufe in den Flur, nehme den Autoschlüssel von meinem alten Kadett, den ich immer noch habe, und gehe nach draußen.

Wegfahren, denke ich, weg, bloß weg. Vor einen Baum oder einen Betonpfahl. Egal. Aus und vorbei.

Ich steige in meinen Wagen und gebe Gas, fahre um die Ecke, biege falsch in eine Einbahnstraße, kehre wieder auf die Hauptstraße zurück.

Ich fahre. Kilometerweit. Es ist pechschwarze Nacht, und die Lichter der Laternen verschwimmen in meinen Tränen.

Es ist vorbei. Er liebt mich nicht. Er liebt mich nicht *mehr*. Er hat eine Andere.

Ist es die zweite, mit der er mich betrügt? Die dritte? Wie oft hat er mich belogen? Eigentlich egal. Er liebt mich nicht mehr, nur das ist wichtig, wie ein Mantra in meinem Kopf hallt der Satz immer wider.

Er liebt mich nicht.

Er liebt mich nicht.

Er liebt eine Andere.

Das Kind in meinem Bauch strampelt, es tritt und wehrt sich. Irgendwann fahre ich wieder nach Hause und lege mich zu Alexander ins Bett, weine leise, drücke dieses süß duftende Kind an mich, denke an Johanna nebenan und das Baby in meinem Bauch.

Wie soll es weitergehen? Ich weiß es nicht.

In dieser Nacht finde ich kaum Schlaf.

Am nächsten Morgen höre ich Tom in der Küche, er kocht Kaffee. Wie kann er so profane Dinge tun, wenn wir doch Entscheidungen über unser Leben treffen müssen?

Aber er tut so, als sei nichts gewesen. Als sei alles so wie immer. Für ihn mag das stimmen, für mich nicht. Ich habe viele Frage und will endlich Antworten.

»Wer ist sie? Woher kennst du sie? Was hat sie, was ich nicht habe?«

»Es geht dich nichts an, woher ich sie kenne«, entgegnet er kühl.

Ich kann es nicht fassen.

»Und natürlich hat sie etwas, was du nicht hast. Du bist das Hausdoofie«, sagt er abfällig. »Sie steht mitten im Leben.«

»Warum wolltest du eigentlich die Kinder?«, frage ich.

»Komm mir nicht so! Ich liebe meine Kinder, ich liebe sie über alles«, faucht er.

»Was ist mit der Doktorarbeit deines Chefs?«

Tom zögert. »Die gibt es nicht«, sagt er dann frei heraus. »Ich dachte, es wäre eine gute Entschuldigung, wollte dich nicht aufregen.«

Mich nicht aufregen? Das ist ja rührend. Wie außerordentlich nett von ihm.

»Und Brüssel? Warst du überhaupt jemals in Brüssel?«

»Natürlich nicht.« Tom wendet sich genervt ab.

Ich frage weiter, weine, schreie.

»Mein Gott!« Tom verdreht die Augen. »Stell dich nicht so an. Du bist meine Frau, was sonst noch so läuft, hat nichts mit dir zu tun.«

»Du machst es dir verdammt einfach«, keuche ich. Mein Bauch krampft sich zusammen, mir wird schlecht. »Du glaubst, ich nehme das einfach so hin?«

»Was für eine Wahl hast du schon?«

Er grinst. Sein Gesichtsausdruck tut mir weh.

Aber was soll ich machen? Wo soll ich hin?

Ich weiß es nicht.

Da sind die Kinder, ich kann sie nicht zurücklassen. Ich bin wie gelähmt. Die Krämpfe in meinem Bauch werden schlimmer. Es ist erst Ende Februar – viel zu früh. Das Kind, dieses Kind, sein Wunschkind, darf noch nicht kommen, wenn es eine Chance haben soll.

Aber die Krämpfe lassen nicht nach.

Und dann dämmert mir: Ich habe keine Krämpfe.

Ich habe Wehen.

11. Kapitel

Tom bringt mich ins Krankenhaus, in den Kreißsaal. Ich werde an den Wehenschreiber gelegt. Mittlerweile habe ich starke Kontraktionen, und der Muttermund öffnet sich bereits. Ich komme an den Tropf. Tom fährt nach Hause zu den Kindern, auf die unsere Mieter aufpassen.

Stunde um Stunde liege ich da, starre auf den Monitor, aus dem Fenster, wieder auf das Gerät.

Der Tag vergeht. Mir wird Blut abgenommen, ich bekommen Infusionen, in den Kreißsälen nebenan werden Babys geboren. Neugeborene schreien, Väter und Mütter weinen vor Glück. Ich weine auch, aber glücklich bin ich nicht.

Am Abend werde ich auf ein Zimmer gebracht, der Tropf läuft die ganze Zeit und dämmt die Wehen ein. Tom und die Kinder kommen mich besuchen. Alexander und Johanna sind verschüchtert, sprachlos. Meine Tochter hat rote Wangen, ich fühle erschrocken nach ihrer Stirn.

»Sie hat Fieber.«

»Blödsinn. Sie ist aufgeregt.« Tom nimmt die Kinder und geht, er will nichts mehr hören.

In dieser Nacht schlafe ich wieder nicht. Ich sorge mich um meine Kinder. Sollte ich nicht aufstehen und nach Hause gehen, mich um meine Familie kümmern? Johanna ist krank, das weiß ich, aber begreift das Tom? Muss ich nicht aufstehen und sie pflegen? Ich will keine Entscheidung treffen, wie damals schon nicht, als ich mit ihr schwanger war und mich trotzdem um Alexander sorgen musste. Ich liebe sie alle, auch das Ungeborene.

Am nächsten Morgen werde ich in den Kreißsaal gefahren, wieder liege ich da wie ein Fisch auf dem Trockenen.

Der Arzt kommt. »Sie haben Wehen.«

Große Überraschung! Natürlich habe ich Wehen, sonst wäre ich nicht hier. Ich nicke.

»Wie geht es Ihnen?«, fragt er und klingt besorgt.

»Wie es einem so unter Wehen geht«, sage ich.

Was zum Henker erwartet er?

»Fühlen Sie sich krank?«

»Schwanger.« Ich seufze, dann denke ich nach. »Wieso?«

»Nicht krank? Grippig?«

Grippig? So habe ich mich wochenlang gefühlt, monatelang, jetzt bin ich nur noch schlapp.

»Wieso?« Mehr bringe ich nicht heraus.

»Nun«, sagt der Arzt, und ich merke, dass es ihm schwerfällt zu sprechen. »Sie waren krank.«

»Krank? Ich?«

»Ja, das zeigen Ihre Blutwerte. Sie hatten eine schwere Toxoplasmoseinfektion zwischen der achten und zwanzigsten Woche. Haben Sie Katzen?«

»Ja, wir haben Katzen.«

Ich möchte jetzt und hier sterben. Schlimmer kann es nicht werden, oder?

»Was bedeutet das?«, frage ich schwach und erinnere mich an den Termin, den ich im etwa dritten Monat der Schwangerschaft bei meiner Gynäkologin vereinbart habe – eben weil ich mich so schlapp fühlte wie noch nie zuvor in meinem Leben.

»Ich habe mich auf Toxoplasmose testen lassen, das steht in meinem Mutterpass.«

Er zieht den Pass hervor wie ein Zauberer, schwenkt ihn vor meiner Nase hin und her. »Ja, darin steht ›o.B.‹, ohne Befund. Ein falscher Eintrag. Wir haben das Labor angerufen, damals hatten Sie eine frische Infektion. Das ist leider falsch dokumentiert worden.«

»Was …«, ich schlucke hart, »was bedeutet das?«

Natürlich weiß ich, was Toxoplasmose ist. Eine Infektion, sie ist schädlich für den Embryo. Aber was genau heißt das für mein Kind?

»Sie bekommen einen Sohn«, sagt der Arzt. »Er ist laut Ultraschallbefund sehr untergewichtig. Er hat sich vermutlich über Sie infiziert.«

»Bitte? Ich habe mein Kind krankgemacht?«

Der Arzt lächelt. Wie kann er jetzt lächeln?

»Nicht Sie direkt, die Erreger. Die sind über Ihr Blut in die Plazenta gewandert und von da in den Embryo.«

»Und das bedeutet?«

Meine Kehle ist eine Wüste. Wo ist Wasser? Aber ich könnte jetzt gar nicht schlucken.

»Die Toxoplasmoseerreger sind wirklich tückisch. Wenn sie den Embryo vor der zwölften Woche erreichen, können sie die Bildung der Nerven beeinflussen.«

Er sieht stolz aus, als hätte er gerade eine Urkunde ausgestellt für die besten Toxoplasmoseerreger oder so.

Um mich herum ist alles voller Scherben, wie nach einem Bombenangriff. »Was. Bedeutet. Das. Für. Mein. Kind?«, will ich mit zitternder Stimme wissen.

»Die Erreger haben im Embryo die Ausbildung der Nervenzellen beeinflusst, sag ich jetzt mal so für Laien. Da Sie diese Infektion sehr heftig und in einem Frühstadium der Schwangerschaft hatten, wird Ihr Kind vermutlich betroffen sein.«

Er sieht mich immer noch so an, als sei das eine besondere Errungenschaft.

»Wie *betroffen*?« Meine Stimme klingt frostig, aber mir ist nicht nach Friede, Freude, Eierkuchen zumute.

»Also ...« Das erste Mal wird er unsicher. Sieht er plötzlich die Familie hinter der Diagnose? Er räuspert sich, senkt die Stimme. »Wollen Sie das wirklich wissen?«

Ich nicke. Kann es noch schlimmer werden, als es schon ist?

»Die Erreger dringen ... in ... also ...« Wieder räuspert er sich. »Sie dringen in den Fötus ein. Gewöhnlich wandern sie ins Gehirn. Die infizierten Kinder sind meist geistig schwerbehindert, blind und taub.«

Den letzten Satz sagt er ganz leise, aber ich höre ihn trotzdem. Die Worte erreichen mich, doch es dauert, bis ich den Sinn dahinter verstehe.

Blind, taub, geistig behindert?

Mein Kind? Mein Sohn?

Schon wieder ein krankes Kind?

Wie soll ich das schaffen?

Lukas, er wird Lukas heißen. Er lebt, er bewegt sich in mir, ich kann ihn spüren. Er soll blind und taub sein? Das will, das *kann* ich nicht glauben.

»Steht das fest?«, frage ich, kriege die Worte kaum raus.

»Nein, natürlich nicht. Es gibt eine Chance, dass die Erreger nicht die Plazenta durchwandert haben und Ihr Kind sich nicht angesteckt hat. Wir könnten eine Nabelschnurpunktion machen, um das festzustellen, aber davon würde ich abraten. Sie haben jetzt schon Frühgeburtsbestrebungen, und so eine Punktion würde ganz sicher Wehen auslösen, die wir nicht mehr aufhalten können. Das Kind käme dann viel zu früh. Eventuell würde es nicht überleben, oder es würde durch die frühe Geburt Schäden erleiden.«

»Kann man denn nicht irgendetwas gegen die Infektion machen?«

»Man hätte etwas machen können, als Sie sich infiziert haben. Da hätte man Antibiotika geben können, die das Kind geschützt hätten, aber dafür ist es jetzt zu spät. Die Infektion ist schon vorbei.«

»Ich habe mich doch aber testen lassen, weil ich mich so müde gefühlt habe.«

»Das ist richtig, aber Ihre Ärztin hat den Befund wohl verwechselt oder ihn falsch interpretiert. Überlegen Sie sich, ob Sie die Untersuchung der Nabelschnur machen lassen möchten.«

In meinem Kopf ist nichts als Watte. Ich fühle mich leer und gleichzeitig vollgestopft mit Informationen, die ich nicht verarbeiten kann.

Mein Kind ist krank, *vielleicht* ist es krank, vielleicht aber auch nicht. Ich kann eine Untersuchung machen lassen, aber die Folgen sind nicht absehbar. Vielleicht ist Lukas ja doch gesund und hätte dann Schädigungen dadurch, dass er viel zu früh geboren wird.

Ich lege die Hände auf meinen Bauch, versuche Kontakt zu meinem Sohn aufzunehmen, aber so sehr ich auch in mich hineinhorche, ich weiß einfach nicht, was ich machen soll.

Ich rufe zu Hause an, doch niemand geht ans Telefon. Wo ist Tom? Wo sind die Kinder? Ich muss das mit ihm besprechen, es ist auch sein Kind.

Den unerträglichen Gedanken an die andere Frau, die irgendwo da draußen ist, lasse ich nicht an mich heran, das ist einfach zu viel. Ich will jetzt keine Entscheidungen treffen müssen.

Irgendwann kommt Tom, ich werde wieder in den Kreißsaal gefahren, dreimal am Tag werden die Wehentätigkeiten überprüft. Noch immer habe ich Wehen, aber sie sind im Moment nicht so stark, dass sie die Geburt auslösen würden.

»Wo sind die Kinder?«, will ich wissen.

»Zu Hause.« Er zieht die Augenbrauen zusammen. »Johanna hat die Windpocken. Sie dürfen nicht mehr herkommen.«

»O nein! Wer passt denn auf sie auf?«

»Stefan.«

Meine armen Mäuse! Wenn Johanna Windpocken hat, wird Alexander sie auch bekommen.

»Warst du bei der Kinderärztin? Alexander muss prophylaktisch Antibiotika nehmen.«

»Das weiß ich«, zischt Tom, und ich zucke zusammen.

Dann versuche ich ihm zu erklären, was der Arzt mir gesagt hat. Ich berichte ihm in so sachlichen Worten, wie es mir möglich ist, von der Toxoplasmose, meinem Verdacht vor ein paar Monaten und von meiner andauernden Müdigkeit. Auch dass unser Sohn vielleicht Beeinträchtigungen haben wird, erzähle ich ihm.

Er schaut mich an, schüttelt den Kopf. »Und das ist nicht getestet worden? Warum rennst du eigentlich dauernd zum Frauenarzt, wenn dort keine Untersuchungen vorgenommen werden?«

»Doch, wie ich schon sagte, ich war dort und habe ihr von meiner Erschöpfung und dem Gefühl erzählt, krank zu werden, aber sie hat den Befund wohl falsch gedeutet.«

»Und was wird er haben?«

»Vielleicht wird er blind sein, oder taub. Oder geistig behindert. Man weiß es nicht vorher. Vielleicht ist er aber auch gesund.«

»Wenn nicht, werden wir die Ärztin verklagen! Sie wird Schmerzensgeld zahlen müssen. Und Schadenersatz leisten.«

»Du denkst jetzt an Geld?«, frage ich fassungslos.

»Ich werde mich doch nicht finanziell ruinieren, weil so eine blöde Tussi einen Fehler gemacht hat!«

»Was machen wir denn nun?«, frage ich hilflos.

»Ich bin für die Untersuchung.«

»Aber ... Er könnte sterben oder andere Schäden davontragen. Die Punktion könnte die Geburt auslösen. Wenn er jetzt geboren wird, hat er kaum eine Chance.«

»Na und, wäre das keine Option? Dann müsstest du dir keine Gedanken um ein weiteres krankes Kind machen.«

Ich kann nicht glauben, dass er das gesagt hat. Ich kann überhaupt nicht fassen, wie kalt er klingt. Mein Mund klappt auf und zu, aber ich kriege kein Wort heraus.

»Ach, mir doch egal«, winkt Tom ab. »Es ist deine Entscheidung.«

»Meine Entscheidung? Es ist unser Kind!«

»Wie auch immer. Aber sag mal, wo hast du dir diese Infektion eigentlich eingefangen?«

»Wahrscheinlich von der alten Katze. Sie war doch so krank. Die Erreger werden durch Katzenkot übertragen.«

»Warst du etwa zu blöd, um dir die Hände richtig zu waschen? Dann ist es deine Schuld, dass das Kind krank ist! Sieh zu, wie du damit fertig wirst.«

Er dreht sich um und verschwindet.

Am Abend versuche ich ihn zu erreichen, doch wieder geht zu Hause niemand ans Telefon. Ich probiere es wieder und wieder, bis spät in die Nacht. Er will nicht mit mir sprechen, er ignoriert mich.

Was soll ich nur tun? Ich kann nicht aufstehen, darf noch nicht einmal zur Toilette gehen. Aber ich muss heim, muss nach den Kindern sehen. Sie sind krank, und auch wenn es nur eine Kinderkrankheit ist, sie brauchen ihre Mami. Warum geht der Mistkerl nicht ans Telefon?

Am nächsten Morgen probiere ich es wieder, erfolglos. Ich rufe bei ihm im Büro an, die direkte Durchwahl, aber dort scheint er auch nicht zu sein. Soll ich nach ihm fragen? Bei seiner Sekretärin? Ich weiß, dass er dann sehr böse werden wird. Er muss doch zu Hause bei den kranken Kindern sein.

Gegen Mittag, ich habe ihn immer noch nicht erreicht, steigt meine Verzweiflung ins Unermessliche. Er kann mich doch nicht so ignorieren, so hängen lassen. Verzweifelt rufe ich meine Mutter an. Ich habe ihr noch nicht gesagt, dass ich im Krankenhaus liege und Wehen habe, ich will nicht, dass sie sich Sorgen macht.

»Conny?« Ihre Stimme klingt schrill. »Mein Gott, Conny, wo bist du?«

»Im Krankenhaus. Ich habe vorzeitige Wehen«, flüstere ich.

Wie soll ich ihr bloß erzählen, dass ich Tom nicht erreichen kann? Wie soll ich das machen?

»O Kind, ich bin so froh, deine Stimme zu hören! Ich habe mir solche Sorgen gemacht.«

Sorgen? Warum? Was ist passiert?

»Tom war hier«, erzählt sie weiter, und ihre Stimme verändert sich, wird bitter und flach. »Gestern Abend. Er hat die Kinder einfach vor die Tür gestellt, eine Tasche mit Sachen dazu, dann hat er geklingelt und ist gefahren, bevor wir aufgemacht hatten. Was ist nur mit ihm los?«

»Die Kinder sind bei euch?« Ich weine vor Erleichterung. »Sie sind bei euch? Wirklich?«

»Ja. Und nun sag mir endlich, was los ist!«

Ich kann es nicht. Ich kann ihr nicht die ganze Wahrheit sagen, ich bring es nicht fertig. Also versuche ich es mit der abgeschwächten Version dessen, was passiert ist.

»Wir haben uns gestritten, es ist … eine Ausnahmesituation. Das Baby könnte schwerbehindert sein … Ich glaube, das verkraftet er gerade nicht.«

Ich schütze Tom, vielleicht weil ich mich so sehr schäme, auf ihn reingefallen zu sein.

Es dauert eine Weile, bis ich meiner Mutter erklärt habe, was mit dem Baby sein könnte und wie ich mich an der Toxoplasmose infiziert habe. Von der Untersuchung, die ich machen lassen könnte, erzähle ich ihr auch, aber als ich es ausspreche, weiß ich, dass ich mich entschieden habe. Ich werde Lukas keiner weiteren Gefahr aussetzen und die Untersuchung nicht machen lassen. Falls er behindert zur Welt kommt, dann ist das so, und wir können es nicht ändern. Aber er soll so lange in meinem Bauch bleiben, wie es möglich ist, damit er die besten Chancen hat.

»Tom ist sehr durcheinander«, sage ich zum Schluss.

»Das ist wohl so, ansonsten könnte ich mir nicht erklären, warum er die Kinder einfach so wortlos hier bei uns ablädt. Noch dazu mit den Windpocken.« Meine Mutter ist sauer, und das zu Recht. »Ist er wenigstens bei dir? Unterstützt dich?«

»Er wollte sich ein oder zwei Tage Auszeit nehmen. Zeit um nachzudenken.«

Wo mag er wirklich sein? Bei seiner Geliebten? Bei dem Gedanken wird mir so übel, dass ich mich fast übergeben muss.

»Ach Kind, das ist alles so schrecklich! Es tut mir so leid für euch. Soll ich vorbeikommen?«, fragt meine Mutter.

»Nein, es ist in Ordnung. Ich bin froh, dass du dich um die Kinder kümmerst. Wie geht es Johanna?«

»Wir waren mit den beiden beim Kinderarzt, er hat ihnen einiges verschrieben. Tropfen und Salbe. Sie haben beide Fieber, aber es ist nicht allzu schlimm.« Sie verspricht, mich nachher noch einmal anzurufen.

Was soll ich ihr sagen, wenn Tom nicht mehr auftaucht? Was mache ich dann überhaupt? Wie soll es weitergehen? Noch nie zuvor ist mir mein Leben so schrecklich erschienen. Ich bin so hilflos. Aber es wird einen Weg geben, ganz sicher. Ich muss für die Kinder stark sein.

In dieser Nacht lasse ich zum ersten Mal den Gedanken an Toms Geliebte zu. Er betrügt mich also. Und nicht zum ersten Mal. Diese ganzen Überstunden … Ob das Petras oder Veras oder Michaelas waren? Die Wochenenden, an denen er gar nicht für die Doktorarbeit seines Chefs unterwegs war, sondern die er wohl mit seiner Freundin verbracht hat. Wie konnte ich bloß so blind sein?

Doch die Gedanken werden mir zu viel, ich kann damit nicht umgehen, kann es gerade nicht ertragen. Im Moment gibt es Wichtigeres – Lukas. Ich muss ruhig werden, darf mich nicht aufregen, um sein Leben nicht noch mehr zu gefährden.

Drei Tage später steht Tom plötzlich im Krankenhauszimmer. Er sieht aus wie immer, stelle ich überrascht fest. Als hätte ich erwartet, dass ihm Hörner und ein Pferdefuß gewachsen wären.

»Wir müssen reden«, sagt er.

Ist das so? Ich will nicht mit ihm reden, ich will ihn anschreien, ihn schlagen, ohrfeigen, etwas nach ihm werfen, kaputtmachen. Aber ich bin an das Bett gefesselt, der Tropf läuft in meine Vene. Es sind Mittel, um die Wehen zu unterdrücken. Leider gibt es kein Medikament gegen die Schmerzen in meiner Seele.

»Ich bin ausgezogen«, sagt Tom.

Er schaut an mir vorbei auf die Wand, als wäre dort irgendetwas besonders Interessantes. Fast bin ich versucht mich umzudrehen.

Ausgezogen ist er also. »Zu deiner Freundin?«

Ich darf jetzt nicht weinen. Diese Blöße darf ich mir nicht geben.

»Ja. Ich denke, es ist besser so. Ich werde natürlich immer für die Kinder da sein. Was mit dem Haus wird, müssen wir in Ruhe überlegen. Erst mal darfst du dort wohnen bleiben.«

»Wie gnädig.« Ich spucke die Worte heraus.

»Du verstehst das nicht. Ich erlebe zum ersten Mal, was echte Liebe ist, was es bedeutet, mit jemandem zusammen zu sein. Es ist so wahnsinnig schön. Wir reden viel, gehen spazieren, kochen gemeinsam. Gestern haben wir Zitronenhuhn gekocht. Du glaubst gar nicht, wie wunderbar so etwas schmecken kann, wenn man es zusammen zubereitet.«

Ich beiße mir auf die Lippen, so sehr, dass ich Blut schmecke. Dann platzt es aus mir heraus.

»Geh! Geh zu deinem Zitronenhühnchen!«, schreie ich. »Ich hoffe, du wirst glücklich mit ihr.«

»O ja, das denke ich schon.«

Tom besitzt tatsächlich die Dreistigkeit mich anzulächeln. Zufrieden sieht er aus, das Schwein.

Er geht, und ich verbiete mir, darüber auch nur eine Sekunde nachzudenken.

Meine Mutter ruft zweimal am Tag an, ich erzähle ihr nicht, dass Tom ausgezogen ist, ich kann es einfach nicht. Sie fragt auch gar nicht nach ihm.

Nach zwei Wochen unter Dauerbeobachtung wird der Tropf abgenommen. Ich muss jetzt alle drei Stunden, auch nachts, eine Tablette nehmen. Die Wehen sind verschwunden. Nach drei Tagen mit den Tabletten und ohne eine einzige Kontraktion darf ich endlich wieder nach Hause.

Meine Freundin Beate ist die Einzige, die weiß, was los ist – sie weiß, dass Tom mich verlassen hat, ich habe sie vom Krankenhaus aus angerufen. Sie hat mir zugehört, mir Bücher, Zeitschriften und Obst gebracht. Jetzt holt sie mich ab und bringt mich nach Hause.

Die hohen Räume unserer Wohnung wirken so kahl, so kalt, obwohl die Heizung läuft. Toms Seite im Kleiderschrank ist leer geräumt. Ich vermisse meine Kinder so sehr, dass es wehtut. Jeden Tag habe ich mit ihnen telefoniert, Oma und Opa haben sie nach allen Regeln der Kunst verwöhnt. Sie sind beide wieder gesund, aber meine Mutter will sie noch bei sich behalten.

»Du brauchst Ruhe. Das Baby soll noch mindestens zwei Wochen in deinem Bauch bleiben, Schatz. Lass die beiden ruhig bei mir.«

Doch nach einer Woche allein zu Hause fällt mir die Decke auf den Kopf. Ich will nicht mehr allein in der riesigen Wohnung sitzen, rufe meine Mutter an und belüge sie.

»Tom ist ja da und wird mir helfen. Wirklich, ich will die Kinder bei mir haben. Ich brauche sie!«

»Na gut. Papa bringt sie dir morgen. Aber wir hätten sie noch bei uns behalten.«

»Das weiß ich, und es macht mich auch ganz froh, dass ihr für uns da seid.«

Ich schließe die Augen. Irgendwann werde ich es ihr sagen müssen. Aber nicht jetzt. Jetzt kann ich nicht darüber nachdenken. Erst einmal muss Lukas geboren werden, und dann müssen wir sehen, ob er krank ist.

Laut Ultraschall ist er immer noch zu leicht und zu klein, aber auch Alexander und Johanna waren keine dicken Babys. Natürlich bereitet mir das immer noch Sorgen, und ich habe Angst vor der Zukunft. Große Angst. Doch das nützt mir nichts, wir müssen da durch.

Tom hat sich zwischendurch nur einmal bei mir gemeldet, um zu hören, ob Lukas schon da ist.

»Nein«, entgegnete ich knapp.

»Hast du Papier und Stift?«

»Wieso?«

»Ich gebe dir meine neue Adresse und Telefonnummer. Für den Notfall. Und zwar nur für den Notfall.«

Ich lachte, obwohl mir nicht zum Lachen zumute war. Mir fiel der Film *Eine verhängnisvolle Affäre* mit Michael Douglas und Anne Archer ein, der vor ein paar Jahren in die Kinos kam.

»Hast du Angst, ich werde mich wie Glenn Close verhalten und dir und deiner neuen Freundin auflauern? Ich bin doch gar nicht die Affäre, schon vergessen? Hat sie denn Kaninchen?«

»Sei nicht albern, Corinna. Wir werden das doch gütlich lösen und keinen Rosenkrieg anfangen, oder?« Er habe mir einen kleinen Betrag auf mein Konto überwiesen, auf das auch das Kindergeld geht. »Das wird dir ja wohl reichen.«

Anstelle einer Antwort, ließ ich den Telefonhörer ganz sacht auf die Gabel zurückgleiten.

12. Kapitel

Die Kinder lenken mich ab, es tut mir gut, sie wieder um mich zu haben. Sie fragen nicht nach Tom, nehmen einfach hin, dass er im Moment nicht da ist, auch dafür bin ich sehr dankbar.

Dann wird es hektischer, der Alltag hat uns wieder eingeholt. Ich muss jede Menge Wäsche waschen, Alexander in den Kindergarten bringen und abholen. Johanna langweilt sich zwar morgens, denn die Kindergruppe habe ich aufgelöst, aber sie genießt auch die Zeit mit mir allein. Wir holen die Wiege für Lukas hervor, waschen die Babysachen. Johanna hilft mir beim Kartoffelschälen und Gemüseputzen, sie ist mit ihren zwei Jahren wirklich allerliebst und sehr süß.

Auch ihre Puppenwiege wird vorbereitet. Ob sie auch ein neues Puppenbaby kriegen wird?, fragt sie mich. Sie wünscht sich eine Babyborn-Puppe. Die Puppen sind neu auf dem Markt und werden überall massiv beworben. Auch Alexander findet sie toll, und ich kaufe beiden eine, trotz meines sehr beschränkten Budgets. Sie sollen sie bekommen, sobald Lukas auf der Welt ist.

Inzwischen ist es Frühling geworden. Ich habe die kritische Zeit überstanden, das Ende der siebenunddreißigsten Woche erreicht und darf die Tabletten absetzen, die die Wehentätigkeit verhindern. Entgegen meinen Erwartungen und denen meines neuen Frauenarztes setzen die Wehen aber nicht sofort ein. Ich bin froh darüber – jeder Tag, den Lukas in meinem Bauch bleibt, ist wichtig für ihn. Ich hoffe, er wächst noch und nimmt ordentlich zu. Jeden Tag und jede Nacht rede ich ihm gut zu, versuche ihn zu beruhigen und sage ihm, dass ich mich auf ihn freue, egal wie er ist, ob krank oder gesund. Er wird ein Teil dieser Familie sein, auch wenn die Familie mittlerweile nicht mehr ganz komplett ist.

Bei meiner alten Gynäkologin bin ich nur noch ein einziges Mal gewesen, direkt nach dem Krankenhaus.

»Was haben Sie sich eigentlich dabei gedacht?«, habe ich sie wütend gefragt. »Ich habe explizit nach dem Toxoplasmosetest gefragt! Mir ging es schlecht, das habe ich Ihnen immer wieder gesagt, aber Sie haben mich nicht ernst genommen. Ihnen lagen die Werte vor, und Sie haben sie ignoriert. Oder falsch gelesen. Ich weiß gar nicht, was ich schlimmer finden soll. Vielleicht wird mein Kind schwerbehindert sein, und dann wäre das Ihre Schuld!«

Ich drehte mich um und wollte aus dem Behandlungszimmer stürmen.

»Es tut mir leid«, sagte sie nüchtern. »Wenn das wirklich so ist, ist es ein Fall für meine Versicherung.«

Ich war kurz davor zu explodieren. Wie kann man bloß so abgebrüht und kalt sein? Sie kann Tom die Hand geben, die beiden hätten sich verdient.

Da mir Tom seine neue Adresse gegeben hat, bin ich dort vorbeigefahren. Ich wollte wissen, ob das Haus mit unserem, das ich so mühsam habe renovieren lassen, mithalten kann. Eigentlich ist das albern. Aber ich musste es trotzdem tun.

Was ich fand, war ein Mehrfamilienhaus aus den Fünfzigerjahren. Nicht schön, nein, wirklich nicht, und sicher auch nicht denkmaltauglich. Dem Verlangen, die Fenster einzuschmeißen, widerstand ich tapfer.

Tom wohnt gar nicht so weit weg von uns, aber er ruft nie an, fragt nicht nach den Kindern, besucht sie auch nicht. Wahrscheinlich ist er zu sehr beschäftigt mit seinem neuen, glücklichen Leben.

Der errechnete Termin steht unmittelbar bevor. Ich kann nicht fassen, dass ich diese Schwangerschaft austrage, dass Lukas nicht früher zur Welt gekommen ist.

Es ist Anfang Mai. Der Kirschbaum steht in voller Blüte, die Luft riecht lau und süß. Heute soll laut der Berechnungen Lukas geboren werden. Alexander und Johanna sind jeweils vierzehn Tage später gekommen, wird das bei meinem dritten Kind auch so sein? Beate steht Gewehr bei Fuß, falls es losgeht, um mich ins Krankenhaus zu bringen – allerdings werde ich Tom schon Bescheid geben müssen.

Alexander und Johanna sollen zu meinen Eltern, wenn ich ins Krankenhaus gehe. Ich weiß ja nicht, was mich nach der Geburt erwartet, wie es Lukas gehen wird. Aber die wissen immer noch nicht, dass Tom nicht mehr bei uns wohnt, dass er sein Leben nun mit einem Zitronenhühnchen verbringt und das erste Mal wirklich verliebt ist. Seine Gefühle mir gegenüber muss er sich wohl eingebildet haben, vermute ich. Ich schäme mich so und traue mich nicht, meine Eltern einzuweihen.

Nachmittags, am Tag des errechneten Termins, spüre ich plötzlich ein leichtes Ziehen im Bauch. Das sind zwar noch keine Geburtswehen, aber Wehen sind es eindeutig.

Ich telefoniere mit meiner Mutter.

»Möchtest du nicht mal ins Krankenhaus fahren, um nachsehen zu lassen?«

Nein, das möchte ich nicht. Ich will nicht wegen eines falschen Alarms losfahren. Und erst recht will ich ihr nicht sagen, warum die ganze Situation gerade so fürchterlich kompliziert ist.

»Wo ist Tom denn?«, fragt meine Mutter leise.

Ich denke, sie ahnt etwas.

»Dummerweise ist er unterwegs«, flunkere ich. »Beruflich. Eine wichtige Konferenz. Ich habe ihn noch nicht erreicht.«

Herrje, meine Nase wächst und wächst. Pinocchio ist im Lügen ein Dilettant im Vergleich zu mir.

»Soll Papa kommen und die Kinder holen?«

Soll er? Immerhin ist es eine Stunde Fahrtzeit. Ich weiß es nicht. Was, wenn das Baby noch nicht so weit ist?

Andererseits: Es kann jeden Moment losgehen, und dann sitze ich hier und muss warten, bis mein Vater die Kinder holt.

»Ja, er soll kommen.«

Nachdem ich die Entscheidung getroffen habe, bin ich erleichtert und entspanne mich langsam. Ich packe die Sachen der Kinder, ich habe ihnen schon gesagt, dass sie zu Oma und Opa dürfen, wenn das Baby kommt.

»Was ist eigentlich mit Papa?«, fragt Alexander. »Wann kommt er wieder?«

Alexander ist gerade vier geworden. Er weiß, dass bei uns etwas nicht stimmt, hat es aber bislang einfach so hingenommen.

In diesem Moment trifft mich seine Frage völlig unvorbereitet. Ich weiß nicht, was ich sagen soll.

»Lasst ihr euch scheiden?«, fragt Alexander weiter. »Die Eltern von Jonas aus dem Kindergarten lassen sich scheiden, und die von Mia auch.« Er legt den Kopf schief und die Stirn in Falten. Beunruhigt sieht er nicht aus.

»Nein«, sage ich. »Wir werden uns nicht scheiden lassen. Weißt du überhaupt, was das bedeutet?«

Alexander grinst, schüttelt dann aber den Kopf. »Man streitet sich oder so. Aber du kannst dich ja gar nicht mit Papa streiten, er ist ja gar nicht mehr da.«

»Das stimmt. Siehst du.« Ich zwinge mich zu lächeln.

Das Ziehen im Bauch kommt regelmäßig. Es tut nicht weh, aber es geht auch nicht wieder weg. Wird Lukas heute geboren? Ich spüre, dass ich Angst habe, Angst davor, was kommen wird. Auch davor, allein im Kreißsaal zu sein, das alles allein durchstehen zu müssen. Was, wenn er krank …

Nein, ich verdränge den Gedanken. Das will ich nicht denken, das *kann* ich nicht denken.

Soll ich versuchen, Tom zu erreichen? Es ist auch sein Kind. Ich zögere. Ich kann mich einfach nicht überwinden ihn anzurufen.

Mein Vater kommt, Alexander und Johanna jubeln begeistert, fallen ihm um den Hals. Er trinkt noch einen Kaffee, dann befestigt er die Kindersitze auf der Rückbank seines Autos, und wir schnallen meine beiden Mäuse an.

»Danke«, sage ich und gebe ihm einen Kuss.

»Ach, Schatz«, sagt er, »ich wünschte, wir könnten mehr tun. Wirst du Tom anrufen?«

Ich schlucke. Was wissen sie? Was denken sie? Das will ich gerade aber gar nicht wissen, ich will mich nicht damit beschäftigen.

Ich nicke. »Ich hab es schon versucht und werde es gleich noch einmal probieren.«

»Conny-Schatz, alles Gute! Wir denken an dich und sind in Gedanken immer bei dir.« Er sieht besorgt aus. »Ich wünsche dir eine schnelle Geburt und wenig Schmerzen.«

Meine Kehle ist zugeschnürt, ich kann gar nicht antworten. »Wird schon«, presse ich hervor.

Ich winke dem Auto hinterher. Die Wehen werden heftiger, aber sind noch auszuhalten. Gleich rufe ich Beate an. Lukas wird heute kommen, das weiß ich ganz sicher.

Ich wähle die Nummer, die Tom mir gegeben hat. Seine Tussi, das Zitronenhühnchen, geht ans Telefon. Ich lege auf. Wie albern. Rufe wieder an.

»Tom«, sage ich anstelle einer Begrüßung.

Sie gibt den Hörer weiter.

Ich spare mir jede Konversation, sage nur: »Das Baby kommt.«

»Oh.« Er schweigt.

»Es kommt *jetzt.*«

Herrgott, hat er gar keinen Anstand mehr? Nichts?

»Okay, bin gleich da.«

»Beate wird mich fahren. Wir treffen uns dann im Krankenhaus.«

Er schnaubt. »Sei nicht albern.«

»Das ist aber so ausgema…«

Tom unterbricht mich. »Ich bin in fünfzehn Minuten da. Rühr dich nicht von der Stelle.«

Stimmt, denke ich, er wohnt ja gar nicht weit weg. Aber offensichtlich zu weit, um sich um seine Kinder zu kümmern.

In diesem Moment zieht sich mein Bauch zusammen – es ist die erste heftige Wehe. Die nächste folgt nach nur zwei Minuten. Dieses Kind wird sich nicht lange Zeit lassen.

Tom kommt, ich steige schweigend in sein Auto. Ich habe immer noch den alten Opel Kadett, Tom fährt einen neuen Audi. Er hält vor dem Haus und hupt, steigt nicht aus, nimmt mir die Tasche nicht ab. Sogar den Kofferraum muss ich selbst öffnen.

Schweigend fahren wir zum Krankenhaus, ich muss die Wehen schon veratmen. Lass die Fruchtblase jetzt platzen, denke ich, und den schönen Ledersitz vollsauen! Aber leider geschieht das nicht.

Lukas braucht nur eine Stunde, dann ist er da. Das Fruchtwasser ist dunkelgrün, und er atmet nicht. Der Kinderarzt steht schon bereit, nimmt ihn direkt mit.

Ich bin verzweifelt, was ist mit meinem Sohn? Was ist mit Lukas? Aus der Nabelschnur wird Blut abgenommen und ins Labor geschickt. Sie sollen prüfen, ob die Toxoplasmoseerreger zu ihm durchgedrungen sind.

Nach einer halben Stunde, die sich wie Jahre anfühlt, kommt der Arzt mit Lukas, gibt ihn mir.

»Er ist sehr leicht, eine Mangelgeburt. Er wiegt nur 2235 Gramm. Zwanzig Gramm weniger, und er müsste in die Kinderklinik. Aber seine Vitalwerte sind gut.« Er lächelt. »Herzlichen Glückwunsch.«

Ich weiß gar nicht, was ich sagen soll, drücke das kleine Bündel an mich, sauge den Neugeborenenduft ein, schließe die Augen. Mein drittes Kind. Mein erster und einziger Lukas, ein einmaliges Lebewesen – mein Sohn. Ich liebe ihn so sehr.

Mit großen Augen sieht er mich an, meine ich, aber ich weiß inzwischen, dass auch blinde Babys so schauen können. Ob er behindert oder krank ist, wird sich erst zeigen, wenn die Ergebnisse aus dem Labor da sind. Aber er lebt, und er trinkt sofort gierig an meiner Brust. Glücksgefühle durchströmen mich.

Tom war die ganze Zeit an meiner Seite – immerhin nur eine Stunde. Angefasst hat er mich nicht, auch geredet hat er nicht mit mir. Nun steht er auf, schaut Lukas an, nickt mir zu und geht.

Vielleicht ist das auch besser so.

Am nächsten Tag gehe ich mit Lukas schon wieder nach Hause. Meine Eltern bringen die Kinder. Staunend stehen Alexander und Johanna vor dem Baby in der Wiege, in der sie auch schon gelegen haben.

»Und?«, fragt meine Mutter leise.

Ich falle ihr um den Hals. »Er ist zu klein und zu leicht, eine Mangelgeburt, so nennt man das wohl. Aber er hat sich nicht infiziert! Die Ergebnisse kamen heute Morgen. Er hatte keine Toxoplasmose, und soweit man das zu diesem Zeitpunkt beurteilen kann, ist er weder blind noch taub noch geistig behindert.«

»Das ist ja wunderbar! Das ist so schön.« Meine Mutter drückt mich fest, schiebt mich dann von sich weg, schaut mich an. »Du hast in den letzten Wochen immer wieder gesagt, dass du ihn lieben wirst, egal was ist. Das fand ich so beeindruckend. Weil du es so meinst, wie du es gesagt hast. Das ist wirklich toll, du liebst deine Kinder. Aber natürlich sind wir froh, dass er nicht krank ist.«

»Ach Mami«, sage ich und spüre die Tränen in meinen Augen hochsteigen.

Hat man eigentlich irgendwann das Lebenskontingent an Tränen verschüttet? Ich habe noch nie so viel geheult wie in den letzten Wochen. Diesmal tue ich es immerhin aus Erleichterung und Glück, nicht aus Kummer.

»Wo ist denn Tom?«, fragt meine Mutter leise.

»Er … er … muss noch etwas erledigen.« Ich schaue auf meine Uhr. »Er müsste gleich kommen.«

»Leider müssen wir bald fahren«, sagt mein Vater. »Ich habe noch einen Termin.«

Sie bleiben noch eine Stunde, dann brechen sie auf. Ich soll Tom Grüße und Glückwünsche ausrichten.

Als ob ihn das noch interessieren würde …

Zwei Tage später steht Tom abends plötzlich im Wohnzimmer. Ich habe ihn gar nicht kommen hören und räume gerade die Spülmaschine aus. Die Kinder schlafen schon längst, die Wiege mit Lukas steht im Wohnzimmer.

Ich habe Tom auf den Anrufbeantworter gesprochen, habe ihm gesagt, dass Lukas gesund sei. Na ja, ich habe es auf den Anrufbeantworter vom Zitronenhühnchen gesprochen und gehofft, dass er es hört, bevor sie es löscht.

»Hallo.« Mehr weiß ich nicht zu sagen.

Er zieht die Jacke aus, sein Gesicht ist grau, er hat tiefe Ringe unter den Augen. Tom setzt sich auf die Couch, sieht sich um, als wäre er noch nie hier gewesen.

»Wir müssen reden.« Er schaut mich an. »Bitte.«

Aha, müssen wir das? Ich will ihn rausschmeißen, aber er ist der Vater meiner Kinder. Wir müssen tatsächlich reden, denn selbst wenn Alexander und Johanna nicht nach ihm fragen, vermissen sie ihn, das weiß ich.

»Ich bin so ein Idiot, Corinna«, sagt er. »So ein riesiger Idiot. Es tut mir so leid.«

Was? Ich traue meinen Ohren kaum, wische mir die Hände an dem Geschirrtuch ab, gehe ins Wohnzimmer und setze mich in den Sessel ihm gegenüber.

»Ich weiß nicht, was das war. Eine Midlife-Crisis, eine vorübergehende Verwirrung, geistige Umnachtung. Ich weiß es wirklich nicht.«

»Was willst du mir sagen?«, frage ich leise.

»Ich kann nicht erklären, was mit mir passiert ist, aber mir ist vorgestern klar geworden, dass ich dich liebe. Dich und die Kinder. Ihr seid meine Familie. Ich habe einen Fehler gemacht, aber Menschen machen Fehler. Verzeih mir.«

Tom schaut mich an, seine Nutellaaugen scheinen zu schmelzen, sie sehen aus wie flüssige Schokolade. Er wischt sich eine Träne von der Wange.

»Es tut mir so leid«, presst er hervor.

Ich blicke ihn staunend an. »Was willst du?«

»Corinna, ich liebe dich …«

»Ach?«

»Bitte, ich weiß, ich habe dich verletzt. Es war ein Fehler. Unverzeihlich eigentlich.«

Ja, denke ich. Unverzeihlich. Aber mein Körper ist gerade von seltsamen Hormonen überschwemmt. Ich sehe alles rosarot, bin frisch verliebt in diesen Säugling, der in der Wiege liegt und schmatzt. Und Tom ist der Vater dieses unvergleichlichen einmaligen Babys, das so süß ist, dass ich es immerzu festhalten und daran schnuppern will.

»Ich habe einen großen Fehler gemacht.«

Tom weint jetzt bitterlich. Ich habe einen Kloß im Hals.

»Das war alles so egoistisch und falsch. Ich liebe dich, Corinna. Dich und die Kinder.«

Einen kleinen Moment durchzuckt mich ein Gedanke. Lukas ist nicht krank, hat keine Toxoplasmose. Würde Tom so reden, wenn Lukas behindert wäre? Ich weiß es nicht, dränge den

Gedanken aber weg. Die Wochen allein, nur ich mit den Kindern, waren anstrengend, auch wenn ich mir das nicht eingestehen will. Und die kommenden Monate mit einem Neugeborenen werden noch belastender, das weiß ich aus Erfahrung.

»Du willst zurückkommen?«, frage ich überrascht. »Du willst wirklich zu uns zurückkommen?«

»Corinna, ich war so blöd. Wirklich. Ich liebe dich.«

»Was ist mit deinem Zitronenhühnchen?« Ich grinse schief. »Wie heißt sie noch gleich? Ich kann mir den Namen einfach nicht merken.«

»Das hat mit Melanie nichts zu tun.«

»Melanie. Genau. Zitronenhühnchen gefällt mir besser. Hört sich so lecker an.« Ich verziehe das Gesicht und hoffe, dass die Fratze so gemein aussieht, wie ich sie mir vorstelle.

»Du bist böse.« Tom kneift die Lippen zu einem dünnen Strich zusammen.

Früher hätte ich jetzt Angst bekommen, aber was habe ich zu verlieren? Nichts.

Lukas fängt an zu knöttern. Er wird gleich wach werden und Hunger haben. Ich habe jede Menge Milch, meine Brüste platzen fast. Diese Tatsache und die Hebamme, die jeden Tag zu uns nach Hause kommt, haben das Krankenhaus milde gestimmt, als ich schon nach vierundzwanzig Stunden mit dem Kind gegangen bin. Sie hätten uns gern noch dabehalten, aber ich wollte nach Hause zu den Kindern.

»Du willst also zurück zu uns?«, frage ich ein weiteres Mal. »Wirklich?«

»Ich liebe dich, Corinna! Ich liebe dich sehr, das ist mir in den letzten Tagen klar geworden.«

»Ich muss darüber nachdenken.«

»Nachdenken? Was gibt es darüber nachzudenken?« Wieder wird er nicht laut, im Gegenteil, er wird leise und bedrohlich. Eine merkwürdige Art, um Verzeihung zu bitten.

»Ich muss darüber nachdenken, ob ich das kann und will, Tom. Das ist nicht so einfach.«

»Was ist daran nicht einfach?«

»Du hast mich betrogen! Mehrfach. Ich kann dir nicht mehr vertrauen. Du sagst, du liebst mich, aber ich spüre das nicht. Du kannst nicht einfach ankommen und so tun, als wäre nichts gewesen. Du hast mich in einer sehr belastenden Situation alleingelassen, bist gegangen, weil es sich für dich richtig anfühlte. Und jetzt willst du zurückkommen – weil es sich nicht mehr richtig anfühlt. Ich weiß aber gar nicht, ob ich dich zurück will.«

»Es war ein Fehler, Corinna! Ein großer Fehler. Du und die Kinder, ihr seid alles, was ich im Leben habe, und ich will euch nicht aufgeben.« Er steht auf. »Denk darüber nach. Aber bitte lass dir nicht zu viel Zeit damit.«

»Das klingt ja fast nach einer Drohung«, sage ich müde.

Er sieht mich an, sein Blick ist kalt. Dann geht er.

»Würdest du auch zurückkommen, wenn Lukas doch krank wäre?«, rufe ich ihm hinterher, aber er hört mich schon nicht mehr.

Oder will er es nicht hören?

Lukas weint, ich nehme ihn hoch und stille ihn. Alexander wird wach und tapert aufs Klo. Er braucht manchmal noch Hilfe, ich hoffe, diesmal nicht. Aber er ruft natürlich nach mir. Ich lege Lukas ab, der entsetzt zu brüllen anfängt, er ist noch nicht fertig mit trinken. Ich eile ins Bad, helfe Alexander und bringe ihn zurück ins Bett. Die Milch läuft aus meiner Brust, ich werde mich gleich umziehen müssen. Kaum habe ich Lukas wieder angelegt, weint Johanna. Sie findet ihren Schnuller nicht.

Seit die Kinder bei meinen Eltern waren, sind sie nachts unruhiger. Meist wollen Alex und Johanna gemeinsam in einem Bett schlafen. Auch wenn sich Oma und Opa hingebungsvoll um die beiden gekümmert haben, hat Toms Abwesenheit und der Aufenthalt in Essen doch Verlustängste in ihnen ausgelöst. Und jetzt ist auch noch ein kleiner Bruder dazugekommen, der mich beansprucht und braucht.

Ich bin so müde.

13. Kapitel

Die nächsten Wochen sind furchtbar anstrengend. Oft weiß ich gar nicht, wie ich alles schaffen soll. Da Lukas so leicht ist, muss er schnell zunehmen. Also stille ich ihn, sooft er danach verlangt, und er ist alle zwei Stunden hungrig. Ich sehne mich so sehr danach, endlich mal wieder richtig zu schlafen. Früher konnte ich mich oft mittags mit den Kindern hinlegen, aber Alexander macht nun keinen Mittagsschlaf mehr. Wenn ich nicht aufpasse, weckt er sogar Johanna, weil er mit ihr spielen will. Und in den seltenen Fällen, in denen er doch mal schläft, ist Lukas wach und quengelt. Auch ihn quälen die Dreimonatskoliken, wie schon seine Geschwister.

Die Kinder wollen sich verabreden. Johanna vermisst ihre Spielgruppe, sie ist unausgeglichen. Sie wird frühestens in einem halben Jahr in den Kindergarten kommen, vielleicht auch erst das Jahr darauf. Die Plätze sind heiß begehrt, aber das weiß ich ja schon seit Längerem. Durch den permanenten Schlafmangel bin ich unausgeglichen und nervös, streite mich mit den Kindern und rege mich über Kleinigkeiten auf.

Dann kommt Tom plötzlich. Er ist an einem Nachmittag auf einmal da, spielt mit den Kindern, nimmt Lukas, badet und wickelt ihn. Er geht einkaufen und versucht mir zu helfen, wo er kann. Wir reden wenig miteinander.

Hat er sich wirklich verändert? Hat er tatsächlich eingesehen, was er zerstört hat? Dass er unsere Familie, alles, was uns heilig ist, mit Füßen getreten hat? Ich nehme zur Kenntnis, dass er sich sehr um die Kinder bemüht. Er kommt von jetzt an regelmäßig und hilft mir.

Nach zwei Wochen bitte ich ihn um ein Gespräch. Die Kleinen hat er ins Bett gebracht, sie freuen sich, dass er ab und an wieder für sie da ist, und sind verträglicher geworden, meine ich.

»Willst du immer noch zurückkommen?«, frage ich ihn.

»Ja, natürlich. Nichts lieber als das.«

»Wo wohnst du denn im Moment? Immer noch bei dem Zitronenhuhn?«

Tom zuckt zusammen, runzelt die Stirn. »Nein, bei einem Arbeitskollegen. Aber so langsam müsste ich mir eine Wohnung suchen. Und sprich nicht so abfällig über Melanie, sie kann nichts für unsere Schwierigkeiten.«

»Sie hätte sich nicht mit einem verheirateten Mann einlassen müssen.« Ich merke, dass meine Stimme schärfer wird, als ich es beabsichtigt hatte.

»Corinna, du musst nicht so gehässig sein. Melanie ist nicht der Grund, warum wir beide Probleme miteinander haben.«

»Vermutlich hast du recht. Aber verrätst du mir irgendwann, was das für Probleme sind? Mir ist es nämlich immer noch schleierhaft.«

»Es lag an mir, das weiß ich nun. Es tut mir unendlich leid.«

Ich überlege, ich will wirklich darüber nachdenken, die ganze Zeit schon, aber ich kann kaum einen klaren Gedanken fassen. Es ist fast so, als hätte ich nur noch Luft im Kopf. Ich funktioniere, aber mehr auch nicht. In ein paar Wochen, das weiß ich, wird alles besser und leichter werden, wenn wir alle uns auf das Baby eingestellt haben, wenn alles einen Rhythmus hat. Wir müssen uns nur aneinander gewöhnen.

Vielleicht ist das auch eine Lösung für Tom und mich? Dass wir uns wieder aneinander gewöhnen? Ich kann mich noch an das Gefühl erinnern, die Liebe, die ich für ihn empfunden habe. Ich spüre sie nicht mehr, aber vielleicht ist sie nur verschüttet und wir können sie wieder hervorholen?

»Ich will nicht, dass du einfach so wieder hier einziehst, als sei nichts gewesen. Ich möchte, dass wir das mit jemandem besprechen, eine Paartherapie machen. Ich möchte das nicht noch einmal erleben. Und ich will nicht noch einmal betrogen werden.« Ich schaue ihn an.

Tom erwidert meinen Blick. »Ja, das verstehe ich. Ich kümmere mich darum.«

Ich kann kaum glauben, was ich gerade gehört habe.

»Du *kümmerst* dich darum?«

»Natürlich. Ich habe die Suppe eingebrockt, jetzt muss ich sie auch auslöffeln.«

Tom lächelt schief, kommt zu mir und nimmt mich sachte in den Arm. Er küsst mich. Es ist nicht unangenehm, aber auch nicht beglückend. Eigentlich empfinde ich nur unendliche Müdigkeit. Die ganze Anspannung der letzten Monate fällt mit einem Mal von mir ab, aber ich kann keine Erleichterung spüren.

Schon am nächsten Tag bringt Tom seine Sachen, zieht wieder ein. Er geht zur Arbeit, ich kümmere mich um Haushalt und Kinder. Es ist eine große Hilfe, dass ich nicht mehr allein bin, auch wenn er tagsüber nicht da ist. Er steht nachts auf, wenn Alex oder Johanna wach werden und weinen, und nimmt sie mir ab, sobald er nach Hause kommt.

Die ersten Monate vergehen, alles wird leichter.

Tom hat einen Termin bei einer Beratungsstelle der Diakonie gemacht. Er geht allein hin. »Ich muss viel aufarbeiten«, sagt er. »Die Gespräche tun mir gut.«

Wir leben nebeneinander her, wie Geschwister. Lukas schläft zwischen uns im Bett, immer noch stille ich ihn nachts. Es ist praktischer so, rede ich mir ein, dabei weiß ich, dass ich Lukas als Schutzschild benutze.

Der Herbst kommt, dann Weihnachten. Ich bastele für die Kinder Adventskalender, für Tom zum ersten Mal nicht. In die mittlere Wohnung sind neue Mieter eingezogen, ein junges Pärchen. Simone ist Flugbegleiterin, und wir verstehen uns auf Anhieb sehr gut. Sie ist zwar oft unterwegs, danach aber auch wieder ein paar Tage zu Hause. Dann klingelt sie schon mal, und wir trinken Kaffee zusammen oder gehen in die Stadt.

Wir sind gleich alt, aber leben ganz unterschiedliche Leben. Simone wirkt so unbedarft, ohne naiv zu sein, sie ist viel lockerer als ich. Und lustig. Ich lerne wieder zu lachen, mich über Kleinigkeiten zu amüsieren. Eine beste Freundin, das habe ich schon lange nicht mehr gehabt.

Hätte ich mich auch so entwickelt, wenn ich Tom nicht kennengelernt hätte? Wäre ich dann wie Simone? Würde ich vielleicht wie sie durch die Weltgeschichte jetten und interessante Menschen treffen, Abenteuer erleben, statt Windeln zu wechseln und Wäsche zu waschen?

Wir beide lesen viel, tauschen Bücher aus, reden darüber. Das tut mir so gut. Wir gehen zusammen ins Kino. Wie lange war ich schon nicht mehr im Kino? Eine halbe Ewigkeit. Es scheint mir, als hätte ich die Achtziger komplett verschlafen. Tom bleibt bei den Kindern, wenn ich mit Simone losziehe. Es passt ihm nicht, dass ich Sachen mit ihr unternehme, obwohl er sie mag. Aber ich lasse es mir nicht verbieten.

Ich gehe zum Frisör, lasse meine Haare schneiden. Eine freche Kurzhaarfrisur, für die ich Gel und Schaumfestiger brauche. Bei H&M kaufe ich mir Sachen, die nicht ganz so praktisch sind wie Jeans und Sweatshirt, dafür aber schön aussehen. Ich nehme tagsüber wieder Kinder auf, gründe eine neue Spielgruppe, aber nur an drei Tagen in der Woche. So verdiene ich mein eigenes Geld.

Langsam verändere ich mich. Die Müdigkeit lässt nach, und ich spüre einen ungeheuren Lebenshunger. Ich will lesen, Filme schauen, mich mit Menschen treffen, neue Freundschaften schließen.

Tom gefällt das nicht. Skeptisch betrachtet er meine Veränderungen.

»Was ist mit der Therapie?«, frage ich ihn manchmal.

»Ich geh hin. Jeden Freitag, das weißt du doch.«

»Und ich? Wann komme ich dazu?«

»Erst einmal muss ich meine eigenen Probleme bewältigen und verstehen.«

»Ich habe aber auch Probleme, vor allem mit dem Gedanken an Melanie.«

»Herrgott, Corinna! So funktioniert das nicht«, sagt er dann leise. »Willst du mir den Rest meiner Tage Vorwürfe machen? Du musst das vergessen, sonst funktioniert das nicht.«

»Ich kann es nicht einfach so vergessen!«

»Das ist dein Problem. Sprich mich nie wieder darauf an!«

Seine harten Worte machen mir Angst, sein Tonfall auch – aber nicht mehr so wie früher.

Bei der Kinderärztin beantrage ich eine weitere Kur in Bad

Oeynhausen. Obwohl es Alexander sehr viel besser geht als noch vor ein paar Jahren, muss er immer wieder untersucht werden. Sein Herz hat sich zwar erholt, aber der Klappendefekt und die Pulmonalstenose konnten nicht behoben werden. Die Kur wird ohne Probleme genehmigt, wahrscheinlich können wir im Frühjahr fahren.

Kurz vor Weihnachten kommt Tom an einem Freitag früher nach Hause als sonst. Normalerweise hat er an diesem Tag seinen Termin beim Psychologen.

»Ist das Treffen ausgefallen?«, frage ich überrascht.

»Ich bin fertig«, sagt er und grinst breit.

»Fertig? Wie meinst du das, fertig?«

»Nun, ich habe über meine Probleme gesprochen, und jetzt bin ich fertig. Der Psychologe hat die Therapie beendet.«

Ich schüttele den Kopf. »Und was ist mit mir?«

»Was soll denn mit dir sein? Es ging ja nicht um dich, sondern um mich.«

»Aber mich betrifft es doch auch!«

»Nein, Corinna, es hatte nichts mit dir zu tun, nur mit mir.«

Ich weiß gar nicht, was ich sagen soll, aber der Kloß der Enttäuschung sitzt in meinem Hals und drückt mir die Luft ab.

In den nächsten Wochen denke ich intensiv über unsere Ehe nach. Sie gefällt mir nicht, vor allem ich gefalle mir nicht in der Rolle, in die ich gepresst werde. Ich liebe meine Kinder und kann mir nichts Schöneres vorstellen, als Mutter zu sein. Aber das ist doch nicht alles im Leben, oder? Das *kann* nicht alles gewesen sein.

Tom und ich reden kaum miteinander, funktionieren als Eltern, aber nicht als Paar.

Im Mai kann ich mit den Kindern nach Bad Oeynhausen fahren.

»Ich habe mir etwas überlegt«, sage ich zu Tom. »Ich möchte diese Kur nutzen, um mir über einige Dinge klar zu werden.«

»Du hast ja massig Zeit«, sagt er schnippisch.

»Genau«, sage ich seufzend. »Auf dem Kurgelände gibt es auch Psychologen. Ich habe mir schon Termine besorgt.«

»Wofür?«, fragt er, und seine Augen werden schmal.

»Damit ich mir über einiges klar werde. Lukas ist jetzt ein Jahr alt, aber ich finde nicht, dass wir unsere Ehe grundsätzlich verbessert haben. Deshalb möchte ich dich bitten, an den Wochenenden nicht zu kommen.«

»*Was?*«

»Wir können telefonieren, du kannst mit den Kindern sprechen, aber bitte gib mir Zeit zum Nachdenken.«

»Es sind auch meine Kinder. Du hast nicht das Recht, sie mir zu entziehen.« Seine Stimme wird bedrohlich leise.

»Ich entziehe sie dir nicht. Ich will nur Zeit. Das bist du mir schuldig.«

»Ich glaube, du spinnst!«

Er schüttelt den Kopf und geht.

Lukas schläft seit einigen Monaten durch, in seinem eigenen Bett im Kinderzimmer. Zweimal gab es Annäherungsversuche von Tom, die ich jedes Mal erfolgreich abgewehrt habe. Ich will nicht mit ihm schlafen, ich kann es nicht. Trotzdem nehme ich die Pille, jeden Tag, gewissenhaft.

Am Abend vor unserer Abreise rutscht Tom im Bett zu mir, küsst mich. Okay, denke ich, lass es uns versuchen. Es ist für mich so eine Art Experiment. Kann ich es ertragen? Wird er mit

Melanie vor meinem inneren Auge erscheinen? Werde ich mich ekeln, oder werde ich Lust verspüren?

Denn Lust auf Sex habe ich schon. Allerdings nicht, wenn ich mich nicht rühren darf. Also nehme ich die Zügel in die Hand, und wir lieben uns. Wirklich schön im Sinne von lustvoll und leidenschaftlich ist es nicht. Aber ich habe auch keine ekelerregenden Bilder von ihm mit anderen Frauen vor Augen. Ich komme sogar zum Höhepunkt, Tom aber mal wieder nicht.

Nach einer halben Stunde schiebe ich ihn von mir herunter. »Das kann dir doch auch keinen Spaß mehr machen«, sage ich.

Er antwortet nicht.

Am nächsten Morgen ist er schon früh aus dem Haus, er hat sich nicht verabschiedet. Ich packe die Taschen und Koffer in mein Auto, schnalle die Kinder an und fahre die anderthalb Stunden nach Bad Oeynhausen.

Mit jedem Kilometer wird mein Herz leichter. Ich freue mich auf die Zeit, darauf nette Frauen zu treffen, den Kindern etwas Gutes zu tun – und mir auch. Ich muss drei Wochen lang nicht kochen und nicht putzen. Himmlisch!

Da wir nun schon das zweite Mal nach Bad Oeynhausen fahren, weiß ich, wo man in Minden gut einkaufen kann und welche schönen Ausflüge wir machen können. Ich freue mich wirklich auf die Zeit. Leider ist Eva diesmal nicht dabei. Aber es wird andere nette Frauen geben. Außerdem haben Simone und ich uns versprochen, Briefe zu schreiben. Wie lange habe ich schon keine Briefe mehr geschrieben? Ewig.

Simone hat leider nur wenige Wochen bei uns im Haus gewohnt. Für sie und Björn war es die erste gemeinsame Wohnung, aber es hat nicht funktioniert. Sie zog wieder aus, bevor sie alle Kartons ausgepackt hatte. Zum Glück hat sie eine schöne Dachgeschosswohnung zwei Straßen weiter gefunden, so sind wir in Kontakt geblieben. Unsere Freundschaft wird immer inniger und intensiver, sie ist mittlerweile tatsächlich meine beste Freundin. Vor ein paar Jahren habe ich noch ganz naiv gedacht, ich bräuchte keine beste Freundin mehr, wenn ich verheiratet bin, denn ich hätte ja Tom. Aber das war ein Fehler. Eine beste Freundin braucht man immer.

Es ist herrlich in Bad Oeynhausen, und wir werden mit schönem warmen Frühlingswetter verwöhnt. Ich gehe täglich mit den Kindern schwimmen. Alexander und Johanna dürfen am therapeutischen Reiten teilnehmen. Gerade Alexander tut das gut, es stärkt sein Selbstbewusstsein. Johanna darf in den Kindergarten, das hilft uns beim Abnabelungsprozess, und sie blüht regelrecht auf, so stolz ist sie. Auch Lukas kann für ein paar Stunden am Tag betreut werden, sodass ich Zeit für mich habe.

Am Anfang weiß ich gar nicht, was ich mit dem Psychologen besprechen soll, so viele Stunden haben wir auch nicht vereinbart. Also erzähle ich erst einmal von Alexander und der schweren Zeit mit ihm. Über Tom und unsere Probleme will ich gar nicht reden, stelle ich fest. Ich möchte tatsächlich nur darüber nachdenken.

Tom hat Fehler gemacht, aber ich auch. Ich habe mich aufgegeben, mich klein gemacht. Ich habe mich geduckt und mit mir machen lassen, was er wollte. Vielleicht hat er gedacht, dass es so sein muss. Es gibt immer einen der macht, und einen, der es mit sich machen lässt. Ich habe mit mir machen lassen, habe nie eindeutig gesagt, was ich will, habe meine eigenen Interessen und mich nicht gut vertreten. Für meine Kinder bin ich immer da, mache alles für sie. Aber für mich war ich nicht da. Ich muss mich selbst vertreten. Das wird mir immer klarer.

Natürlich sind nette Frauen mit ihren Kindern da, wir haben viel Spaß miteinander und treffen uns abends im Gemeinschaftsraum, wenn die Kleinen schlafen. So manche Flasche Wein wird dort geleert, Chips und Schokolade verteilt. Es ist eine lustige Runde. Nicht jede Frau hat einen Mann, und auch nicht jeder Vater kann am Wochenende zu Besuch kommen. So bin ich nicht die Einzige ohne »Männerbesuch« am Wochenende. Aber Tom fehlt mir nicht. Wir telefonieren täglich nach dem Abendessen, das hier schon um halb sechs stattfindet. Er spricht mit den Kindern. Manchmal telefonieren wir später noch einmal miteinander, wenn die Kleinen im Bett sind. Ich spüre, dass er unruhig ist. Vermisst er uns? Oder fürchtet er sich, weil er merkt, dass er die Kontrolle über mich verliert? Ja, auch das denke ich und finde mich sofort unfair.

Ich habe Gefühle für Tom, aber die Liebe für ihn, die mich damals so erfüllt hat, ist nicht mehr da. Ich liebe ihn nicht mehr so wie früher, und ich werde ihn nie wieder so bedingungslos lieben. Er hat mich so verletzt, mir unendlich wehgetan. Aber auch ich habe mich schuldig gemacht. Wir haben uns als Paar aus den Augen verloren, ich bin immer mehr zur Glucke mutiert, habe nicht gesehen, dass unsere Partnerschaft an Wert verliert, das Miteinander, was uns früher so wichtig war. Ja, ich trage sicher auch meinen Anteil daran. Ich hoffe, dass wir wieder einen Weg zueinander finden, bin aber nicht wirklich zuversichtlich.

Das zweite Wochenende der Kur kommt. Es ist ein langes Wochenende, weil Pfingsten ist. Ich muss nicht kochen, kein Programm für die Kinder planen, nichts. Es werden drei lange Tage ohne Therapien und Behandlungen, aber das ist nicht schlimm. Es ist schön hier, sonnig und lau – ein Traum.

Am Freitag setze ich mich auf die Bank am Spielplatz. Lukas buddelt im Sand, Johanna hat eine Freundin gefunden, mit der sie im Kletterturm Prinzessin spielt, und Alexander hat die Reittherapeutin mitgenommen, er darf ihr helfen. »Er hat so eine ruhige Art und kann gut mit Tieren umgehen«, hat sie gesagt.

Ich genieße die abendliche Sonne, lese ein Buch und schaue immer wieder nach den Kindern. Gleich wird es Abendessen geben. Neben mir sitzt eine Mutter, ich kenne sie nur flüchtig. Wir haben ein paar Worte gewechselt, aber dann hat mich der Roman in seinen Bann gezogen. Simone hat ihn mir geschickt. Jeden zweiten Tag bekomme ich einen Brief von ihr – und sie einen von mir. Wir telefonieren auch manchmal, aber dieses Briefeschreiben hat was. Gedanken und Worte auf Papier zu bannen ist schon anders, als sie nur zu plappern. Früher wollte ich unbedingt Schriftstellerin werden, das war immer ein Traum von mir. Deshalb gebe ich mir Mühe mit den Briefen. Ich habe sogar ganz besonderes Briefpapier gekauft. Nur für meine beste Freundin und mich. Außerdem schreibe ich wieder Tagebuch. Es tut mir gut, und der Psychologe, dem ich davon erzählt habe, bestärkt mich darin.

Wieder schaue ich auf. Lukas sitzt immer noch glücklich im Sand und buddelt. Er will sich wohl nach Australien durchgraben. Johanna und ihre Freundin kämpfen gegen für uns unsichtbare Drachen.

Ich blicke wieder auf das Buch, doch ich komme nicht weit. Nach nur wenigen Zeilen werde ich von dem »Ooooooooooooh!« der anderen Mutter gestört und schaue auf. Jemand steht vor mir und hält mir einen Strauß Rosen ins Gesicht. Baccararosen, dunkelrot und langstielig.

»Tom?«, frage ich ungläubig und schiele am Strauß vorbei. »Was … tust du hier?«

»Es ist Pfingsten, ich habe drei Tage frei. Ich wollte bei euch sein.« Er lächelt.

»Wir … aber … Ich hatte dich doch gebeten … also …«

»Hier«, sagt er mit warmer schmeichelnder Stimme und zieht zwei Schatullen aus der Jacketttasche. Es sind zwei Goldketten mit Diamantsplittern in den Anhängern. Sie passen perfekt zu dem Ring, den er mir zum fünften Hochzeitstag geschenkt hat.

Ich starre auf die Ketten und die Blumen, starre Tom in seinem schicken Designeranzug an und finde keine Worte. Er hat mir nie Blumen geschenkt, und eigentlich lege ich auch keinen großen Wert darauf. Aber jetzt plötzlich Rosen? Es sind zwanzig, und jede einzelne davon ist nur Show. Show für alle drum herum. Es ist unfair und wahrscheinlich gemein von mir, aber er hätte mir mal vorher eine gewöhnliche Blume schenken sollen, irgendwann zwischendurch. Darüber hätte ich mich gefreut. Hat er aber nicht.

»Oh, das ist soooo romantisch«, seufzt die Mutter neben mir. »Das hat mein Mann noch nie gemacht, mir einfach so Blumen und Schmuck zu schenken!«

Ich schlucke. In meinem Kopf ist eine gähnende Leere. Ich kann nicht nachdenken und schlucke wieder. Dann stehe ich auf, nehme Tom die Blumen ab und drücke ihm die Schmuckschatullen wieder in die Hand.

»Meiner auch nicht«, sage ich zu der Frau neben mir. »Das sind die ersten Blumen, die ich in sieben Jahren Ehe bekomme. Und Schmuck kriege ich gewöhnlich auch nicht. Sie können die Blumen haben. Ich bin an beidem nicht interessiert.«

Ich zwinge mich dazu Tom anzusehen. Sein Gesicht ist versteinert, das Lächeln wie aufgemalt.

»Die Blumen waren für dich«, sagt er so leise, dass ich es kaum hören kann.

»Zu spät«, erwidere ich. »Du solltest nicht hier sein.«

»Ich bin es aber.«

Ich zucke mit den Schultern. »Okay. Aber gleich zwei Ketten? Hattest du die noch übrig? Eine für mich, eine fürs Zitronenhühnchen?«

»Corinna!«

Er schaut mich böse an, aber das stört mich nicht.

Tom bleibt. Er freut sich, die Kinder zu sehen. Dennoch wahrt er die Distanz mir gegenüber. Das Wochenende wird zu einer Farce. Er fährt am Sonntag, einen Tag nach seiner Ankunft, schon wieder, hat angeblich noch Termine. Mit wem, frage ich nicht, ich will es gar nicht wissen.

Als wir eine gute Woche später wieder nach Hause kommen, weiß ich, dass sich grundsätzlich etwas ändern muss. Ich weiß auch, dass ich am Zug bin und den Wandel vornehmen muss.

Ich rufe Stefan, unseren Babysitter, an, der, seit Tom wieder da ist, nicht mehr bei uns war. Er traut sich zu, auch drei Kinder zu betreuen. Das ist gut.

Die kommenden Monate probiere ich alles aus, was ich schon lang nicht mehr getan habe. Ich lade Leute zum Grillen und zu Spieleabenden ein. Tom und ich gehen ins Restaurant, ins Kino. Aber was ich auch tue, mein Gefühl für ihn will nicht wiederkommen.

Ich unternehme viel mit Simone. Sie tut mir gut, und langsam, aber sicher, erwachen meine Lebensgeister wieder.

Tom hingegen wird immer verschlossener. Ich gefalle ihm nicht, verändere mich zu sehr, sagt er.

»Ich werde wieder ich«, versuche ich ihm zu erklären, aber er will es nicht hören.

»I will always love you«, singt Whitney Houston im Radio.

Ich weiß nicht, ob ich das unterschreiben würde.

14. Kapitel

Markus und Fiona, die Mieter aus der Dachgeschosswohnung, mit denen ich inzwischen gut befreundet bin, heiraten im Frühjahr 1993. Wir sind zur Hochzeit eingeladen, und ich freue mich darauf. Die Feier findet am Aasee statt, in einem schönen Lokal am Ufer. Es wird ein romantisches Fest, mit Luftballons und Feuerwerk.

Tom will nachkommen, ruft mich dann aber an, ein Notfall, er müsse länger im Betrieb bleiben. Mir ist aufgefallen, dass er in letzter Zeit wieder viele Überstunden macht. Er stürzt sich geradezu in die Arbeit und ist viel unterwegs.

Zu dieser Zeit wird mir klar, dass ich nicht mehr will. Ich bin gerade neunundzwanzig, fühle mich aber wie fünfzig. Ich will so nicht mehr leben, schon gar nicht mit Tom.

Der Sommer kommt. Lukas ist zwei, Johanna viereinhalb, und Alexander ist im April sechs geworden, im Herbst kommt er in die Schule.

Ich habe mich gegen Tom entschieden. Simone weiß es und unterstützt mich. Meinen Bruder rufe ich ebenfalls an.

»Christoph? Ich werde deine Hilfe brauchen in den nächsten Wochen. Ich trenne mich von Tom.«

Mein Bruder weiß mehr als unsere Eltern, war oft bei uns zu Hause, hat vieles gesehen und noch mehr erahnt – er ist nicht überrascht.

»Wissen es Mama und Papa?«, fragt er mich.

»Nein. Tom weiß es auch noch nicht.«

Christoph schweigt.

»Ich sage es ihm. Bald.«

»Soll ich kommen?« Er klingt besorgt.

»Nein. Das muss ich allein durchstehen.«

Wie? Das weiß ich noch nicht. Wann? Heute wollen Simone und ich ins Theater. Sie hat Karten besorgt, ich freu mich schon. Danach, morgen oder übermorgen, werde ich mit Tom reden.

Simone kommt mich abholen. Ich habe mir während der Kur vor einem Jahr in Minden ein tolles Kleid gekauft. Es endet kurz über dem Knie und hat ein wunderschönes Samtoberteil in Schwarz. Dazu trage ich neue Pumps. Ich fühle mich schick, lebendig.

Tom sieht mich kritisch an. »Du willst nicht so unter Leute gehen?«

»Doch.« Ich lache.

Er und ich wissen: Ich lache ihn aus. Das hätte ich nicht tun sollen.

»So gehst du nicht!«

»Doch.«

»Dann kannst du zusehen, wer auf die Kinder aufpasst! Ich nicht.« Er starrt mich wütend an und macht auf dem Absatz kehrt, verlässt die Wohnung, das Haus, steigt in sein Auto, fährt weg. Ich kann es nicht glauben.

Simone kommt, und ich muss sie wegschicken. Ich kann auf die Schnelle keinen Babysitter organisieren. Aber in diesem Moment bin ich mir absolut sicher, dass ich mich von meinem Ehemann trenne. Jetzt.

Es ist vorbei. Ich will das nicht mehr.

In dieser Nacht mache ich kein Auge zu. Ich überlege, wie Tom und ich das am besten hinbekommen, denn es wird nicht einfach. Wahrscheinlich werden wir das Haus verkaufen müssen. Tom verdient gut, aber nicht so gut, dass er sich zwei Haushalte leisten kann, vor allem weil wir noch so viele Schulden haben. Und ich habe im Moment keine Möglichkeit, Vollzeit arbeiten zu gehen.

Am einfachsten wäre es, ich könnte mit den Kindern vorläufig im Haus bleiben. Wir haben die Möglichkeit, darauf hat uns der Steuerberater hingewiesen, die Wohnungen einzeln zu veräußern. Wenn wir die Dachgeschosswohnung und die in der mittleren Etage als Eigentumswohnungen verkaufen, könnten wir einen guten Teil unserer Schulden zurückbezahlen. Oder wir verkaufen alles, und ich ziehe mit den Kindern woanders hin. Tom wird einsehen, dass unsere Ehe gescheitert ist. Er kann doch auch nicht mehr glücklich sein. Vielleicht ist er sogar froh, dass ich den Schlussstrich ziehe, rede ich mir ein.

Er kommt irgendwann nachts nach Hause, geht zu Bett. Ich schlafe im Kinderzimmer, Johanna kuschelt sich fest an mich.

Morgen. Morgen werde ich mit ihm reden.

Der nächste Tag ist ein Mittwoch, und Tom hat nachmittags frei. Ich habe die Kinder zu Freunden gebracht, nur Lukas ist da. Als Tom nach Hause kommt, bin ich sehr zuversichtlich, dass ich eine Entscheidung getroffen habe, die uns beiden dient.

»Wir müssen reden.«

Er kneift die Augen zusammen. »Das finde ich auch. Corinna, ich dulde es nicht mehr, dass du so viel Zeit mit Simone verbringst. Du hast dich sehr verändert, zu deinem Nachteil. Du hast Verantwortung als Mutter.«

Ich bin sprachlos.

»Was?«, frage ich endlich. »Was hat das mit Simone zu tun?«

»Sie hat einen schlechten Einfluss auf dich.«

Ich lache bitter auf. »Nein, Simone ist das Beste, was mir seit Jahren passiert ist!«

»Das sehe ich anders«, sagt er leise und bedächtig. »Ich dulde es auf jeden Fall nicht mehr. Als Mutter kann man sich nicht ins Nachtleben stürzen. Du hast für die Kinder da zu sein.«

»Ich bin für die Kinder da, aber ich habe auch ein Recht auf ein eigenes Leben, Tom.« Kurz halte ich inne, hole tief Luft. »Ich finde, wir sollten uns trennen.«

Er starrt mich an. »Und wie soll das gehen?«

»Es gibt bestimmt eine vernünftige Lösung, mit der wir alle leben können.« Ich schlage ihm vor, die beiden oberen Wohnungen zu verkaufen.

»Nie im Leben«, sagt er entschieden. »Es ist mein Haus, es sind meine Wohnungen. Ich werde nicht verkaufen. Niemals!«

»Dein Haus? Unseres!«

Ich atmete tief ein und aus. Ruhig bleiben.

»Hast du einen besseren Vorschlag?«

Er kommt auf mich zu, schaut mir in die Augen, sein Gesicht ist vor Wut verzerrt. »Du musst endlich wieder vernünftig werden! Komm runter von deiner komischen Wolke. Wir werden uns nicht trennen. Du bist kein junges Mädchen mehr, das ausgehen muss. Was für Hirngespinste dir diese Simone in den Kopf gesetzt hat … Sie ist schuld, wenn unsere Ehe scheitert!«

»Simone ist meine Freundin. Und ich bin keine siebzig. Ich bin gerade neunundzwanzig. Ich stürze mich doch auch gar nicht ins Nachtleben. Wir gehen ins Theater oder ins Kino, zu Konzerten …«

»Ja, mit ihren Freunden. Dieser … dieser Typ!«, stottert er wütend.

»Michael«, sage ich ruhig. »Michael ist einer ihrer besten Freunde.«

»Dann halt Michael«, faucht Tom. »Ist sie mit dem zusammen?«

Ich schüttele den Kopf. Michael ist ein Freund von Simone. Sie hat einen großen Bekanntenkreis, alle sind in meinem Alter, ledig und kinderlos. Ich finde neue Bekanntschaften spannend, aber Tom nicht. Im Grunde gehen ihn die Freunde von Simone auch gar nichts an, denke ich und werde wütend.

»Und du ziehst dich an wie eine Nutte«, wettert Tom weiter. »Willst wohl unbedingt den Freunden von Simone den Kopf verdrehen.«

»Das stimmt nicht«, sage ich ruhig. »Tom, so kann es doch nicht weitergehen. Ich will niemandem den Kopf verdrehen, und ich interessiere mich nicht für andere Männer. Aber ich bin nicht glücklich mit meinem Leben, und du kannst doch so auch nicht glücklich sein.«

»Dass du nicht glücklich bist, liegt an dir, an niemandem sonst. Nur du kannst das ändern.«

»Stimmt, und das tue ich gerade.«

Mein Herz pocht, ich spüre Hitze in meinen Kopf steigen. Er ist nicht laut, Tom wird nie laut, aber ich habe Angst vor ihm.

Endlich weicht er zurück, atmet tief durch. Seine Stimme wird sanfter. »Das kannst du doch den Kindern nicht antun. Kinder sollten beide Eltern haben.«

Ich muss schlucken. Ich weiß, was er meint. Für ihn war es furchtbar, ohne Eltern aufzuwachsen.

»Auch wenn wir uns trennen, bleiben wir die Eltern von Alexander, Johanna und Lukas«, sage ich.

Er schüttelt den Kopf. »Ich würde es nicht ertragen, sie nur zu besuchen. Niemals.«

Okay, so bringt das nichts. Ich muss meine Taktik ändern.

»Was hat denn dein Therapeut zu unserer Ehe gesagt? Dir muss doch klar geworden sein, dass wir so nicht glücklich sind«, will ich wissen.

Tom hat niemals etwas erzählt, aber das Thema interessiert mich schon lange.

Er schweigt. Das Schweigen dehnt sich aus, wird dickflüssig wie Sirup. Lukas brabbelt in seinem Zimmer, juchzt zwischendurch. Er ist so unschuldig, weiß noch nicht, was Menschen sich gegenseitig antun können.

Die Kinder. Mein schlechtes Gewissen meldet sich. Kann ich aus den dreien wirklich Scheidungskinder machen? Bin ich nicht zu egoistisch? Es ist nicht nur mein Leben, über das ich entscheide, es ist auch ihres. Bin ich zu voreilig? Zu selbstsüchtig?

»Ich habe keine Therapie gemacht«, sagt Tom plötzlich.

»*Bitte?*«

»Ich war zweimal bei der Beratungsstelle, aber der Typ war grässlich. Ich bin nicht mehr hingegangen.«

Ich schüttele den Kopf. »Was? Und die ganzen Freitage?«

Er zuckt mit den Schultern.

»Du warst nie da? Hast mich die ganze Zeit belogen?«

»Ich habe viel über mich nachgedacht und denke, dass es wirklich an mir lag. Eine Lebenskrise. Die habe ich nun überwunden.« Er streckt das Kinn nach vorn. »Ich habe beschlossen, bei dir und den Kindern zu bleiben.«

»Tom, das ist aber eine Entscheidung, die wir beide zu treffen haben. Du hast mich betrogen, du hast mich verlassen! Das ist doch nicht etwas, was man einfach so beiseitewischen kann.«

»Dass du immer wieder davon anfängst. Immer wieder und wieder. Siehst du nicht, dass du diese Ehe dadurch zerstörst?«

Ich weiß nicht, was ich darauf entgegnen soll.

»Ich habe dich nicht betrogen …«

»Noch nicht. Aber du läufst rum wie ein Flittchen. Gehst mit dieser Simone aus … Du bist doch nur auf Männerfang! Du willst mir die Sache mit Melanie heimzahlen, aber das lasse ich nicht zu.«

»Ganz ehrlich, Tom, das Letzte, woran ich im Moment interessiert bin, ist ein Mann. Das Allerletzte. Ich will erst einmal mein Leben in den Griff bekommen. Ich habe das Gefühl, als wäre ich jahrelang unter Wasser gewesen und könnte nun endlich auftauchen und wieder Luft holen. Ja, ich verändere mich, und es gefällt mir. Ich habe wieder Spaß am Leben.«

»Wir haben uns geschworen zusammenzubleiben. Daran musst du dich halten.«

»Ach ja? Aber wenn du gehst, ist es in Ordnung?« Ich werde laut und hitzig.

»Ich bin wiedergekommen.«

»Verändert hat sich aber nicht viel. Selbst was deine Therapie angeht, hast du mich ja angelogen! Und das war immerhin Bedingung, dass wir es überhaupt noch einmal miteinander versuchen.«

»Das sehe ich anders. Und ich werde dir schon noch zeigen, dass ich mich bemühe. Ich mache das bereits, du willst es aber nicht sehen.«

»Du *bemühst* dich? Indem du meine Bitten einfach ignorierst? Indem du mir die Pause, die ich mir ausgebeten hatte, nicht gibst? Indem du mit einem kitschigen Blumenstrauß in der Kur auftauchst?«

»Viele Frauen hätten sich darüber gefreut. Die Frau, die neben dir auf der Bank saß, hat sogar vor Rührung geweint. Ihr Mann hat so etwas noch nie gemacht.«

»*Du* hast es ja auch noch nie zuvor gemacht. Aber dafür ist es jetzt zu spät«, sage ich leise, stehe auf, nehme Lukas hoch und gehe.

Ich brauche Bewegung, frische Luft. Zweifel kriechen in mir hoch. Bin ich ungerecht? Versucht er wirklich sich zu ändern, und ich will es nicht sehen? Ist es unfair von mir, dass ich nicht vergessen kann, dass er mich betrogen hat? Was tue ich den Kindern an?

Als ich später wiederkomme, ist er nicht da. Ich hole die Kinder von ihren Freunden ab, mache Abendessen. Tom taucht erst wieder auf, als die Kinder schon im Bett sind.

»Du machst es dir zu einfach«, wirft er mir vor und stochert damit in der offenen Wunde.

Er hat ja irgendwie recht.

»Aber so geht es nicht weiter. Ich kann das nicht.«

»Ich werde meine Kinder nicht aufgeben!«

»Das musst du doch gar nicht. Schau, Tom, ich bin verletzt und verwirrt. Ich weiß nicht, ob ich dich noch liebe. Ich will dich noch lieben, allein schon wegen der Kinder, aber es fällt mir schwer.«

»Du musst dir mehr Mühe geben.« Seine Stimme ist ganz sanft. »Wir haben so viel zusammen aufgebaut, das kannst du doch nicht alles wegschmeißen.«

Er kommt zu mir und nimmt mich in den Arm. Ich will mich fallenlassen, ihm glauben, hoffen, dass es doch noch irgendwie funktioniert, aber es gelingt mir nicht.

An diesem Abend reden wir lange miteinander. Tom zählt all die schönen und guten Dinge auf, die wir haben, zeigt auf, was wir schon alles erreicht haben. Er erinnert mich an schöne Erlebnisse mit den Kindern, die ersten Worte, das erste Lachen, die ersten Schritte. Es ist, als wäre all das Schreckliche gar nicht passiert.

Doch ich kann es nicht einfach so ausblenden.

»Du hast recht, vielleicht brauchen wir Hilfe von außen«, sagt er. »Diesmal wirklich. Wir beide zusammen.«

»Du würdest wirklich eine Paartherapie mit mir machen?«, frage ich ungläubig.

»Ja. Ich würde alles tun, um unsere Ehe zu retten.«

»Alles?«

Er nickt.

»Gut. Ich wünsche mir, dass du mir eine Pause gönnst. Ein halbes Jahr vielleicht. Eine Auszeit, Zeit für mich zum Nachdenken.«

»Wie stellst du dir das vor?« Seine Stimme ist beängstigend leise.

»Du suchst dir eine kleine Wohnung in der Nähe. Du darfst jeden Tag hierherkommen und die Kinder sehen. Ich würde auch für dich kochen und waschen. Aber du schläfst nicht hier. Und wenn es nicht gut läuft, muss ich das Recht haben, dir zu sagen, dass du gehen sollst.«

Tom schaut mich an, dann schüttelt er den Kopf. »Niemals.«

»Warum nicht?«

»Du willst mich doch nur weghaben, damit du dir jemand

anderen ins Bett holen kannst. Und ich soll das finanzieren. Nie im Leben.«

»Nein, es geht mir nicht um einen anderen Mann, es geht um *mich*.«

»Das wird nicht funktionieren.«

»Drei Monate – mit einem festen Datum, an dem du zurückkommst. Ich will sehen, ob ich dich vermisse. Ich will herausfinden, ob ich mich nach dir als Partner sehne.« Ich werde immer lauter, verzweifelter.

»Nein.« Er klingt kategorisch. »Ich werde nicht gehen und Hinz und Kunz die Tür öffnen.«

»Wirklich, es geht um keinen anderen Mann!«

Doch er bleibt bei seinem Nein.

Immerhin, er stimmt einer gemeinsamen Therapie zu. Wir müssen zwei Monate auf einen Termin bei einer Paartherapeutin warten, Monate, die sich hinziehen wie Kaugummi. Es liegt Spannung in der Luft, es knistert – wenn auch nicht im positiven Sinne. Eher so wie vor einem Sommergewitter, wenn die Atmosphäre statisch aufgeladen ist. An einem Tag ist Tom gutgelaunt und freundlich, an anderen spricht er kaum mit mir, ist harsch zu den Kindern. Die Tage, in denen ich seine unterschwellige Wut spüre, überwiegen.

Ich schlafe meist auf dem Sofa oder im Kinderzimmer, er akzeptiert das notgedrungen. Mit Simone treffe ich mich weiterhin, aber tagsüber, sodass Tom es nicht oder nur selten mitbekommt. Ich weiß nie, wie er gelaunt ist, wenn er nach Hause kommt, versuche es auszuloten, ihm keine Angriffsfläche zu bieten. Aber es ist ein Tanz auf dem Vulkan, es ist unerträglich. Warum kann er nicht einfach gehen? Wenigstens für eine Weile?

Auch die Kinder spüren das Ungleichgewicht. Wenn Tom kommt, gehen sie in ihre Zimmer, spielen leise miteinander, machen keinen Mucks. Meine Angst wächst. Was, wenn der Vulkan ausbricht und die Kinder trifft? Ich brauche einen Notfallplan.

Beate steht mir zur Seite. »Ihr könnt immer hierherkommen. Oder du gehst mit den Kindern ins Frauenhaus, das hat Tag und Nacht geöffnet.«

Frauenhaus, das klingt so abscheulich nach Prügel und anderen schlimmen Dingen, über die ich nicht nachdenken will. Aber vielleicht müssen wir es in Betracht ziehen.

»Wenn Papa richtig wütend werden sollte«, erkläre ich den Kindern an einem Abend, als er mit schlechter Laune nach Hause gekommen und mit noch schlechterer wieder gegangen ist, »dann geht ihr ganz schnell nach draußen zu meinem Auto. Der Wagen steht immer in unserer Einfahrt, und die Fahrertür, da wo ich sitze, die ist nie abgeschlossen.«

Der Knopf unter dem Fenster ist abgebrochen, und so sieht man nicht, wenn der Wagen nicht verriegelt ist. Außerdem ist der Kadett ein altes Schätzchen, das niemand so schnell klauen würde.

»Ihr geht so, wie ihr seid, ohne Schuhe und Jacke, egal wie das Wetter ist. Ihr nehmt auch nichts mit. Ihr lauft, so schnell ihr könnt, zum Auto«, sage ich eindringlich.

Die Kinder nicken.

Lukas' Kindersitz steht auf dem Beifahrersitz. Ich kann ihn da ganz schnell hineinsetzen und losfahren. Das ist unser absoluter Notfallplan, und ich hoffe, er kommt nie zur Anwendung.

»Ihr steigt dann ganz schnell ein, klettert nach hinten auf eure Sitze und schnallt euch an. Das könnt ihr ja schon.«

Ich schaue Alexander und Johanna an. Sie nicken ernst.

»Ich komme dann mit Lukas nach, und wir fahren weg. Habt ihr das verstanden?«

Wieder nicken sie.

Ich habe Angst vor Tom, auch wenn er bisher nicht gewalttätig geworden ist. Da ist etwas an ihm, diese kalte unterdrückte Wut, die mich schaudern lässt. Eines Tages bricht sie aus, da bin ich mir sicher. Doch was mache ich dann? Beates Notfallpläne werde ich hoffentlich nie brauchen.

Ich versuche den Anschein von Normalität zu wahren, aber es gelingt mir nicht immer. Ich habe Angst, und mein Wunsch nach Trennung wird immer stärker, aber was soll ich tun? Wo soll ich langfristig hin? Ich weiß es nicht.

Endlich rufe ich meine Mutter an. »Ich werde mich von Tom trennen«, sage ich.

»Was? Das glaube ich nicht.«

Ich erzähle ihr einiges von dem, was vorgefallen ist. Nicht alles – irgendwie habe ich immer noch das Gefühl, Tom schützen zu müssen. Außerdem schäme ich mich.

»Bist du dir sicher?«, fragt meine Mutter. »Wirklich sicher, dass du dich trennen willst?«

»Ja.«

»Du wirst es nicht leicht haben. Alleinerziehend mit drei kleinen Kindern.«

»Das weiß ich, Mama. Aber alles ist besser als das, was ich jetzt habe.«

»Du kannst mit den Kindern zu uns kommen. Wenigstens für eine Weile.«

»Alexander wird nächste Woche eingeschult. Johanna hat

endlich einen Kindergartenplatz bekommen. Wir haben hier unsere sozialen Kontakte.« Ich seufze.

»Es gibt auch in Essen Schulen und Kindergärten.«

Das weiß ich, und es geht mir auch immer wieder durch den Kopf. Aber irgendwie kann ich mir nicht vorstellen, aus Münster wegzugehen. Ich will es den Kindern nicht noch schwerer machen, sie sollen ihre Umgebung und die Freunde behalten.

»Überleg es dir, wir sind immer für dich da«, sagt meine Mutter zum Abschied, und das macht mir Mut.

15. Kapitel

Alexander wird in der letzten Augustwoche des Jahres 1993 eingeschult. Wir feiern nicht groß, gehen mit den Kindern nur beim Italiener essen. Zwischen Tom und mir herrscht eisiges Schweigen.

Am Abend kommt er zu mir, will reden. Er hat ein paar Bier getrunken, was er nur selten macht.

»Du zerstörst mein Leben«, sagt er traurig. »Dein Egoismus macht diese Familie kaputt. Dabei wollte ich, dass es meine Kinder besser haben als ich.«

Ich weiß darauf keine Antwort. Ich weiß nur: Ich will keinen Streit, will nur meine Ruhe. Also entscheide ich mich dafür, seine Provokation zu ignorieren.

»Mein Vater hat sich umgebracht, weil er das Leben nicht mehr ertragen konnte.« Er seufzt. »Manchmal, wenn ich über die Autobahn fahre, denke ich, ich sollte Gas geben und vor eine Brücke fahren. Durch die Lebensversicherungen wärst du schuldenfrei.«

»So etwas darfst du nicht sagen, nicht einmal denken, Tom! Dann würdest du deine Kinder so im Stich lassen, wie es dein Vater getan hat.«

»Mein Großvater hat sich auch umgebracht. Und mein Onkel. Es liegt bei uns in der Familie.«

Ich schnappe nach Luft. »Das … das wusste ich nicht.«

»Es ist auch nichts, worüber man gern redet.« Seine Augen

werden schmal. »Ich will meine Kinder nicht im Stich lassen. Ich würde es nicht ertragen, wenn sie mit einem anderen Mann aufwachsen statt mit mir. Der Gedanke, du würdest mit einem anderen ins Bett gehen, macht mich rasend.«

Keine Sorge, denke ich, meine Lust auf Sex habe ich schon vor längerer Zeit zu Grabe getragen.

Dann haben wir den Termin bei der Therapeutin. Sie ist Mitte fünfzig, wirkt sehr sympathisch. Wir sollen erzählen, warum wir herkommen. Jeder hat zwanzig Minuten.

Knapp schildere ich ihr, dass ich über den Vertrauensmissbrauch noch nicht hinweg bin. Petra, die Doktorarbeit von Toms Chef, die Stelle in Brüssel, Melanie, die angebliche Therapie … Mein Mann ist ein notorischer Lügner. Ich äußere erneut den Wunsch, in der Beziehung eine Pause einzulegen, damit ich mir über meine Gefühle klar werden kann.

Tom gesteht seinen Fehler ein, beharrt aber darauf, dass er nun alles für uns tut. Wieder gibt er meiner Freundin Simone die Schuld. »Sie ist der Sargnagel für unsere Ehe. Erst wenn Corinna diese Freundschaft beendet, haben wir wieder eine Chance.«

Die Therapeutin fragt ihn, was er von meinem Vorschlag hält, auf Zeit auszuziehen.

»Das ist Schwachsinn, das mache ich nicht. Es entfremdet uns doch nur weiter. Oder sehen Sie das anders?«

»Ich halte es für eine gute Möglichkeit, Ruhe in eine aufgewühlte Beziehung zu bringen. Diese Zeit kann sehr nützlich und positiv sein.«

»Ach, kommen Sie! Bei den meisten Paaren kommt es doch nicht dazu, dass sie danach wieder zueinanderfinden.« Tom grinst böse. »Das glaube ich nicht.«

»Bei denen war aber von Anfang an keine Hoffnung. Ihre Frau macht Ihnen doch ein großzügiges Angebot. Sie dürfen die Kinder immer sehen, sie würde Ihre Wäsche weiter waschen und auch für Sie kochen.«

Tom schüttelt den Kopf. »Es ist mein Haus, ich werde nicht gehen.«

Danach, als wir wieder zu Hause angekommen sind, baut er sich vor mir auf. Ganz dicht steht er vor mir, bedrohlich nah.

»Wie konntest du nur so abfällig über mich reden?«

»Hab ich nicht«, verteidige ich mich.

»Doch. Deine Verletzungen, deine Enttäuschung. Immer geht es nur um dich.«

Ich beiße die Zähne zusammen, hoffe, dass er an diesem Abend ausgeht. Das tut er auch, zum Glück.

In der Woche darauf haben wir den nächsten Termin bei der Therapeutin. Ich weiß nicht, über was wir reden, wo wir anfangen sollen. Alles ist im Argen. Wir, unsere Beziehung, die Ehe. Ich habe Angst, und meine Angst wird immer stärker.

Am Ende der Stunde fragt die Therapeutin Tom noch einmal, ob er die Trennung auf Zeit nicht doch in Betracht ziehen könne. Wieder lehnt er es kategorisch ab.

»Wissen Sie«, sagt sie dann, »ich glaube, es gibt bei Ihnen eine ganze Menge unterschwelliger Dinge, die mit in Ihre Probleme hineinspielen. Ich möchte Ihnen einen Vorschlag machen.« Sie schaut mich an, dann Tom. »Es ist besser, wenn wir getrennt miteinander sprechen. Erst mal einige Dinge aufarbeiten. Da ist so viel ungeklärt, gemeinsam kommen wir da nicht weiter, weil die Fronten so verhärtet sind.«

»Ich tue alles für meine Familie«, sagt Tom sein Mantra wieder auf. »Alles.«

»Aber eine Trennung auf Zeit kommt doch für Sie nicht infrage.«

»Weil ich das für kontraproduktiv halte, für den Anfang vom Ende.«

»Deshalb ist es besser, ich mache Einzeltermine mit Ihnen. Nach einer Weile kann man das Ganze ja wieder zusammenführen. Was halten Sie davon?«

Ich bin einverstanden, Tom nach einigem Zögern auch. Er bekommt direkt zwei Termine für die nächste Woche.

»Ich spüre Ihre Anspannung, Herr Richter«, sagt die Therapeutin.

Mir gibt sie einen Termin in vierzehn Tagen. Ich hoffe, sie kann ihm tatsächlich helfen, denn er wirkt immer gehetzter, immer aggressiver, auch wenn er nicht laut wird.

Zweimal schon habe ich zusammen mit den Kindern auf dem Bett gesessen und gehofft, dass er die Wohnung verlässt. Er hat geschimpft, vor allem mich hat er dabei beleidigt. Irgendwann wird er sich nicht mehr beherrschen können, fürchte ich. Dann rutscht ihm die Hand aus. Oder bin ich zu Unrecht panisch? Die Kinder schauten damals, als wir da so saßen, fragend zum Fenster hinaus, wo der alte Kadett steht, warteten auf mein Zeichen. Doch beide Male ging Tom kurz darauf, und wir mussten nicht fliehen.

Aber die Kinder sind ängstlich. Das merken auch unsere Freunde und fragen mich danach. Zuerst will ich noch alles überspielen, aber dann gebe ich mir einen Ruck.

»Tom und ich haben Probleme«, gebe ich zu. »Vielleicht werden wir uns trennen.« Ich schlucke. »Nur auf Zeit, damit wieder Ruhe in die Beziehung kommt«, schwäche ich meine Aussage wieder ab.

»Wirklich?«, werde ich gefragt. »Nun, Tom scheint ja beruflich sehr unter Druck zu stehen, das haben wir auch schon bemerkt.«

Und dann plötzlich eröffnet mir einer nach dem anderen, dass sie Tom mit dem Zitronenhühnchen letztes Jahr Hand in Hand in der Stadt gesehen hätten. Und dass es damals schon Gerede gab.

So ist das also. Dann brauche ich ihn auch nicht mehr schützen. Also wissen einige Freunde Bescheid über seinen Betrug.

Beate, die nur zwei Straßen weiter wohnt und mir ja auch schon die Adresse vom Frauenhaus gegeben hat, bestärkt mich darin, mich von ihm zu trennen.

»Du kannst immer mit den Kindern zu uns kommen. Egal wann«, sagt sie wieder. »Das weißt du doch?«

Ich nicke.

»Du hast ein Anrecht auf Unterhalt, auch wenn ihr noch nicht geschieden seid«, erklärt sie.

Zuerst war sie ja skeptisch, als ich ihr von meinen Überlegungen, mich von Tom zu trennen, berichtete, aber seit sie die ganze Wahrheit kennt, unterstützt sie mich voll.

»Was soll ich denn machen? Wie soll ich Geld verdienen? Ich habe kein abgeschlossenes Studium, keine Ausbildung. Ewig kann ich nicht Kinder anderer Leute betreuen.«

»Mach dir keine Sorgen! Du hast dein Studium der Kinder zuliebe aufgegeben. Und um Tom den Rücken freizuhalten. Dir wird über einen langen Zeitraum Unterhalt zustehen.«

Sie drückt mich und verspricht mir, mich immer zu unterstützen, egal wobei. Dann nennt sie mir die Adresse einer Anwältin. »Geh dorthin und lass dich beraten«, sagt sie eindringlich.

Doch bevor ich rechtliche Schritte einleite, will ich hören, ob die Therapeutin uns noch eine Chance gibt, noch Hoffnung sieht. Viermal war Tom bei ihr, bevor ich meinen ersten Einzeltermin habe. Natürlich darf sie mir nicht sagen, was er erzählt hat. Aber in ihren Augen ist anscheinend noch nicht alles verloren.

»Lieben Sie Ihren Mann noch?«, fragt sie mich.

»Das weiß ich nicht. Er ist den Kindern ein guter Vater. Große Leidenschaft wird es zwischen uns sicherlich nicht mehr geben, aber in welcher Ehe ist die nach so vielen Jahren noch da? Doch die Leidenschaft ist gar nicht das Problem. Mir fehlt das Vertrauen, und das, denke ich, ist unerlässlich.« Ich seufze. »Außerdem habe ich Angst.«

»Wovor?«

»Dass er sich nicht unter Kontrolle hat. Dass er ausflippt und uns etwas antut.«

»Neigt er dazu?«

Ich schüttele den Kopf. »Nein, eigentlich nicht. Beziehungsweise es ist bisher noch nicht vorgekommen.«

Von der Art und Weise, wie Lukas gezeugt wurde, und der Kopfnuss, die er mir einmal gegeben hat, sage ich nichts.

»Aber er hat etwas an sich, das mir Angst macht. Ich kann es nicht benennen, ich spüre es nur.«

»Ich halte ihn für sehr beherrscht.«

Ja, das stimmt wohl. Dennoch spüre ich, dass er die Beherrschung eines Tages vielleicht verlieren könnte.

Tom ist nicht mehr fröhlich. Wenn er mit mir spricht, dann kurz und knapp. Die Kinder beachtet er kaum.

An einem Abend, Alexander und Johanna streiten sich um ein Spielzeug, wird er zum ersten Mal richtig laut. Er hat schon vorher mit ihnen geschimpft, aber nie so. Seine Stimme überschlägt sich, als er vor den beiden steht und sie zusammenstaucht, sie weinen.

Mich drückt Tom zur Seite, als ich dazwischengehen will. »Halt dich da raus«, zischt er. »Ich bin ihr Vater, und sie haben auf mich zu hören.«

»Tom! Lass sie. Bitte!«

»Halt dich da raus«, wiederholt er.

Ich schaue die Kinder an, blicke ihnen direkt in die Augen. In der Einfahrt steht mein Wagen. Sie wissen es, und sie werden augenblicklich still, gehen Hand in Hand zu ihrem Bett und setzen sich auf die Matratze. Alexander drückt die Plüschkuh an sich, und Johanna nimmt ihre Puppe in den Arm. Sie sprechen leise miteinander, der Streit ist vergessen.

Tom sieht mich wütend an. »Du machst alles kaputt, alles machst du kaputt!«, faucht er – und geht.

Zum Glück.

Ich setze mich zu den Kindern, nehme sie in den Arm und drücke sie an mich. »Das habt ihr gut gemacht«, lobe ich sie.

»Wird Papa irgendwann wieder so wie früher?«, fragt Alexander.

»Ich weiß es nicht, mein Schatz. Ich weiß es wirklich nicht.«

Was tue ich den Kindern an? Sollte ich nicht doch lieber gehen? Dieses Elend beenden? Ich werde die Anwältin aufsuchen, die mir Beate empfohlen hat, beschließe ich und mache am nächsten Tag einen Termin aus. Der ist erst in einer Woche, aber nun habe ich so lange gewartet, darauf kommt es auch nicht mehr an.

Die Anwältin nimmt meine Daten auf, hört sich meine Geschichte an. Ich erzähle ihr, dass ich Angst vor Tom habe.

»Ist er schon mal handgreiflich geworden?«, fragt sie.

»Nein, nicht wirklich.«

Wieder verschweige ich die beiden einzigen Übergriffe, die zählen würden. Warum eigentlich?

»Männer, die sich normalerweise gut im Griff haben«, erklärt sie, »entgleisen nur in extremen Situationen. Reizen Sie ihn einfach nicht.«

Ich nicke. »Das versuche ich sowieso schon. Aber welche Möglichkeiten habe ich überhaupt?«

»Er ist verpflichtet, Ihnen Unterhalt zu zahlen. Auch wenn Sie getrennt in einem Haushalt wohnen. Wir beginnen jetzt mit der Trennungszeit, dann sieht er, dass es Ihnen ernst ist. Sie teilen keinen Tisch und hoffentlich kein Bett mehr mit ihm. Sie waschen ab jetzt nicht mehr seine Wäsche, kochen nicht mehr für ihn und kaufen auch nicht mehr für ihn ein. Ich werde ein Schreiben aufsetzen und es ihm schicken«, sagt sie sachlich.

Mir schwirrt der Kopf nach dem Gespräch. Die Anwältin wurde mir von meiner Freundin empfohlen, aber noch habe ich kein Vertrauen zu ihr. Sie muss sich erst beweisen.

Beate hat die Kinder genommen, während ich den Termin hatte. Ich fahre zu ihr und bin erleichtert, diesen Schritt zur Trennung getan zu haben. Endlich habe ich das Gefühl, die Zügel in die Hand genommen und den nächsten, längst fälligen Schritt gegangen zu sein.

Doch wie wird Tom reagieren? Die Anwältin will ihn schriftlich auffordern auszuziehen. Das wird ihm nicht gefallen.

Die nächsten Tage vergehen, und ich weiß langsam nicht mehr, wie ich die gespannte Situation zu Hause aushalten soll.

Hinter der Küche ist ein kleiner Raum, den wir bisher als

Gästezimmer benutzt haben. Er ist zu klein für einen Kleiderschrank, aber Fiona von ganz oben hat mir eine Kleiderstange auf Rollen geschenkt. Ich räume meine Fächer im Schrank, der im gemeinsamen Schlafzimmer im Souterrain steht, aus und richte mich in dem Zimmerchen ein.

Es ist mein erstes eigenes Zimmer nach Jahren, und ich genieße es, auch wenn es winzig ist. Ich hänge Bilder an die Wände, und, als überzeugte Pyromantikerin, stelle ich überall Kerzen auf. Tom mag keine Kerzen.

Ich schlafe auf einem kleinen Bettsofa, dass ich nun nicht jeden Morgen zurückverwandele, sondern als Bett stehen lasse. Mein Nachttisch ist eine alte Holztruhe, die ich auf dem Sperrmüll gefunden habe. Darin verstecke ich auch mein Tagebuch. Ganz unten. Fast täglich schreibe ich hinein. Es ist fast besser, als mit jemandem zu reden. Es ist mir wichtig. Endlich schlafe ich auch wieder gut, weil ich nicht ständig auf der Hut sein muss.

Mit den Mietern im Haus komme ich gut klar. Markus und Fiona, das Pärchen aus dem Dachgeschoss, ist zu meinen Freunden geworden. Zu ihrer Wohnung habe ich einen Schlüssel. Sie sind oft unterwegs, und ich gieße dann die Blumen.

Simones Exfreund Björn, der nach ihrem Auszug in der ersten Etage wohnen geblieben ist, hat inzwischen eine neue Freundin. Sie lebt noch nicht hier, ist aber oft da. Natürlich haben alle mitbekommen, dass die Stimmung bei Tom und mir auf dem Nullpunkt ist. Eine doofe Situation.

Ich fiebere dem Brief der Anwältin entgegen, wir hatten vereinbart, dass ich ihn zuerst bekomme und ihn absegne.

Aber der Brief kommt nicht.

Ich war freitags bei ihr, am folgenden Mittwoch kommt Tom wie immer früh nach Hause. Wie alle niedergelassenen Ärzte haben auch die führenden Ingenieure seiner Firma mittwochnachmittags frei. Er trifft den Postboten an der Tür, nimmt ihm die Post ab, kommt in die Wohnung.

Ich gehe in die Küche. Die Kinder schlafen. Seit Alexander in der Schule ist, braucht er wieder einen Mittagsschlaf. Die Stunden am Vormittag strengen ihn an, obwohl wir ihn nach langem Suchen auf die Montessorischule gegeben haben, weil sie körperbehinderte Kinder besonders fördern. In seiner Klasse ist ein weiterer Junge mit einem Herzfehler, die beiden haben sich sofort angefreundet. Auch das ist ein Grund, weshalb ich bisher nicht zu meinen Eltern gezogen bin.

Tom legt die Post auf den Tisch, nur einen Brief behält er in den Händen, öffnet ihn, liest ihn.

Ich schaue von der Küche ins Wohnzimmer, sehe ihn dort stehen, und mir wird schlecht. Ist das *der* Brief? Hat er einfach meine Post geöffnet? Hoffentlich nicht.

Er kommt zu mir, hält mir den Brief unter die Nase – und zwar wortwörtlich, er drückt ihn mir quasi ins Gesicht.

»Was? Soll? Das?«

Mit Mühe schiebe ich ihn zur Seite, nehme den Brief und lese. Er ist von der Anwältin und direkt an ihn adressiert. In dem Schreiben steht, dass wir nun das Trennungsjahr einleiten, dass er unterhaltspflichtig ist, dass ich aber nicht mehr verpflichtet bin, mich um seine Belange wie Essen und Wäsche zu kümmern, und dass ihm nahegelegt wird, sich eine andere Bleibe zu suchen.

Ich kriege kaum Luft. Das Anwaltsdeutsch ist eine harte Sprache. Eine klare Sprache, sehr direkt. Ich ziehe das Visier runter, versuche meine Gesichtszüge zu beherrschen. Keine Blöße geben, nur keine Blöße geben, und ihn nicht weiter verärgern. Als ob das so einfach wäre …

»Was soll das, du Schlampe?«, zischt er wütend.

Ich weiche aus, flüchte in den Flur. Er folgt mir, bleibt immer so dicht hinter mir, dass ich seinen Atem im Nacken spüre.

Jetzt wäre der Moment gekommen, auf den ich die Kinder vorbereitet habe, jetzt sollten wir hier weg. Doch Lukas schläft in meinem Zimmerchen im Reisebett, dort lege ich ihn mittags hin, denn er schläft länger als Alexander und Johanna, die vorn in den Kinderzimmern schlummern. Ich kann nicht drei schlafende Kinder nacheinander ins Auto tragen.

Was soll ich tun? Wo soll ich hin? Ich kann hier nicht weg. Ich kann die Kinder nicht allein lassen.

Ich gehe in den Garten. Nur raus aus der Wohnung, wo er mir unbeobachtet etwas antun kann.

Tom folgt mir, lässt mich nicht aus den Augen, bleibt dicht bei mir. »Ich werde dich zerstören«, zischt er. »Ich werde dich fertigmachen, dich systematisch zerstören! Du wirst Gras fressen, Gras wirst du fressen, mehr nicht. Ich werde dich fertigmachen, dir wird nichts bleiben, gar nichts. Und denk nicht, dass du die Kinder kriegst, das sind meine. Ich mache dich fertig, du Schlampe. Ich werde dich zerstören.«

Er wird nicht laut, er brüllt nicht, er schmeißt keine Teller, er bleibt mir nur auf den Fersen, und ich habe Angst, ich habe solche Angst.

»Lass mich in Ruhe!«, brülle ich ihn an.

»Pscht! Leise. Nicht schreien. Ich schreie doch auch nicht«, flüstert er, »damit die Nachbarn mich nicht hören. Keiner hört, was ich dir jetzt sage. Keiner. Du wirst nichts gegen mich in der

Hand haben. Gar nichts. Ich werde gewinnen. Ich mach dich fertig, du ekelige Schlampe. Ich zerstöre dich.«

Ich muss hier weg. Aber wie?

Ich gehe wieder in die Wohnung.

»Als Erstes«, sagt Tom, der mir folgt wie ein böser Schatten, »nehme ich dir das Auto. Ich werde die Kennzeichen abschrauben und es abmelden. Ich bezahl es, es ist meins. Du hast kein Anrecht mehr darauf. Dann werde ich dein Konto bis zum Anschlag überziehen und mein Konto für dich sperren. Du wirst kein Geld haben, nichts, gar nichts.« Er lacht leise. »Da kannst du dich auf den Kopf stellen. Ich werde dich verhungern lassen.«

»Mein Gott, Tom. Ich weiß, du bist wütend, aber denk an unsere Kinder!«

»*Meine* Kinder. Die wirst du nicht bekommen, dafür werde ich sorgen. Für den Fall bin ich vorbereitet.«

Er lacht böse, aber leise. Dann geht er hinaus in die Einfahrt und schraubt tatsächlich die Kennzeichen von meinem Kadett ab, legt sie in den Kofferraum seines Audis.

Die Kinder werden wach, ich höre Alexander nach mir rufen. Johanna, die bei ihm im Zimmer ihren Mittagsschlaf hält, quengelt.

Was soll ich bloß tun? Wie komme ich hier weg? Ich bin gelähmt, wie in Acryl gegossen. Ich weiß, es wird noch schlimmer werden.

Tom kommt gleich zurück. Schnell, ich muss schnell handeln! Ich haste ins Wohnzimmer und rufe meine Eltern an. Sie sind eine Stunde Fahrtzeit entfernt, aber sie müssen mir helfen. Sie müssen irgendwie kommen und uns retten. Ich lasse es lange klingeln, aber niemand hebt ab. Geht ran, denke ich nur, geht ran! Bitte, bitte, bitte.

Tom kommt zurück in die Wohnung, sieht mich im Wohnzimmer mit dem Telefon in der Hand. Er eilt auf mich zu, entreißt mir den Hörer.

»Wen rufst du da an? Hä? Wen?«

Er drückt auf die Gabel, dann nimmt er die Schnur, reißt sie aus der Wand und hält nun den Apparat in der Hand.

Ich weiche zurück.

»Du rufst niemanden an. Du nicht, du Schlampe! Dich mach ich fertig. Ich mach dich fertig!«

Er kommt auf mich zu, das Telefon hocherhoben in der Hand. Dann haut er mit dem Hörer nach mir, trifft meinen Kopf. Ich ducke mich unter seinem Arm weg, fliehe in den Wohnungsflur.

Die Kinder rufen nach mir. Aber sie können nicht ins Auto, denn sie müssten an uns vorbei, um zum Wagen zu kommen.

Tom ist mir in den Flur hinterhergelaufen, immer noch hält er das Telefon in den Händen. Den Apparat in der einen Hand, den Hörer in der anderen. Mit beidem schlägt er auf mich ein. Einmal rechts, einmal links. Ich halte die Arme über meinen Kopf, versuche mich zu schützen.

Vom Flur gehen fünf Türen ab. Ich stehe mit dem Rücken vor der Badezimmertür, rechts neben mir ist die Tür zu Alexanders Zimmer, daneben die zum anderen Kinderzimmer, links von mir ist die Tür zum Hausflur. Ich blicke geradeaus in Richtung Wohnzimmer. Alle Türen, außer die zum Wohnzimmer, sind geschlossen.

Tom steht vor mir, schlägt auf mich ein, tritt mich in den Unterleib, schubst mich gegen den Türrahmen.

Ich sacke zu Boden, habe immer noch die Hände über dem Kopf, nun schreie und weine ich: »Lass mich, lass mich, lass mich!«

»Ich mach dich fertig. Ich werde dich vernichten! Keine Frau verlässt mich!«

Er tritt mir gegen die Brust, es knackt.

Jetzt sterbe ich. Jetzt werde ich sterben. Er wird mich umbringen. In diesem Moment wird er mich umbringen. O Gott.

Und die Kinder? Was wird aus den Kindern?

Die Haustür fällt laut ins Schloss, jemand im Treppenhaus geht die Stufen hoch. Tom beugt sich über mich, hält mir den Mund zu. Ich kriege keine Luft mehr.

Ich lausche in die grässliche Stille hinein. Es ist die Putzfrau von Björn. Sie ist im Hausflur, schließt oben die Tür auf. Ich höre, dass sie stehenbleibt. Hört sie etwas?

Alexander schreit plötzlich: »Mami, Mami, Mami! Mami!«

Tom weicht von mir zurück. Noch einmal tritt er mich, diesmal in die Seite. »Ich werde dich zerstören, du blöde Kuh. Ich werde dich zerstören.« Dann dreht er sich um und geht ins Wohnzimmer.

Damit versperrt er mir den Weg zu Lukas.

Was soll ich tun?

Ich kann mich in Sicherheit bringen – aber dann überlasse ich ihm meine Kinder. Oder ich versuche, sie hier rauszubekommen. Dann jedoch wird er sich wieder auf mich stürzen, vielleicht sogar nicht nur auf mich.

Was soll ich bloß tun?

Alexander und Johanna sind plötzlich ganz still. Ich robbe mich unter Schmerzen zu ihrer Zimmertür.

»Wartet«, flüstere ich durch das Schlüsselloch. »Ich hole Hilfe. Rührt euch nicht vom Fleck.«

Ich höre Johanna weinen, Alexander tröstet sie.

Mühsam komme ich auf die Beine, stütze mich an der kleinen Kommode ab, auf der das Schlüsselkörbchen steht. Dann schnappe ich mir den Schlüssel von Markus und Fiona und eile in den Hausflur, stolpere die zwei Etagen nach oben und schließe die Wohnung im Dachgeschoss auf.

Das Telefon steht im Flur. Ich lasse die Wohnungstür offen. Werde ich hören, falls Tom auf die Kinder losgeht? Ja, das werde ich. Ich muss Hilfe haben, aber wen kann ich anrufen? Mein Kopf schmerzt, meine Brust schmerzt, alles tut weh. Ich kann keinen klaren Gedanken fassen.

Meine Eltern. Sie sind zu weit weg. Ich brauche *jetzt* Hilfe. Sofort. Beate wird wissen, was ich machen muss. Ich rufe sie an.

Ihr Mann geht ans Telefon. Andy ist Arzt. Na klar, es ist Mittwochnachmittag, er hat frei. Beate, sagt er mir, sei nicht da. Und da laufen meine Tränen, erst da.

»Was mache ich jetzt?«, weine ich. »Er wird uns umbringen. Uns alle! Ich muss wieder runter. Was mache ich nur?«

Andy bleibt ganz sachlich. »Was ist passiert?«

Ich fange an zu erzählen, verheddere mich, weine, schluchze, kriege keinen geraden Satz raus.

»Wo bist du?« Andy bleibt ruhig.

»Oben bei den Mietern unterm Dach.«

»Und die Kinder?«

»Im Kinderzimmer.«

»Kannst du wieder runter?«

Ich schlucke. Vielleicht ist Tom ins Souterrain gegangen, in unser Schlafzimmer. Der Fernseher im Wohnzimmer läuft zumindest nicht, und auch sonst ist kein Laut aus dem Erdgeschoss zu hören. Ich gehe in den Flur, lausche noch einmal genauer, vernehme aber nichts.

»Ja.«

»Kannst du mit den Kindern raus?«

»Er hat die Kennzeichen von meinem Wagen abgeschraubt. Und ich kann auch nicht fahren.«

Meine Hände zittern. Ich würde es noch nicht einmal schaffen, das Zündschloss zu finden, da bin ich mir sicher.

»Kannst du dich mit den Kindern irgendwo einschließen?«

»Das einzige Zimmer, das man abschließen kann, ist das Bad.« Ich überlege. »Ja, das geht.«

»Dann mach das. Ich fahre jetzt los. Ich werde klingeln, wenn ich da bin. Wenn ihr nicht rauskommt, rufe ich die Polizei. Geh runter, hol die Kinder. In fünf Minuten bin ich da.«

Ich lege auf. Dann hole ich tief Luft, nehme all meinen Mut zusammen und gehe nach unten. Da sind die Kinder und sie brauchen mich. Mein Gesicht ist warm und nass, ich streiche über meine Stirn und wundere mich über das Blut an meinen Fingern. Verdammt.

Es hilft nichts.

16. Kapitel

Die Kinder. Ich muss sie in Sicherheit bringen.

Leise schleiche ich wieder hinunter in die Wohnung. Warum ich Björns Putzfrau nicht um Hilfe bitte, weiß ich nicht, das könnte ich tun, aber es kommt mir nicht in den Sinn.

Alexander und Johanna haben die Tür zu ihrem Zimmer von innen verrammelt. Sie haben den Kindertisch und die Stühlchen von Ikea dagegengeschoben und gehofft, dass es reicht.

Ich öffne die Tür, schiebe die Möbel zur Seite. »Kommt«, wispere ich. »Kommt schnell!« Ich ziehe sie mit mir mit ins Badezimmer. »Ich hole jetzt Lukas und komme dann wieder. Schließt hinter mir ab. Macht nur mir auf, nicht Papa.«

Alexander nickt ernsthaft, sein Gesicht ist tränenverschmiert, das von Johanna auch. Er drückt seine Schwester an sich.

Ich haste wieder zurück in den Flur. Im Wohnzimmer bleibe ich stehen, lausche. Tom ist noch da. Er rumort irgendwo im Souterrain. Ich eile in das kleine Zimmer hinter dem Wohnzimmer, hebe den schlafenden Lukas aus seinem Bettchen und renne zurück ins Badezimmer, ohne dass Tom mir begegnet. Glück gehabt.

Als ich die Tür von innen verriegelt habe, setze ich mich auf den Wannenrand und versuche meinen knatschigen kleinen Sohn zu beruhigen, der unsanft geweckt wurde und nun das Knöttern anfängt. Alexander und Johanna stehen dicht bei mir, sie sind blass und sprachlos.

Was habe ich ihnen angetan? Ich kann kaum einen klaren Gedanken fassen. Die beiden starren mich an, als käme ich von einem anderen Planeten. Werden sie das jemals verkraften, was sich in den letzten Wochen und besonders am heutigen Tag hier abgespielt hat?

Ich höre einen Wagen vor dem Haus halten. Ist das schon Andy? Ich lausche, aber Tom scheint immer noch im Schlafzimmer unten zu sein.

Schnell, schnell! Schnell muss es gehen. Wir hasten hinaus aus der Wohnung, barfuß zum Wagen. Ich begrüße Andy flüchtig, setze die Kinder auf die Rückbank.

»Ich habe die Papiere vergessen«, sage ich keuchend. »Die muss ich noch holen.«

Andy sieht mich fassungslos an. »Du bist verletzt. Wir müssen uns deine Wunde ansehen. Das muss vielleicht genäht werden.«

»Ja, gleich. Ich muss aber noch mal rein.«

»Conny, du kannst da nicht mehr hinein!«

»Ich muss.« Ohne auf ihn zu achten, laufe ich zurück.

In meinem Zimmer habe ich eine kleine Kassette mit Toms Gehaltsabrechnungen der letzten Monate sowie Bankunterlagen und Versicherungsbriefen. Ich habe mir in den letzten Wochen nach und nach alles kopiert. Dort befinden sich auch Brief und Schein vom Kadett. Es gibt nur einen Schlüssel zu meinem Wagen, und den habe ich. Aber es existieren zwei Schlüssel für Toms Audi. Im Kofferraum des Audis sind die Kennzeichen meines Autos.

Leise schleiche ich durch die Wohnung, bleibe immer wieder stehen und lausche. Von Tom ist nichts zu sehen und nichts zu hören. Wo mag er sein? Ich muss einmal durch die ganze Wohnung, um in mein Zimmer zu gelangen. Also los jetzt! Ich habe nur eine Chance, nehme meinen ganzen Mut zusammen und laufe los.

Die Kassette ist in der kleinen Truhe neben meinem Bett. Ich rase durch das Wohnzimmer, haste in den kleinen Raum, knie neben der Truhe nieder. Ich öffne den Deckel, fasse hinein in die Kiste, muss ein paar atemlose Sekunden tasten, dann finde ich die Kassette. Ich nehme sie, lasse den Deckel der Truhe lautlos zugleiten, laufe zurück zur Eingangstür.

Auf dem Tischchen im Flur liegen der Autoschlüssel vom Kadett und der Ersatzschlüssel vom Audi, auch sie packe ich ein. Ich schleiche durch den Hausflur, eile die Stufen im Flur hinunter, hechte durch die Haustür.

Gott sei Dank. Er hat mich nicht erwischt. Gott sei Dank!

Andy wartet ungeduldig neben seinem Auto. Er will fahren. Die Kinder sind verängstigt, sie weinen. Aber ich will die Kennzeichen meines Autos haben. Mit dem Zweitschlüssel öffne ich den Kofferraum des Audis, der vor dem Haus auf dem Seitenstreifen parkt, und hole sie.

Dann fahren wir los.

»Was ist passiert?«, fragt Andy, aber ich kann nicht antworten.

Die letzten Stunden waren zu schrecklich, die letzten Minuten erst recht. Immer noch habe ich Toms Flüstern im Ohr, spüre seinen Atem im Nacken. *Ich mach dich fertig. Ich werde dich zerstören.* Das hat er ernst gemeint.

Wir fahren zu Andy und Beates Haus, meine Freundin ist inzwischen wieder da. Bei ihr lassen wir die Kinder, die sehr verstört sind, aber auch erleichtert, von zu Hause weggekommen zu sein.

Andy bringt mich in seine Praxis, will dort meine Wunden versorgen. Wir kommen an der Sparkasse vorbei.

»Halt an«, sage ich. »Schnell.«

»Warum?«

»Tom hat gesagt, dass er sein Konto für mich sperrt und meines überzieht. Ich habe dann kein Geld mehr. Vielleicht hat er das aber noch nicht gemacht.«

Andy nickt. »Räum dein Konto leer. Seines auch. Das ist eine hervorragende Idee.«

Als ich vor dem Terminal des Bankautomaten stehe, gebe ich mit zitternden Fingern die Geheimzahl ein. Der Zugriff wird mir verwehrt. Hat Tom das Konto schon sperren lassen? Nein, ich habe mich vertippt. Nach zwei Versuchen gelingt es mir, die Ziffernfolge richtig einzugeben, und mit zweitausend Mark in der Tasche komme ich aus der Bank.

Wir fahren weiter zu Andys Praxis, wo er mich verarztet. An der Stirn habe ich eine Platzwunde, dort hat Tom mich mit dem Telefonhörer getroffen. An der Schulter habe ich eine weitere offene Wunde, außerdem Prellungen am Rücken und im Nacken, am Hinterkopf eine dicke Beule. Auf der Brust bildet sich ein großes Hämatom in der Form seines Schuhabdrucks.

Penibel notiert Andy alle Befunde, macht sogar Fotos.

»Und jetzt fahren wir zur Polizei und zeigen den Scheißkerl an«, beschließt er.

Auf dem Präsidium müssen wir nicht lange warten, aber der Schutzpolizist ist skeptisch. »Sind Sie sich sicher, dass Sie Ihren Mann anzeigen wollen?«

»Natürlich.«

»Die meisten Frauen, die mit so etwas zu uns kommen, ziehen die Anzeige auf Körperverletzung am nächsten Tag zurück.«

»Das werde ich ganz sicher nicht tun.«

Ich weiß, dass ich diesmal nicht schwach werde, dass ich Tom nie wieder schützen werde. Der Punkt ist überschritten. Ich will ihn nie wiedersehen, nie wieder etwas mit ihm zu tun haben. Bestraft werden soll er, für das, was er getan, was er mir angedroht hat, und die Scheidung werde ich auch durchziehen.

Der Polizist hört mir zu, notiert meine Aussage, nimmt den Befund von Andy mit auf.

»Das ist schwere Körperverletzung, denn er hat sie mit einem Gegenstand geschlagen«, sagt er. »Wo ist Ihr Mann jetzt?«

»Ich weiß es nicht. Vermutlich noch in unserer Wohnung.«

»Sie und die Kinder sind aber in Sicherheit?«

Ich nicke.

»Heute Nachmittag ist schon alles zu«, sagt er nachdenklich, »aber morgen können Sie zum Amtsgericht gehen. Sie nehmen die Anzeige mit. Es gibt im Erdgeschoss eine Abteilung für einstweilige Verfügungen. Dort lassen Sie sich gerichtlich die Wohnung zuweisen. Sie haben drei Kinder, eins davon ist schwerbehindert. Sie werden die Wohnung auf jeden Fall bekommen.«

»Und er?«

»Er muss sich dann etwas anderes suchen.« Der Polizist tätschelt beruhigend meine Hand. »Allerdings dauert es eine Woche, bis der Bescheid rechtskräftig ist. Sie gehen trotzdem direkt nach dem Amtsgericht nach Hause und lassen die Schlösser auswechseln. Gleich morgen. Das ist rechtlich nicht zulässig, das machen Sie aber. Und sollte er auftauchen und Sie bedrohen, rufen Sie sofort die Polizei.«

Ich nicke. Die ganze Anspannung fällt urplötzlich von mir ab, jetzt, wo ich in Sicherheit bin. Mir bricht der Schweiß aus, gleichzeitig habe ich Schüttelfrost.

Andy sieht mich besorgt an. »Du hast einen Schock«, stellt er fest. »Haben Sie etwas zu trinken für sie?«

Ich zwinge mich, ein Glas Wasser zu trinken, mir ist übel und schwindelig. Es dauert eine Weile, bis alle Formulare ausgefüllt sind, endlich können wir gehen.

»Alles Gute für Sie«, wünscht mir der Polizist.

Andy bringt mich zu sich nach Hause. Die Kinder sitzen zusammen mit den Töchtern von Beate und ihm vor dem Fernseher und schauen einen Zeichentrickfilm. Draußen ist es immer noch angenehm warm, obwohl schon Ende September ist. Andy, Beate und ich setzen uns auf die Terrasse.

Plötzlich muss ich weinen und kann gar nicht mehr aufhören. Die akute Angst ist weg, aber nun kommt die Verzweiflung. Was ist da passiert? Das kann doch alles gar nicht sein. Ich weiß, ich habe Todesangst gehabt, hatte das Gefühl, dass er mich umbringen wird. Wird er das?

Wie geht es jetzt weiter? Ich will meine Eltern anrufen. Andy hat mir irgendetwas zur Beruhigung gegeben, langsam geht es mir besser.

»Mein Auto«, sage ich. »Ich brauche mein Auto. Wenn er feststellt, dass ich die Kennzeichen, den Schlüssel und die Papiere habe, wird er den Wagen kaputtmachen, die Reifen zerstechen oder so.« Ich stehe hektisch auf. »Ich muss den Wagen sofort holen.«

Andy drückt mich sanft auf den Stuhl zurück. »Du stehst unter Schock, du fährst nirgendwo hin. Ich kümmere mich darum.« Er nimmt die Autoschlüssel und die Kennzeichen und verlässt den Garten.

Langsam beruhige ich mich, rufe meine Eltern an. Ich kann

ihnen nur kurz schildern, dass etwas vorgefallen ist, bin aber nicht in der Lage, ausführlich über die letzten Stunden zu sprechen.

»Ich habe mich von Tom getrennt«, keuche ich. »Er hat heute den Brief meiner Anwältin bekommen.«

»Gott sei Dank«, erwidert meine Mutter. »Endlich. Wie hat er reagiert?«

»Er ist ausgerastet.« Wieder steigen die Tränen in meinen Augen hoch. Ich versuche sie zurückzudrängen, aber meine Stimme bricht. »Ich bin jetzt bei Beate und Andy.«

»Das ist gut. Aber willst du nicht lieber hierherkommen? Zu uns? Soll Papa euch abholen?«

»Das weiß ich noch nicht«, sage ich. »Ich habe nichts zum Anziehen für die Kinder. Ich habe noch nicht mal Alexanders Medikamente.«

»Wo ist Tom?«

»Ich fürchte, er ist noch in der Wohnung. Ich rufe euch später noch einmal an.«

Es ist alles so verwirrend, so kompliziert. Mir fällt es schwer, einen klaren Gedanken zu fassen.

Andy kommt wieder. Mein Wagen stand in der Einfahrt unseres Hauses, unversehrt. Er hat ihn in eine Seitenstraße gefahren, die Kennzeichen wieder angeschraubt und dann auf den Hof eines Bekannten gestellt, der von der Straße nicht einsichtig ist.

»Du hast Brief und Papiere, aber sie sind auf Tom ausgestellt. Das musst du nächste Woche ändern«, erklärt er.

Ich nicke. »Und Tom?«

»Der Audi war verschwunden, auch sonst habe ich nichts gesehen.«

»Ob er weggefahren ist?«, hoffe ich.

Andy zuckt mit den Schultern. »Das ist doch egal. Ihr könnt hierbleiben, solange ihr wollt.«

Ich bin froh, dass ich diese Möglichkeit habe, aber wohl fühle ich mich nicht damit. Vielleicht wäre es doch besser, wenn ich mich von meinem Vater abholen lassen würde. Aber das wäre so furchtbar kompliziert ohne unsere Sachen.

Das Telefon klingelt, Andy geht dran.

»Du mieses Schwein!«, brüllt er unvermittelt los. »Wie kannst du Conny so etwas antun? Wenn ich dich zwischen die Finger bekomme, dann gnade dir Gott!«

Ich schaue auf, mein Herz rast. Tom? Warum ruft er hier an?

»Ja, ganz recht, sie sind hier. Conny und die Kinder sind in Sicherheit, und solltest du dich in die Nähe meines Hauses wagen, dann rufe ich die Polizei!«

O nein, woher weiß Tom, dass wir uns hier vor ihm verstecken?

Andy sieht mich an. »Er will dich sprechen. Willst du das auch?«

Nein, will ich nicht. Aber vielleicht ist es besser, wenn ich es jetzt hinter mich bringe.

Ich wische mir die schweißnassen Finger an der Jeans ab, nehme den Hörer. Zum Glück reicht die Schnur des Telefons bis nach draußen, die Kinder müssen das nicht mitbekommen. »Ja?«, presse ich heraus.

»Corinna, es tut mir leid. Ich wollte das nicht.«

Er will sich entschuldigen? Er will sich *wirklich* entschuldigen?

»Es war ein Fehler, dich so anzugehen … Aber wie konntest du nur zum Anwalt gehen?«, zischt er.

»Wie konntest du dich nur so verhalten? Vor den Kindern?«, frage ich ihn und spüre meine Wut, heiß und glühend.

»Ich habe den Kindern nichts getan.«

»Du hast ihre Seelen verletzt. Was meinst du, welche Angst sie nun vor dir haben?«

Jetzt schweigt Tom.

»Du bist ein Ungeheuer!«, rufe ich laut, und es fühlt sich gut an, es endlich auszusprechen. »Ich will dich nie wiedersehen.«

»Ich bin in Steele bei meinem Onkel«, sagt Tom leise. »Ich komme nicht zurück.«

»Kein Wort glaube ich dir! Aber ich werde dafür sorgen, dass du tatsächlich nicht zurückkommen kannst.«

»Bleibst du bei Beate?«

»Das geht dich nichts an.«

»Du kannst in die Wohnung gehen. Ich verspreche dir, dass ich euch in Ruhe lasse. Wirklich.«

Ich glaube ihm nicht, lege auf. Dennoch, ich muss nach Hause und unsere Sachen holen. Allein schon wegen der Medikamente von Alexander.

»Ich fahr mit dir, und du packst in aller Eile«, schlägt Andy vor.

Doch das ist mir nicht sicher genug. »Was, wenn er noch in der Wohnung ist?«

»Ich gehe mit rein, Conny. Ich bin bei dir. Keine Angst.«

Ich ringe mit mir. Inzwischen ist es Abend. Ich muss eine Entscheidung treffen.

Zuerst rufe ich meine Eltern an, bitte meinen Vater zu kommen und uns zu holen. Dann fällt mir etwas ein. Ich rufe Fiona und Markus aus dem Dachgeschoss an. Sie sind zu Hause. Ich erkläre nur kurz, was vorgefallen ist, und bitte Fiona nachzuschauen, ob Tom noch da ist. Sie soll wegen einer vorgeschobenen Sache bei ihm klingeln.

Zehn Minuten später ruft sie zurück. »Da ist niemand. Ich habe mehrfach geklingelt und geklopft. Er ist nicht da.«

Gut, denke ich. Es muss schnell gehen, falls er doch wieder zurückkommt.

Andy fährt mich und geht wie versprochen vor mir in die Wohnung. Er hat einen Baseballschläger dabei. Aber Tom ist tatsächlich verschwunden. Das Wohnzimmer ist verwüstet – die Telefonleitung ist aus der Wand gerissen, ein großes Loch klafft dort im Putz. Das Schränkchen, auf dem das Telefon normalerweise steht, ist verschoben, die Blumenvase auf dem Tisch ist umgekippt, auf dem Boden hat sich eine Pfütze gebildet. Ich habe alles wieder vor Augen. Wie er mich verfolgt, in die Ecken drängt, gegen die Anrichte, mich gegen den Tisch schubst. Dass die Vase umgefallen ist, habe ich nicht bemerkt. Ich hebe die Blumen auf, stelle sie zurück in das leere Gefäß. Dann schüttele ich den Kopf über meine eigene Dummheit. Nein, es gibt Wichtigeres, als jetzt aufzuräumen.

Im Flur finden sich ein paar getrocknete dunkelrote Tropfen auf dem Boden, auch an der Zarge der Badezimmertür erkenne ich Blutspuren. Dort hat er mich gepackt, hat mich gegen die Tür geschmissen, mit dem Telefon auf mich eingeschlagen. Was, wenn er ein Messer genommen hätte?, denke ich entsetzt.

Schnell packe ich ein paar Sachen ein. Unterwäsche, Pullis, Hosen. Ich kann keinen klaren Gedanken fassen. Was brauchen wir noch? Die Kuscheltiere, die Medikamente. Dann haste ich aus der Wohnung, würgend und hustend. Werde ich überhaupt noch einmal hier wohnen können? Ich weiß es nicht.

Mein Vater kommt zu Beate und holt uns ab. Ich mache auf der Fahrt nach Essen die Augen zu, will nicht mehr nachdenken, nichts mehr spüren müssen.

Obwohl ich todmüde bin, kann ich in der Nacht kaum schlafen. Immer wieder kommen Erinnerungsfetzen des vergangenen Tages hoch. Toms eiskalte flüsternde Stimme: »Keiner hört, was ich dir jetzt sage. Du wirst nichts gegen mich in der Hand haben. Ich werde dich vernichten. Ich zerstöre dich.«

Ich habe ihn einmal sehr geliebt. Ich habe diesen Mann geliebt, bedingungslos. Ich habe mich ganz furchtbar in ihm getäuscht. Er ist ein böses Ungeheuer.

17. Kapitel

Mein Vater fährt einen Tag später wieder mit mir nach Münster. Ich werde alles genauso machen, wie es mir der Polizist geraten hat.

Am Morgen in der Früh ruft Fiona bei meinen Eltern an. Ich habe ihr die Nummer gegeben, für den Fall, dass etwas sein sollte. »Es steht ein LKW vor der Tür, und in eurer Wohnung sind Menschen. Ich meine, ich hätte Toms Stimme gehört, aber er ist nicht allein«, sagt sie. »Soll ich die Polizei rufen?«

»Das hat keinen Zweck. Noch hat er das Recht, in die Wohnung zu gehen. Vermutlich holt er seine Sachen. Das würde bedeuten, dass er wirklich verschwindet.«

Ich bin erleichtert, aber gleichzeitig beunruhigt. Was tut er dort? Holt er nur seinen Kram? Oder hat er Schlimmeres im Sinn? Ich traue ihm alles zu. Aber ich kann es nicht ändern.

»Wir passen auf«, versichert mir Fiona. »Wenn noch etwas ist, rufe ich wieder an.«

Aber sie meldet sich nicht noch einmal.

Gegen Mittag fahren wir los. Über Nacht scheint der Herbst übers Land eingebrochen zu sein, es ist deutlich kühler noch als in den letzten Tagen, und Nebel liegt über den Feldern. Die Welt vor dem Autofenster sieht unwirklich aus.

Zwei Stunden sitzen wir im Gericht, dann wird endlich die

einstweilige Verfügung ausgestellt. Die Wohnung wird mir und den Kindern zugewiesen.

»Das Urteil ist erst in acht Tagen gültig. Solange hat Ihr Mann die Möglichkeit, Einspruch zu erheben, und theoretisch auch Zugang zu der Wohnung«, sagt die Rechtshelferin.

»Ich weiß.«

»Ich empfehle Ihnen deshalb, die Schlösser auszutauschen«, fügt sie leise hinzu und lächelt. »Das ist zwar rechtlich nicht ganz einwandfrei, aber Sie sollten es trotzdem tun.«

»Danke.«

Mir ist mulmig, als wir zu unserem Haus fahren.

Mein Vater redet beruhigend auf mich ein. »Ich bin da. Er wird dir nichts tun.«

Zuerst überprüfen wir, ob er seinen Audi in unserer Hofeinfahrt, auf der Straße oder in den Nebenstraßen geparkt hat. Die Einfahrt ist leer, und auch sonst können wir Toms Auto nicht entdecken. Dann klingelt mein Vater mehrfach, aber niemand öffnet. Also schließe ich auf.

Die Wohnung sieht aus, als hätte eine Bombe eingeschlagen. Alle Schränke und Schubladen sind geöffnet. Wie nach einem Einbruch. Teller liegen zerbrochen auf dem Küchenboden, Papiere flattern im Luftzug durch den Flur. Langsam gehe ich durch die Wohnung, während mein Vater den Schlüsseldienst anruft – wenigstens unser zweites Telefon im Souterrain tut es noch.

Tom hat seine Sachen mitgenommen. Auch alle Unterlagen zum Haus, die Mietverträge, die Versicherungspolicen. Er hat, stelle ich verblüfft fest, auch alle Handtücher eingepackt. Und die Bettwäsche. Selbst die von den Kinderbetten. Außerdem hat er alle elektrischen Geräte abgestaubt, die nicht festgeschraubt waren, Staubsauger, Föhn, Mixer, Kaffeemaschine, Mikrowelle, Plattenspieler, Radio, Fernseher, Videorekorder. Er hat alle Kindervideos mitgenommen, die Spardosen der Kinder und die Haushaltskasse. Sogar vor meinen persönlichen Sachen hat er nicht haltgemacht. Meine Schallplatten, meine Briefe, die Fotos aus meiner Zeit in Amerika – alles ist weg.

Ich öffne eine Schublade in der Küche. Dort liegen die Aufsätze des Mixers, die hat er uns gelassen. Hysterisch fange ich an zu lachen. Was für ein Schwein. Ja, er will mich verletzen, er will mir schaden, er will mich fertigmachen, doch denkt er gar nicht an die Kinder? An *seine* Kinder, die ich nun nicht mehr richtig versorgen kann? Die weder Handtücher noch Bettwäsche haben? Die Kaffeemaschine – okay, geschenkt, aber den Mixer, mit dem ich das Essen für Lukas püriere? Wir hatten zwei Föhne, beide hat er mitgenommen. Wie soll ich den Kindern die Haare föhnen? Wie soll ich staubsaugen?

Der Verlust meiner persönlichen Sachen, der tut weh – und das will er ja auch, mir wehtun. Aber warum nimmt er die Zeichentrickfilme mit? Die ganzen Disneyfilme, die die Kinder so sehr lieben? Denkt er gar nicht an Alexander, Johanna und Lukas? Daran, dass er damit vor allem sie straft? Es sind auch seine Kinder, er wollte sie, und es gab eine Zeit, da wollte er sie sogar mehr als ich. Liebt er sie denn gar nicht mehr? Nein, er liebt sie nicht. Er liebt niemanden, nur sich selbst. Das, was ich für Liebe gehalten habe, war nur Macht. Er braucht Macht, über mich und die Kinder. Er zeigt uns, wo es langgeht.

»Ich werde dich systematisch zerstören! Du wirst Gras fressen«, hat er gesagt.

Das wird ihm nicht gelingen, beschließe ich. Es wird sicher nicht leicht werden, mich ihm zu widersetzen, aber klein beigeben kommt nicht infrage. Den Wunsch erfülle ich ihm nicht.

Ich werde mich nicht zerstören lassen, ich werde es schaffen. Ich werde gegen ihn kämpfen und gewinnen, nehme den Fehdehandschuh auf, den er mir vor die Füße geworfen hat. Nur die Kinder, die sollen so wenig wie möglich darunter leiden.

Der Schlüsseldienst kommt, tauscht die Schlösser aus.

»Fahr nach Essen«, sage ich zu meinem Vater. »Fahr zu Mama und den Kindern.«

»Und du?«

»Ich bleibe hier und räume auf. Es gibt viel zu regeln und zu erledigen, und ich fange direkt damit an. Als Erstes gehe ich zu meiner Anwältin. Und dann … räume ich auf.«

»Aber du kannst doch nicht ganz allein hierbleiben.« Mein Vater schaut mich besorgt an.

»Doch, das schaffe ich. Ich werde bei Simone schlafen.«

»Ruf mich an, wenn etwas ist. Bring dich nicht in Gefahr. Tom ist völlig durchgedreht.«

Ja, das ist er wohl.

Ein paar Tage bleiben die Kinder bei meinen Eltern. Ich telefoniere mehrmals täglich mit ihnen. Sie werden verwöhnt und betüddelt, aber ihr inneres Gleichgewicht ist gestört. Sie wollen zu mir. Doch zuerst muss ich sicher sein, dass Tom wirklich nicht mehr zurückkommt.

Freunde, die erfahren, was passiert ist, stehen mir zur Seite. Simone geht mit mir zum Sozialamt, dort beantrage ich Hilfe. Tom hat natürlich sein Konto für mich gesperrt, außer dem Kindergeld habe ich kein Einkommen. Immerhin muss ich keine Miete zahlen. Die Berechnungen, ob mir wirklich Hilfe zusteht, werden dauern, aber im Moment kann ich von dem Geld leben, das ich abgehoben habe. Lange wird es dennoch nicht vorhalten.

Wir bekommen Bettwäsche, Handtücher, einen Mixer und eine Kaffeemaschine geschenkt. Jemand bringt einen Staubsauger vorbei, ein anderer hat noch einen kleinen Fernseher, den wir haben können. Ich bin überwältigt von der Güte der Menschen. Einiges bekomme ich von Simones Freunden, die ich zwar ein paar Mal getroffen habe, aber bisher kaum kenne. Es ist ein ganz anderer Bekanntenkreis – in meinem Alter, aber fast alle Singles und vor allem ohne Kinder.

Ich konnte den Wagen ohne Probleme auf mich ummelden, meine Eltern übernehmen erst einmal Versicherung und Steuern für mich. Langsam, aber sicher, komme ich in dieser neuen Realität ohne Tom an.

Am Mittwoch, genau eine Woche nach dem Vorfall, geht es mir so weit wieder gut, die körperlichen Wunden verheilen langsam. Zwei Rippen sind angebrochen, aber das spüre ich nur, wenn ich tief Luft hole. Tom hat sich nicht mehr blicken lassen, und die Wohnung ist wieder ein Ort, an dem man leben kann. Also beschließe ich, dass es Zeit wird, die Kinder wieder zu mir zu holen. Ich traue mir sogar die Fahrt allein zu.

Meine Eltern machen sich Sorgen, andere Sorgen als früher. Sie sind froh, dass ich mich von Tom getrennt habe, aber sie fürchten seine Wut. Das tue ich auch, doch ich will mich von ihm nicht weiter unterdrücken lassen. Ich will nicht kampflos gehen und ihm alles ohne Widerstand überlassen.

»Es ist auch mein Zuhause«, sage ich trotzig. »Und das der Kinder. Er kann es uns nicht einfach nehmen.«

Die Anwältin hat mir zwar schon gesagt, dass wir auf lange Sicht das Haus verlieren werden, aber erst mal dürfen wir bleiben. Die Kinder freuen sich auf ihre Zimmer, ihre Spielsachen und den Garten. Sie scheinen das Schreckliche vergessen zu haben.

Nach Tom fragen sie nicht.

Die nächsten Wochen vergehen wie im Flug. Ich bin so froh, dass Tom endlich weg ist, fühle mich unglaublich befreit. Ich muss nicht mehr diese diffuse Angst haben, dass mein Mann nach Hause kommt und schlechte Laune hat. Er ist weg, und es fühlt sich fantastisch an.

Simones Freunde lerne ich immer besser kennen. Da ich nicht viel Geld habe und mir nur im Notfall einen Babysitter leisten kann, kommen sie häufig zu mir. Wir kochen zusammen, machen laute und lustige Spieleabende oder schauen Videos. Alle bringen etwas zu knabbern oder zu trinken mit. Es ist eine sorglose, eine schwerelose Zeit, doch sie wird nicht andauern, das weiß ich.

Das Jugendamt ruft mich an. Sie bieten mir überraschenderweise einen Nebenjob an, denn sie suchen dringend Plätze für Tagesbetreuungen. Wenn ich zwei Tests und ein Wochenendseminar machen würde, könnte ich in die Kartei aufgenommen werden. Dann könnte ich auch ältere Kinder nach der Schule betreuen und bekäme ein festes Gehalt vom Amt.

Zögernd erkläre ich der Frau am Telefon, dass ich mich gerade von meinem Mann getrennt habe.

»Das ist Ihre persönliche Geschichte, das geht mich nichts an«, sagt sie freundlich. »Und für unsere Anfrage an Sie ist das auch nicht relevant.« Dann macht sie mit mir einen Termin aus, um mich zu Hause zu besuchen.

Sie kommt, und wir führen ein langes Gespräch. Ihr gefallen die Wohnung, die großen Kinderzimmer, der Garten mit

Schaukel, Kletterbaum und Sandkasten. Ideal für viele Kinder. Ich bekomme die Termine für die Tests und das Wochenendseminar. Ein weiterer Silberstreifen am Horizont, denn Tom zahlt nach wie vor nichts. Ich habe keine Adresse und keine Telefonnummer von ihm, weiß aber, dass er weiterhin arbeiten geht. Deshalb schickt meine Anwältin ihm die Post auf die Arbeit, wohin ich auch alles sende, was für ihn bei mir ankommt.

Im November kommen zwei Schreiben. Tom hat sich ebenfalls eine Anwältin genommen. Und er verlangt das Sorgerecht.

Gleichzeitig trudelt ein Brief von der Staatsanwaltschaft bei mir ein. Das Verfahren wegen schwerer Körperverletzung gegen ihn wurde eingestellt. Die Begründung des Staatsanwalts lautet: »Herr Richter ist bisher nicht auffällig geworden, gilt nicht als gewalttätig. Im Zuge einer Trennung kann es durchaus schon einmal zu Handgreiflichkeiten kommen.«

Amen, denke ich und zerknülle den Brief. Ob der Staatsanwalt Probleme mit seiner Frau hat und sie von Zeit zu Zeit gegen den Türrahmen prügelt? Darüber muss ich mit der Psychologin reden, die ich auch wieder besuchen möchte. Ich weiß allerdings nicht, ob sie Tom noch in Behandlung hat. Das würde gegen eine Fortführung der Therapie mit ihr sprechen.

Zwei Tage später kommt das nächste Schreiben von Toms Anwältin. Es enthält die Begründung, warum ihm das Sorgerecht zusteht. Er wirft mir vor, die Kinder zu vernachlässigen, sie zu schlagen und zu treten. Es liegt eine eidesstattliche Erklärung von ihm dabei, wie er gesehen haben will, dass ich mit einem großen Ast auf Alexander eingeschlagen habe, solange bis der Ast zerbrach.

Ich falle aus allen Wolken.

Das kann ich nicht glauben.

Wie kann er nur so etwas behaupten?

Außerdem gibt Toms Anwältin an, dass unsere Psychologin ebenfalls das Kindeswohl gefährdet sehe. Ich sei psychisch labil, habe sie herausgefunden, und suizidgefährdet. Sie behauptet angeblich, die Kinder seien bei ihm besser aufgehoben als bei mir.

Wie ein Fisch am Ufer schnappe ich nach Luft. Das kann doch wohl nicht wahr sein. Ich? Suizidgefährdet? Darf unsere Therapeutin überhaupt so eine Aussage über mich machen? Unterliegt sie nicht der ärztlichen Schweigepflicht?

Ich rufe in der Praxis an, wie immer läuft der Anrufbeantworter. Wütend spreche ich darauf, bitte um schnellen Rückruf und frage sie, was ihr einfällt, solche Aussagen über mich zu machen. Dann lege ich wutentbrannt auf.

Ich muss sofort zu meiner Anwältin. Was mache ich mit den Kindern? Ein paar Anrufe später habe ich sie bei Freunden untergebracht.

Gerade als ich losfahren will, klingelt das Telefon. Es ist unsere Therapeutin.

»Was fällt Ihnen ein? Seit wann bin ich suizidgefährdet? Wie können Sie meinem Mann solche Sachen über mich erzählen? Ich gefährde die Kinder? Womit?«, fauche ich sie an.

»Bitte?«

Sie weiß nicht, was ich meine, also lese ich ihr das Schreiben vor. Sie schweigt einen Moment, dann räuspert sie sich.

»Das ist die Höhe«, keucht sie. »So eine Frechheit! Das habe ich nie gesagt, und Sie liegen richtig: Ich dürfte es auch gar nicht. Frau Richter, können Sie mir das Schreiben faxen?«

Ich kann, ich habe nämlich ein Telefon mit Faxfunktion geschenkt bekommen. Ein hässliches Teil, aber sehr praktisch.

»Ich werde eine Richtigstellung schreiben. Ihr Mann ist hochgradig manipulativ. Alles, was er behauptet, hat er sich aus den Fingern gesogen. Ich habe das niemals gesagt. Ich möchte mit Ihnen in Ruhe darüber reden.« Sie klingt sehr aufgebracht.

Ja, das möchte ich auch. Wir vereinbaren einen Termin.

Dann fahre ich zu meiner Anwältin. Nach einer Stunde komme ich endlich an die Reihe.

»Haben Sie auch das Schreiben bekommen?«, frage ich, als ich atemlos vor ihrem Schreibtisch Platz genommen habe.

»Ja. Und ich mache mir Gedanken darüber. Das ist eine ganz furchtbare Angelegenheit.« Sie sieht mich über ihre Brille hinweg nachdenklich an.

»Es ist eine Frechheit!«

»Frau Richter, Ihr Mann wird bei dieser Scheidung vermutlich noch viel mehr dreckige Wäsche waschen. Aber etwas anderes macht mir Sorgen. Er hat fundierte Aussagen.«

»Was?«

»Wie oft haben Sie Ihre Kinder in seiner Gegenwart geschlagen?«

»Nie! Ich schlage meine Kinder nicht.«

»Können Sie das beweisen? Vielleicht wäre es besser, Sie würden das Sorgerecht an ihn abtreten. Das ist erst der Anfang, und ich bin mir nicht sicher, ob meine Kanzlei so ein Mandat vertreten möchte. Außerdem müssen Sie jetzt erst einmal Prozesskostenhilfe beantragen, Sie sind ja mittellos.«

Ich stehe auf, wie in Trance, kann es nicht fassen. Sollte sie nicht auf meiner Seite sein? Für mich kämpfen, mir glauben?

Ich gehe aus der Kanzlei, setze mich in mein Auto.

Und jetzt?

Beate wird hoffentlich einen Rat für mich haben. Ich fahre zu ihr. Es ist Freitagnachmittag, gleich vier. Das Wochenende kommt, ich brauche jetzt Mut und einen Tipp.

Keine halbe Stunde später habe ich einen Termin bei einem anderen Anwalt. Es soll ein Wadenbeißer sein, Beate kennt ihn persönlich.

»Er war mehrfach mein Gegner, und kein angenehmer, kann ich sagen. Ich habe immer verloren, wenn er die Gegenseite vertreten hat. Damit ist er genau der Mann, den du jetzt brauchst. Tom wird alle Register ziehen, vor allem aber wird er Schläge austeilen, die unter die Gürtellinie gehen.«

Ich muss bis sechs Uhr warten, gehe fast kaputt vor Unsicherheit. Was, wenn mir Beates Kollege etwas Ähnliches sagt wie meine bisherige Anwältin, was, wenn keiner den Kampf gegen Tom aufnehmen will?

Rechtsanwalt Nahlen, etwa Mitte fünfzig und mit einem festen Händedruck, führt mich in sein Büro. Er liest sich alles durch, was ich habe, hört sich meine Geschichte an. Er nickt väterlich, wirkt beruhigend auf mich. Dann schiebt er zwei Zettel über den Tisch.

»Das eine ist der Antrag auf Prozesskostenhilfe, für Sie zahlt der Staat, machen Sie sich keine Sorgen. Ich mache mir auch keine, denn bisher ist der Staat noch nicht insolvent geworden – mancher Mandant aber schon. Das andere ist Ihre Mandatserteilung für mich. Ich werde der Kollegin schreiben, dass ich Sie ab jetzt vertrete.«

»Und die Kinder?«

»Die sind doch bei Ihnen?«

Ich nicke.

»Gut, da werden sie auch bleiben.«

Wir vereinbaren einen weiteren Termin in der nächsten Woche, bis dahin soll ich die Unterlagen vom Jugendamt besorgen, die ich zusammengestellt habe, um weiterhin als Tagesmutter zu arbeiten. Wenn das Amt mir fremde Kinder zur Pflege anvertraue, könne an den Anschuldigungen nichts dran sein, sagt Nahlen. Und damit könnten wir das auch beweisen. Auch die Gegendarstellung der Therapeutin werde ich ihm zuschicken.

Beruhigt hole ich die Kinder ab. Wir haben uns eine Belohnung verdient, finde ich, und fahre zu McDonalds.

Tom wird die Kinder nicht bekommen. Aber von nun an sitzt mir wieder die Angst im Nacken. Es ist eine andere Angst als noch vor ein paar Wochen, aber nicht weniger bedrohlich.

18. Kapitel

Ich habe mich noch gar nicht richtig vom ersten Angriff erholt, als der nächste Schlag kommt. Tom möchte einen Teil der Wohnung zugewiesen bekommen – das Souterrain. Es sei ein eigenständiges Apartment mit separatem Zugang und Bad, behauptet seine Anwältin in ihrem Schreiben.

Es stimmt, das Schlafzimmer im Souterrain hat einen eigenen Zugang durch den Keller. Und einen Ausgang in den Garten. Es ist gut fünfundzwanzig Quadratmeter groß, verfügt über einen Telefonanschluss und natürlich das große Badezimmer, das wir neu haben einbauen lassen. Die schmale Treppe führt in unsere Wohnung hinauf, immerhin ist davor eine Tür, die man absperren kann.

Dennoch. Er wäre wie die Spinne im Netz. Ich könnte mit den Kindern nicht mehr in den Garten, ohne fürchten zu müssen, dass er dazukommt. Im Keller stehen Waschmaschine, Trockner und Tiefkühlschrank, um dorthin zu gelangen, müsste ich an seiner Tür vorbei – er könnte mich dort jederzeit überfallen. Wir haben Holzböden, er würde alles mitbekommen, was sich oben abspielt, und gegen mich verwenden. Jeden kleinen Streit mit den Kindern. Jeden Gegenstand, der auf den Boden fällt.

Zu meinem größten Entsetzen bekommt er jedoch recht, obwohl mein Anwalt kämpft wie ein Löwe und immer wieder die psychische Bedrohung beschwört, die durch Toms Anwesenheit ausgelöst wird. Seine Bemühungen sind umsonst. Freunde helfen mir, oben in der Wohnung einen schweren Schrank vor die Verbindungstür zu schieben.

Wieder überlege ich, zu meinen Eltern zu ziehen, aber ich will so schnell nicht aufgeben. Es ist mein neues Leben, und ich bin stolz darauf, alles so gut im Griff zu haben. Die Therapeutin unterstützt mich. Sie hat eine Gegendarstellung geschrieben, mir bescheinigt, dass ich weder suizidgefährdet noch eine Gefahr für die Kinder bin. Auch das Jugendamt hilft mir, ohne dass es das vielleicht beabsichtigt, ich bekomme trotz der Anschuldigungen den Nebenjob. Fortan betreue ich zwei Schwestern, die an drei Tagen in der Woche zu uns kommen.

Die Kleinere der beiden, Mia, ist im Kindergarten, von dort hole ich sie ab und nehme sie mit nach Hause. Jenny ist bereits in der Schule und kommt nach Schulschluss zu uns. Wir essen gemeinsam, dann mache ich Hausaufgaben mit Alexander und Jenny, während Mia, Johanna und Lukas spielen. Danach gehen wir in den Garten, den Zoo oder den Stadtwald. Wir basteln, backen und kochen gemeinsam. Die Mädchen finden schnell ihren Platz bei uns, fühlen sich wohl. Abends kommt ihre Mutter und holt sie ab. Ich verdiene mit der Betreuung nur eine kleine Summe, aber das Geld kommt regelmäßig, und ich kann jeden Pfennig gebrauchen.

Tom zieht Anfang Dezember unten ein. Ich habe Angst. Wird er mir auflauern? Er geht zum Glück zur Arbeit, bevor ich Alexander in die Schule und Johanna in den Kindergarten bringe. Die Vormittage mit Lukas sind entspannt, er ist ein friedliches Kind und fast immer zufrieden.

Mittags kommt Tom oft nach Hause, dann werde ich nervös. Ich kann ihn hören, so wie er uns hören kann. Er hat sich in unserem ehemaligen Schlafzimmer einen kleinen Tisch aufgebaut, außerdem ein Bett und einen Kleiderschrank. Auf einem kleinen Zweiplattenherd kocht er sich manchmal Ravioli oder eine Dose Suppe, außerdem steht unsere Kaffeemaschine dort. Ich kann durch die Fenster im Garten in den Raum hineinsehen und gucke manchmal, wenn ich mir sicher bin, dass er nicht da ist.

Nachmittags ist er wieder auf der Arbeit. Das ist auch gut so. Mittags gibt es schon mal Streit am Tisch unter den Kindern, nichts Schlimmes, ganz normal, wenn fünf Kinder nach der Schule oder dem Kindergarten aufeinandertreffen. Früher habe ich manchmal lautstark durchgegriffen und zur Ruhe ermahnt. Das traue ich mich nicht mehr, weil Tom ja behauptet, dass ich die Kinder misshandele. Woher weiß ich, dass er nicht jede Regung von uns im Erdgeschoss aufzeichnet und später gegen mich verwendet? Meine Unsicherheit nimmt wieder zu, das merken die Kinder. Die Stimmung schlägt gegen Jahresende um, uns fehlt die Leichtigkeit. Es kommt immer häufiger zu kleinen Auseinandersetzungen, die Atmosphäre ist aufgeheizt.

Dann kommt der nächste Schlag: Tom klagt auf Umgangsrecht.

»Wie soll das gehen?«, frage ich meinen Anwalt verzweifelt. »Er wohnt im Souterrain. Will er die Kinder übers Wochenende zu sich runternehmen? Sollen sie dort schlafen? Obwohl eine Etage darüber ihre Zimmer sind? Das ist doch Blödsinn! Und wie will er für sie kochen?«

»Er will die Kinder nur samstags von morgens um zehn bis abends um achtzehn Uhr«, erwidert mein Anwalt ruhig. »Das werden wir ihm zugestehen müssen. Er ist trotz allem ihr Vater.«

Das ist mir durchaus bewusst. Dennoch fürchte ich mich vor dem, was kommt. Die Kinder haben nur selten nach Tom gefragt in den letzten Monaten. Es ist fast so, als hätten sie ihn und alles, was mit ihm zusammenhängt, ausgeblendet.

»Habt ihr euch jetzt getrennt?«, hat mich Alexander einmal gefragt.

»Ja. Das haben wir.«

»Gut.« Er wandte sich wieder seinem Malblock zu und kritzelte weiter. Alexander malt für sein Leben gern. »Florians Eltern sind auch getrennt.« Er zuckte mit den Schultern und schien das Thema zu vergessen.

Ich vermeide es, vor den Kindern über Tom zu sprechen. Inzwischen habe ich einen regelmäßigen Termin bei der Therapeutin – immer freitagnachmittags. Dann kommt Stefan und passt auf die Kinder auf. Ich will aufarbeiten, was mir in meiner Ehe widerfahren ist. Es gehören ja immer zwei dazu, irgendwie. Tom hat gemacht, ich habe mit mir machen lassen. Ich will verstehen, warum ich das zulassen konnte, damit mir das nie wieder passiert. Dabei ist der Gedanke an eine weitere Partnerschaft für mich so fern wie eine Galaxie in einem anderen Sternennebel. Ein Mann? Nie wieder. Auf jeden Fall nicht jetzt. Aber ich will es verstehen und daraus lernen.

Mit der Psychologin rede ich darüber, wie ich damit umgehen soll, dass Tom die Kinder wieder zu Gesicht bekommt.

»Wie fühlt es sich für Sie an?«

»Schrecklich, einerseits. Andererseits hat er den Kindern nichts getan. Er ist ihr Vater und wichtig für sie. Ich muss das trennen, so schwer mir das auch fällt.«

Sie nickt, und ich weiß, ich bin auf dem richtigen Weg.

Weihnachten haben wir bei meinen Eltern verbracht. Das neue Jahr hat gerade begonnen. Zweimal ist Tom in den vergangenen Wochen in den Garten gekommen, als wir draußen im Schnee gespielt haben. Er hat die Kinder zu sich gerufen, kurz mit ihnen gesprochen, ist dann aber wieder gegangen. Zum Glück. Heute ist Samstag, und er holt sie das erste Mal für den ganzen Tag ab.

Ich habe mit ihnen geredet, versucht sie vorzubereiten. »Der Papa ist von mir getrennt, weil wir uns nicht mehr lieben. Aber euch liebt er. Er liebt euch ganz doll. Und er will euch sehen und Zeit mit euch verbringen. Das wird immer samstags sein.«

»Was macht er dann mit uns?«, fragt Alexander und kaut auf seiner Unterlippe herum.

Heute ist es nass und kalt draußen. Typisch Januar eben. Ich weiß tatsächlich nicht, was Tom mit den Kindern unternehmen wird. »Keine Ahnung. Vielleicht geht ihr in den Zoo?«

»Jeden Samstag?«, will Johanna wissen.

Ich lache. »Nein, bestimmt nicht, ihr Mäuse. Er freut sich auf euch.«

»Okay.« Alexander nickt ernsthaft.

»Wir sind ja auch seine Kinder«, meint Johanna.

Tom kommt um zehn. Er klingelt, begrüßt die Kinder überschwänglich. Mich beachtet er nicht, so als sei ich nicht da oder durchsichtig. Das ist mir ganz recht.

Sie gehen. Doch wo gehen sie hin? Ich weiß es nicht. Nicht in Toms Zimmer im Souterrain. Ich sehe sie in den Audi steigen und wegfahren. Wird er sie mir wiederbringen?

Was soll ich nur den Tag über tun? Die ganze Zeit habe ich mir ausgemalt, was ich machen würde, wenn ich mal einen Nachmittag nur für mich allein hätte. Shoppen gehen – aber das ist blöd, denn ich habe kein Geld. Ein langes Schaumbad nehmen – doch danach ist mir nicht. Also beschließe ich, die Küche gründlich sauber zu machen und räume die Schränke aus, aber dann fällt mir erst ein Teller, danach eine Tasse auf den Boden. Beide zerbrechen. Es ist nicht mein Tag, meine Hände zittern.

Simone ist irgendwo in der Dominikanischen Republik, Beate auf Besuch bei ihrer Familie in Bayern. Von den anderen Freunden ist mir keiner nahe genug, dass ich ihn in meinem jetzigen Zustand belästigen würde. Ich gehe durch die Zimmer, sauge Staub und wische, schalte den Fernseher an, dann wieder aus – es läuft ja doch nichts. Und immer wieder schaue ich auf die Uhr.

Pünktlich um achtzehn Uhr klingelt es an der Haustür. Die Kinder stehen im Hausflur, Tom ist schon weg.

»Wie war es?«, will ich wissen.

»Wir waren bei Onkel Rolf und Tante Christel«, erzählt Johanna aufgeregt.

Sie ist vier, wird in wenigen Wochen fünf. Alexander wird im April sieben, und Lukas ist zweieinhalb. Sie umarmen mich alle, und ich danke Gott für meine Kinder. Es ist gut gegangen. Zum Glück. Tom hat die Kinder abgeholt und sie wieder zurückgebracht, und es kam nicht zum Streit oder zu anderen hässlichen Szenen. Es geht ihnen gut.

Tom telefoniert abends viel, geht oft aus. Das bekomme ich durch die Holzdecken mit. Jemand aus unserem alten Freundeskreis hat mir erzählt, dass er Kontaktanzeigen aufgibt und eine neue Partnerin sucht. Soll mir recht sein, dann zieht er vielleicht wieder aus.

Ein paar Mal hat er mich im Keller abgepasst, als ich die Wäsche waschen wollte, oder sich nachts vor die Terrassentür gestellt und mich beschimpft. Ich habe ihm nicht in die Augen geblickt, sondern einfach den Vorhang zugezogen. Leider kann ich meine Angst nicht genauso verdecken. Sie war nur kurz weg, jetzt ist sie wieder da. Sie hat mir aufgelauert, um mich im erstbesten Moment wieder zu überfallen.

Aber meine Freunde, vor allem meine neuen aus dem Freundeskreis um Simone, lassen mich nicht im Stich. Claudia gehört dazu. Sie ist oft bei mir, ihre Mutter ist schwer erkrankt, und ich höre mir ihre Sorgen an. Wir stützen uns gegenseitig.

Außer Claudia gehört auch noch Michael zu Simones Freundeskreis. Ich kenne ihn schon länger. Er wollte damals mit uns ins Theater. Damals, als Tom ausgeflippt ist und mich nicht hat gehen lassen. Michael ist nett und mag die Kinder. Claudia aber liebt meine drei. Sie reißt sich ein Bein für Alexander, Johanna und Lukas aus. Vor allem Lukas hat sie ins Herz geschlossen. Wir sind ein wenig Familienersatz für sie, und sie ist Tantenersatz für uns. Und sie wird meine Freundin.

Der Januar vergeht, und Tom verändert sich. Er wird sicherer, was die Kinder angeht, die er immer noch jeden Samstag abholt, und das gibt ihm offenbar Auftrieb. Wenn er kommt, beschimpft er mich, aber immer nur leise, damit es keiner hört.

Und dann fangen plötzlich die Merkwürdigkeiten an. Die Kinder kommen an einem Samstagabend plötzlich ohne Strümpfe wieder, dann ohne T-Shirts. Es sind einzelne Sachen, die fehlen, und ich kann es mir nicht erklären.

Tom sagt, dass er mit ihnen ins Sauerland will, zum Schlittenfahren. Ich soll den Schlitten rausstellen und die Kinder entsprechend anziehen. Nachbarn schenken mir Kleidung für sie, gebrauchte Sachen, aber immer noch gut. Sie wissen, dass meine finanzielle Situation sehr angespannt ist. Ich habe ausrangierte Schneeanzüge, gefütterte Gummistiefel und Anoraks bekommen und bin froh und dankbar dafür. Ich gebe Tom sogar Wechselsachen mit, Strumpfhosen, Hosen, Pullis, als er zum Schlittenfahren mit ihnen fährt.

Abends bringt er die Kinder zurück. Sie haben nichts als ihre Unterwäsche an und schlingen die kleinen Ärmchen um ihre frierenden Körper.

»Was ist mit den Anziehsachen?«, frage ich Tom, aber er grinst nur dämonisch. Ich ahne Böses. »Was ist mit ihren Stiefeln? Wieso hast du sie nicht wieder mitgebracht? Was sollen sie jetzt anziehen?«

»Kauf ihnen vernünftige Sachen«, sagt er nur, und ich verstehe die Welt nicht mehr.

Doch schon wenig später bewahrheiten sich meine bösen Ahnungen. Ich werde zu einem Gesprächstermin beim Jugendamt gebeten, Tom wird auch da sein. Eine andere Abteilung, eine andere Sachbearbeiterin. Ich kenne sie nicht, aber sie scheint Tom schon zu kennen, begrüßt ihn freundlich.

Er hat einen großen Karton dabei, setzt sich hin und weicht meinem Blick aus. »Wie ich Ihnen schon gesagt habe, geht es um die Vernachlässigung meiner Kinder«, beginnt er.

Mir bleibt die Luft weg.

»Meine Nochfrau kümmert sich nicht um die Kinder. Sie werden nicht anständig gekleidet, bekommen kein ausgewogenes Essen. Die Kleidung, die sie tragen müssen, ist verdreckt und durchlöchert.«

Er legt die müffelnden Schneeanzüge auf den Tisch, holt eine Wollstrumpfhose von Johanna hervor, die ein Loch am Knie hat. Ich hatte es gestopft, man kann noch die Reste vom Stopfgarn sehen. Dann nimmt er die Gummistiefel aus dem Karton, zieht das Futter nach außen – es sind kleine Löcher im Innenfutter. Ein T-Shirt ist außerdem dabei, da ist die Naht unter dem Arm ein wenig aufgegangen.

»Meine Nochfrau geht lieber feiern und betrinkt sich, statt sich um die Kleidung der Kinder zu kümmern.«

»Ich … ich …«, stottere ich und suche den Blick der Sachbearbeiterin. »Die Sachen waren alle sauber, frisch und gewaschen, als die Kinder sie anhatten. Ich hatte die Stumpfhose gestopft, das sieht man am Knie. Die Schneeanzüge und Stiefel habe ich geschenkt bekommen, gebraucht, aber sie sind doch noch gut. Die Stiefel sind wasserdicht.«

Die Sachbearbeiterin nimmt die Kleidungsstücke, begutachtet sie, tut sie zurück in den Karton und sagt nichts.

»Er hat die Kleidung nach einem Besuchstag einbehalten, ich habe nun keine Stiefel mehr für die Kinder«, füge ich leise hinzu.

»Herr Richter, Sie haben nun Ihre Sorge geäußert. Was möchten Sie denn von Ihrer Frau?«

»Sie soll die Kinder anständig anziehen.« Er grinst mich triumphierend an.

Die Sachbearbeiterin blättert in ihren Unterlagen. »Ich sehe, Sie zahlen bisher keinen Unterhalt?«

Toms Gesichtsausdruck verändert sich. »Sie hat das Kindergeld und kann mietfrei wohnen. Ich werde ihr ganz sicher nicht auch noch ihr Lotterleben finanzieren.«

»Wenn Sie keinen Unterhalt zahlen, womit soll Ihre Frau denn dann neue Kleidung für die Kinder kaufen?«

»Das ist doch nicht mein Problem. Soll sie doch endlich arbeiten gehen und selbst Geld verdienen!« Er ist nicht laut geworden, aber er regt sich auf, das merkt man.

»Herr Richter, Ihr jüngster Sohn ist gerade zweieinhalb Jahre alt. Sie haben drei Kinder unter acht Jahren, wie soll Ihre Frau da arbeiten gehen? Zumal Sie ja auch nicht wollen, dass sie die Kinder vernachlässigt.«

Tom steht auf, schiebt den Stuhl wütend nach hinten. »Ich werde mit Ihrem Vorgesetzten sprechen«, zischt er. »Sie begreifen den Ernst der Lage nicht. Meine Kinder sind in Gefahr.«

Dann rauscht er ab.

Ich bleibe sitzen, fühle mich ausgelaugt, mein Herz pumpt, als hätte ich einen Gewaltmarsch hinter mir. Die Sachbearbeiterin gibt mir ein Glas Wasser, das ich dankbar annehme.

»Es stehen noch mehr Vorwürfe gegen Sie im Raum«, sagt sie. »Ich kann nicht beurteilen, ob Sie Ihre Kinder wirklich vernachlässigen, aber Sie müssen sehr aufpassen.«

»Ich weiß.«

Es kommt ein weiterer Brief von Toms Anwältin. Er wirft mir vor, dass ich die Kinder misshandle, was er vor allem an den Tagen beobachtet haben will, wenn sie bei ihm gewesen sind. Ich würde sie, wenn er sie abends zurückbringt, durch den Hausflur schleifen, sie anbrüllen, sie morgens, wenn er sie abholt, aus der Wohnung schubsen. Er behauptet, ich würde die Kinder unter Druck setzen, sie gegen ihn aufhetzen. Selbst ihn würde ich körperlich angehen, vor den Kindern beschimpfen und drangsalieren.

Weinend breche ich zusammen. Wann hat dieser Albtraum endlich ein Ende?

Am Abend kommen Simone und Claudia. »Wir brauchen einen Plan, Conny«, sagen sie und beschließen, dass ich ab jetzt nicht mehr allein sein werde, wenn er die Kinder holt und wiederbringt. Es wird immer jemand da sein, ein Zeuge.

Sie telefonieren mit den anderen aus dem Freundeskreis, machen eine Liste. Jeden Samstag um Viertel vor zehn kommt jemand. Alle haben sich bereiterklärt, auch wenn es den ersten Tag vom Wochenende betrifft, an dem sie eigentlich ausschlafen wollen, denn sie haben ja noch keine eigenen Kinder. Abends ist auch immer jemand da. Meistens kommen dann immer gleich mehrere vorbei, und wir kochen und spielen zusammen. Ich bin so froh und dankbar, dass ich da nicht mehr allein durchmuss. Natürlich will Tom mir auch daraus einen Strick drehen. Ich wäre feiersüchtig, behauptet er, würde Orgien veranstalten, wäre immer betrunken.

Im Februar steht die erste Gerichtsverhandlung an. Mein Anwalt spricht mir Mut zu, aber ich weiß, Tom wird dem Richter weitere fiese Lügen auftischen. Bisher hat er schon zwanzig Schreiben von seiner Anwältin kommen lassen, jedes gespickt mit Vorwürfen und Verleumdungen.

»Meine Frau ist Alkoholikerin«, sagt Tom und schaut betroffen zu Boden.

»Woran machen Sie das fest?«

Der Richter ist ein älterer Mann, der sehr gütig wirkt. Ich weiß jedoch, dass Aussage gegen Aussage steht und Tom andere schnell von sich überzeugen kann. Deswegen bin ich nervös.

»Ich habe ihr letzten Samstag die Kinder zurückgebracht, und sie hatte ein Glas Sekt in der Hand.« Tom sieht zu mir, das Kinn leicht nach vorn gereckt.

»Mein lieber Herr Richter, wenn Sie samstagabends bei mir vorbeikommen würden, hätte ich mit großer Wahrscheinlichkeit ein Glas Rotwein in der Hand. Wollen Sie etwa behaupten, dass ich Alkoholiker bin?«

Die Verhandlung zieht sich hin, wird vertagt. Immer noch

muss Tom keinen Unterhalt zahlen, weil er sein Gehalt nicht aufgedeckt hat. Ich habe zwar einige Gehaltsabrechnungen kopiert, aber das reicht nicht aus. Der Richter ermahnt ihn, seine Finanzen offenzulegen.

Ich habe Unterhaltsvorschuss beantragt, aber das Amt will erst die Verhandlung abwarten. Sozialhilfe bekomme ich nicht, weil ich Eigentum habe. Stattdessen hat Tom mich wegen Betrugs und Raubs angezeigt, da ich nach der Trennung das Konto von Tom überzogen habe.

Mein Anwalt lacht. »Das verrechnen wir mit dem noch ausstehenden Unterhalt, machen Sie sich keine Sorgen.«

Das ist leichter gesagt, als getan. Fast wöchentlich flattern neue Briefe mit schlimmeren Vorwürfen in den Briefkasten. Es wird immer absurder.

Meine Freunde überreden mich, zu einer Karnevalsfeier mitzukommen. »Du musst mal wieder raus, mal wieder unter Leute«, sagen sie. »Wir bezahlen den Babysitter.«

Stefan kann zum Glück an Weiberfastnacht. Meine Freunde kommen zu mir, fröhlich verkleiden wir uns, stoßen auf den Abend an.

Die Kinder begrüßen ihren Babysitter überschwänglich, sie wissen, dass sie etwas länger aufbleiben und spielen dürfen, und freuen sich. Mit ihm kommen sie immer gut klar. Alle werden einen schönen Abend haben, denke ich. Trotzdem gebe ich Stefan die Nummer der Kneipe, in der wir feiern werden. Man weiß ja nie.

Wir fahren zum Lokal und verbringen einige sehr lustige Stunden miteinander. Es wird geschunkelt, gefeiert und gesungen, außerdem fließt der Alkohol in Strömen. Ich trinke nicht, da ich später noch fahren werde. Dennoch habe ich jede Menge

Spaß und kann für ein paar Stunden meine Probleme vergessen. Es ist fröhlich und laut, wir liegen uns in den Armen und veranstalten eine Polonaise nach der anderen. Ich fühle mich endlich einmal wieder unbeschwert und jung.

Doch dann wird eine Durchsage gemacht: Frau Richter möge bitte zu Hause anrufen. Etwas ist passiert, weiß ich in diesem Moment, und mir wird ganz kalt. Ich kann kaum ein Wort verstehen, als ich zum Telefon in der Küche des Lokals komme.

Stefan ist am Apparat. Er klingt aufgeregt, und ich höre die Kinder im Hintergrund weinen.

»Da steht ein Mann im Flur und hämmert gegen die Tür, ich soll aufmachen, sagt er. Er tobt und schreit. Ich glaube, es ist Ihr Ex, und auch Alexander meint, es wäre sein Papa und ich dürfte die Tür nicht aufmachen.«

»Nicht aufmachen, genau! Ich komme sofort.«

Ich rase zurück nach Hause, verabschiede mich nicht einmal mehr von meinen Freunden, so schnell eile ich aus der Kneipe.

Als ich daheim ankomme, ist Tom nicht mehr zu sehen. Der Abend ist für mich jedoch gelaufen.

Stefan macht einen eingeschüchterten Eindruck. »Ich hoffe, das kommt nie wieder vor. Es war schrecklich.« Ich gebe ihm zehn Mark extra und hoffe, dass er weiterhin die Kinder hüten wird, wenn ich Termine habe.

»Papa ist wütend auf dich«, sagt Alexander und kuschelt sich an mich. Er ist noch wach und sieht verängstigt aus. Johanna und Lukas sind inzwischen zum Glück eingeschlafen.

»Ja.«

»Aber er darf hier nicht mehr rein, oder?«

»Nein, nie wieder.«

»Das ist gut.«

19. Kapitel

Nach dem Zwischenfall an Karneval kommen weiterhin Freunde bei uns vorbei und überwachen das Abholen und Wiederbringen der Kinder. Simone muss häufig fliegen, aber Claudia ist oft da. Wir verstehen uns sehr gut, können stundenlang reden und lachen. Sie liebt die Kinder, kann gut mit ihnen umgehen. Ihrer Mutter geht es ein wenig besser, und wir hoffen, dass sie den Krebs überstanden hat.

»Weißt du was«, sagt Claudia eines Tages im Frühjahr, kurz nach dem schrecklichen Karnevalserlebnis. »Ich habe mir überlegt, dass wir im Sommer eine Woche wegfahren sollten. Ich habe ein günstiges Angebot für ein Ferienhaus in Holland gekriegt und es in der letzten Woche im Juli schon einmal geblockt. Was hältst du davon?«

Urlaub. Mit Claudia und den Kindern. Ich falle ihr vor Freude um den Hals. Aber kann ich mir das leisten? Inzwischen bekomme ich Unterhaltsvorschuss vom Amt, aber rosig sieht es dennoch nicht aus. Als ich meinen Eltern von dem Urlaub erzähle, versprechen sie, uns etwas dazuzugeben, also wird es klappen. Auch die Kinder freuen sich darauf. Eine Woche am Meer, wie wunderbar! Es wird die fünfte Ferienwoche im Sommer sein. Ich gebe das Datum an meinen Anwalt weiter, so wie fast alles, was die Kinder angeht.

In der letzten Zeit war Tom nicht mehr oft in der Wohnung im Souterrain. Er schläft nur noch selten hier, was zu einer temporären Entspannung führt. Grundsätzlich frage ich die Kinder immer, wie der Samstag mit Papa gewesen sei, und freue mich mit ihnen, wenn sie eine schöne Zeit mit ihrem Vater hatten. Meist sind sie bei Onkel und Tante in Essen, wo Tom sie offenbar direkt hinfährt, nachdem er sie ins Auto geladen hat.

Wenn ich sie für den Besuch bei ihm anziehe, sage ich immer: »Papa liebt euch, und er freut sich auf euch. Er möchte Zeit mit euch verbringen.«

»Er mag dich nicht mehr«, sagt Johanna traurig.

»Nein, er mag mich nicht mehr. Aber das hat nichts mit euch zu tun.«

»Wir mögen dich aber«, sagt Alexander und gibt mir einen dicken Kuss.

»Das freut mich. Aber ihr dürft Papa auch noch lieb haben.«

Doch dann kommen die Kinder von einem Besuchssamstag nach Hause und sind anders als sonst. Viel ruhiger und nachdenklicher. Ich frage, ob etwas vorgefallen sei, aber sie antworten nicht. Ich lasse ihnen Zeit, denn ich spüre ganz intuitiv: Etwas beschäftigt sie.

Am nächsten Morgen beim Frühstück wird Alexander plötzlich erst still, dann sieht er mich an. »Ihr werdet euch nicht mehr vertragen?«

»Papa und ich? Nein, das werden wir nicht.«

Er nickt. »Das hat Papa auch gesagt. Wir waren gestern mit ihm bei einer Frau.«

»Papa hat gesagt, das wäre jetzt unsere Mama«, fügt Johanna hinzu. »Aber du bleibst doch unsere Mama?«

Ich muss schlucken, kann zuerst nicht antworten. »Ich bleibe für immer und immer und immer eure Mama. Auch wenn Papa eine neue Frau hat.«

Die beiden schauen sich an, nicken dann. »Gut.«

Die Woche über scheinen sie das Thema zu vergessen, aber dann kommt der Besuchssamstag. Diesmal wollen sie nicht so recht zu Tom. Ich überrede sie, trotzdem zu gehen.

»Papa freut sich doch so auf euch.«

»Und wenn wir da wieder hinmüssen? Zu der Frau?«

»Dann ist das so. Sie ist bestimmt nett, ihr kennt sie nur noch nicht, und sie euch auch nicht wirklich.«

Auch an diesem Samstag fahren sie zu Toms neuer Freundin. Abends erfahre ich ein wenig mehr über sie.

»Papa wohnt jetzt da, hat er gesagt.« Alexander nickt ernsthaft. »Aber die Wohnung ist klein, nur drei Zimmer.«

»Die hat auch zwei Kinder, ein Junge und ein Mädchen«, erzählt Johanna. »Die sind aber älter als wir.«

»Wie viel älter?«, will ich wissen, doch die Kinder zucken mit den Schultern.

»Die Sarah vielleicht drei Jahre älter als ich«, meint Alexander nachdenklich. »Und der Lukas zwei Jahre.«

»Ach, auch ein Lukas?« Ich lächele und nehme meinen Jüngsten fest in die Arme, knuddele ihn. »Du wirst aber immer mein einziger Lukas sein.« Er lacht fröhlich.

»Das ist hässlich, da wo die wohnt«, sagt Johanna. »Nicht so schön wie bei uns.«

Ich verkneife mir einen Kommentar. »Wie heißt sie denn, die neue Frau?«

Die Kinder schauen sich mit großen Augen an.

»Weiß ich nicht«, sagt Alexander. »Ein komischer Name, hab

ich mir nicht gemerkt. Ich will da nicht jeden Samstag hin. Und ich will auch nicht mehr zu Onkel Rolf und Tante Christel.«

»Ach, bestimmt wird Papa demnächst wieder schöne Sachen mit euch allein machen, in den Zoo gehen oder so.«

Ich hoffe, dass Tom nun verträglicher wird, jetzt wo er wieder eine Freundin hat, aber ich habe mich getäuscht.

Er kauft den Kindern neue Schuhe, und sie freuen sich sehr. Die alten behält er natürlich, was ich zähneknirschend hinnehme. Am Samstag drauf kommen die Kinder barfuß nach Hause.

»Die neuen Schuhe der Kinder waren dreckig. Du pflegst sie nicht ordentlich. Ich habe sie gekauft, deshalb behalte ich sie auch«, schnauzt er mich an.

Ich seufze und verdrehe die Augen. »Es hat heute Morgen geregnet, und wir waren alle zusammen Brötchen holen.«

»Du bist und bleibst eine Schlampe.«

Darauf entgegne ich lieber nichts. Ich will vor den Kindern keinen Streit. »Wo sind denn die alten Schuhe?«

»Die habe ich weggeworfen.«

Ich kaufe den Kindern neue Schuhe und verfluche Tom.

Beim nächsten Mal hat Alexander seinen Pulli falsch herum an, Lukas' Sweatshirt ist auf links.

»Habt ihr euch umgezogen?«, frage ich verwundert.

»Ja, das müssen wir jetzt immer machen«, erklärt Alexander. »Papa hat uns neue Sachen gekauft. Seine Freundin sagt, unsere Sachen stinken. Wir müssen uns morgens im Auto ausziehen und bekommen dann die Sachen, die er gekauft hat, an.«

»Und abends müssen wir wieder unsere alten Sachen anziehen«, fügt Johanna hinzu. »Wir helfen Lukas dabei, er kann das ja noch nicht so.«

Unglaublich, denke ich, sage es aber nicht. Vor den Kindern tue ich so, als sei es das Normalste der Welt und müsse so sein. Aber innerlich bin ich ein brodelnder Vulkan.

Frühsommer 1994. Wieder kommt ein Brief von Toms Anwältin. Er will die Kinder in den letzten beiden Wochen der Sommerferien haben, um mit ihnen zu verreisen. Er will mit ihnen nach Schweden fahren, hätte schon gebucht und bestehe auf den Termin. Ich versuche mit ihm zu reden, doch er lässt sich auf kein Gespräch ein. »Nur noch über die Anwälte«, sagt er.

Das ist mir recht. Was mir allerdings nicht recht ist, ist der Termin. Will er die letzten beiden Ferienwochen, um mir eins auszuwischen? Ich fürchte, das ist so. Er hat ja gesagt, dass er mir nichts mehr gönnt und mich zerstören will.

Mein Anwalt erhebt Einspruch. Wir hätten unseren Urlaub länger eingereicht und ihm das rechtzeitig mitgeteilt. Vor Monaten schon. Aber Tom hat das Ferienhaus in Schweden gebucht, er geht keinen Kompromiss ein. Überhaupt lässt er nicht mehr mit sich reden. Ich versuche es noch mal, als er die Kinder abholt.

»Schau, Tom, ich habe diese eine Woche in Holland bereits gebucht und eine Anzahlung gemacht. Können wir nicht irgendwie sehen, dass du zu einer anderen Zeit fährst? Vielleicht auch eine Woche vor Ferienbeginn? Alex ist erst in der ersten Klasse und …«

»Nein«, unterbricht mich Tom scharf. »Ich will die letzten beiden Ferienwochen.«

»Aber ich habe doch schon gebucht«, versuche ich es wieder.

»Ich habe auch gebucht. Die Buchungsbestätigung liegt dem Gericht vor.« Dann zischt er: »Was glaubst du eigentlich, wer du bist? Ich will die Kinder. Und wenn ich sie nicht bekomme, dann bekommt sie keiner.«

Er dreht sich um und lässt die Haustür krachend ins Schloss fallen. Zum Glück sind die drei schon längst draußen in seinem Wagen und haben den dummen Disput nicht mitbekommen. Tom ist so ein Idiot! Ich gönne ihm ja den Urlaub mit den Kindern, aber nur nicht gerade in den letzten Ferienwochen.

Die Sache landet vor dem Gericht. Da ich den Urlaub zuerst angemeldet habe, bekomme ich die fünfte Ferienwoche zugesprochen. Tom darf aus den ersten vier Wochen frei wählen. Doch seine Anwältin legt Widerspruch gegen das Urteil ein, und es geht zum Oberlandesgericht – dabei ist es bereits Anfang Juni. In zwei Wochen beginnen schon die Ferien.

Er müsse arbeiten, sagte er, könne die Zeit nicht frei wählen, sondern müsse den Urlaub so nehmen, wie es ihm sein Arbeitgeber genehmige. Ich weiß, inzwischen ist er in der Führungsetage angekommen, die letzten Jahre hat er den Urlaub immer frei wählen können, ohne ihn mit jemandem absprechen zu müssen. Es gibt keine Vertretung für ihn, also muss er sich auch mit niemandem abstimmen. Doch egal, was wir vorbringen, die Richter entscheiden für ihn. Schließlich sei ich nicht berufstätig und hätte mich zu fügen.

Als ich von der Bank aufstehe, zittern meine Knie. Ich weiß, ich habe diese Schlacht verloren, aber das ist egal. Es geht um die Kinder.

»Dann beantrage ich«, sage ich mit so fester Stimme, wie es mir möglich ist, »dass mein Mann die Kinder an zwei Wochenenden vorher komplett zu sich nimmt. Seit über einem Jahr hat er sie nicht mehr ins Bett gebracht, hatte sie in den letzten Monaten immer nur am Samstag von morgens bis abends, aber nie über Nacht. Die Kinder sollen sich daran gewöhnen können, dass er sie zu Bett bringt.«

Und noch eine Sache setze ich durch: Er muss die Kinder schon am letzten Donnerstag in den Ferien zurückbringen. Donnerstag um achtzehn Uhr. Dann haben sie noch den Freitag und das Wochenende, bevor Schule und Kindergarten wieder beginnen, und können sich bei mir einleben.

Tom will das nicht zulassen, er habe das Haus bis Samstag gebucht, widerspricht er, doch diesmal bekomme ich recht. Er darf sie schon donnerstags abholen, muss sie aber exakt zwei Wochen später wieder zu mir zurückbringen.

Seine Freundin heißt Dajenna, und ihre Kinder sollen auch mit nach Schweden, erfahre ich. Das ist mir ganz recht. Sie hat Kinder, sie wird mit Alexander, Johanna und Lukas umgehen können, wissen, was zu tun ist, denke ich. Tom allein würde ich nicht zutrauen, sich zwei Wochen lang um die Kinder zu kümmern. Auch bin ich froh, dass er die meiste Zeit bei ihr ist und nicht mehr wie eine dicke schwarze Spinne im Keller sitzt und mich belauert.

»Was machen wir nun?«, frage ich Claudia traurig. »Sollen wir das Haus stornieren?«

Claudia lacht und drückt mich an sich. »Auf keinen Fall. Wir fahren trotzdem. Vielleicht will ja noch jemand mit? Es sind schließlich vier Schlafzimmer im Haus.«

»Meinst du wirklich?«

»Nun überleg mal. Tom hat die Kinder zwei Wochen lang. Willst du die ganze Zeit rumsitzen und Trübsal blasen? Wir werden eine tolle Woche in Holland haben, eine grandiose Woche sogar. Im Meer schwimmen, spazieren gehen, kochen, spielen –

und zwar ohne Kinder. Ich weiß, du liebst sie mehr als dein Leben, aber wann hast du das letzte Mal so richtig ausgeschlafen?«

Sie hat recht, und langsam, aber sicher, kommt auch eine gewisse Vorfreude in mir auf. Ich versuche mit Tom zu klären, an welchen Wochenenden vor dem Urlaub er die Kinder über Nacht holt, aber er weicht mir aus. An den zwei darauffolgenden Samstagen sagt er sogar ganz ab, auch für tagsüber. Dann holt er sie plötzlich wieder, sagt aber, dass sie nicht über Nacht bei ihm bleiben könnten. Die Ferien haben schon begonnen, und die Zeit bis zur Abreise wird knapp. Was, wenn es nicht klappt? Wenn die Kinder sich schlecht von ihm ins Bett bringen lassen, nicht schlafen wollen? Sich nicht von ihm trösten lassen, wenn sie wach werden und schlecht geträumt haben?

Der erste Samstag, an dem die Kinder endlich mal wieder bei ihm sind, kommt. Abends, so ist es geplant, soll Tom sie wiederbringen. Mein Bruder Christoph besucht mich, wir verbringen den Tag miteinander und wollen grillen, sobald die Kinder daheim sind. Andere Freunde wollen auch kommen.

Um fünf klingelt das Telefon. Es ist Tom. »Mein Auto springt nicht an«, sagt er unwirsch.

»Aha.«

»Du musst kommen und die Kinder holen.«

»Muss das sein? Sie können doch auch über Nacht bei dir bleiben. Du hast dem Richter versprochen, dass sie an zwei Samstagen bei dir übernachten. Wieso nicht heute?«

»Sie haben keine Sachen dabei, keine Zahnbürsten.«

»Dann kauf doch einfach welche am Bahnhof. Da gibt es so Automaten.«

»Nein.«

Ich seufze. »Okay. Eine Nacht werden sie ohne Zähneputzen überleben.«

»Du holst sie jetzt ab«, sagt Tom kalt und leise und nennt mir eine Adresse. Sie ist in Bergkamen, das ist circa fünfzig Kilometer von hier entfernt.

»Ich fahre mit«, sagt mein Bruder, als ich ihm erzähle, was Tom gesagt hat.

»Und ich bereite den Grill vor und lass die anderen rein«, sagt Claudia, die schon früher vorbeigekommen ist. »Wenn ihr dann wiederkommt, ist alles schon fertig. Mach dir keine Sorgen!«

Wir fahren also nach Bergkamen, vierzig Minuten Fahrtzeit. Die Adresse ist in einem Viertel mit tristen Wohnblocks, ein graues Mehrfamilienhaus neben dem anderen, dazwischen Grasflächen, die zertrampelt sind, voller Matschlöcher. In den Büschen rundherum liegt Müll. Keine einladende Gegend.

Dajenna wohnt im zweiten Stock. Viel sehen kann man nicht, es hängen Gardinen vor den Fenstern.

Ich klingele, und Tom schickt die Kinder runter, er kommt nicht mit. Natürlich haben sie wieder ihre »stinkenden« Sachen an. Klar.

»Papa hat sich ein neues Auto gekauft«, erzählt Alexander aufgeregt. »Ein ganz großes dunkelgrünes. Da passen wir alle rein.«

»Ein neues Auto, und es ist schon kaputt?«, fragt Christoph amüsiert, der sich an den Grund erinnert, warum Tom die Kinder nicht wieder nach Münster gebracht hat.

»Das ist nicht kaputt«, sagt Alexander.

»Und warum …«, will Christoph gerade ansetzen, aber ich unterbreche ihn.

»War es denn schön heute?«

»Ja«, sagen die drei, so wie immer. »Aber jetzt haben wir Hunger.«

»Habt ihr nichts zu essen bekommen?«

»Heute Mittag gab es ein Brot. Es gibt immer nur Brot bei Dajenna. Abends sollst du uns Essen machen, sagt sie. Sie will das nicht bezahlen.«

»Ach, sagt sie das?«, frage ich und beiße mir auf die Lippe.

Ob sie wirklich gut zu meinen Kindern sein wird, wenn sie zusammen wegfahren? Ich schiebe den Gedanken weg, kann es ja ohnehin nicht ändern. Sie ist doch auch Mutter, sie wird sich doch um meine Kinder kümmern. Oder?

Tom ruft wenige Tage später an und sagt, dass er die Kinder am nächsten Samstag abholt und bis Sonntag behält. Ich soll ihnen eine Tasche mit Sachen packen, Zahnbürste, Zahnpasta und was sie sonst noch so brauchen. Ob er die Sachen behält oder danach wegschmeißt? Egal, ich packe für die Kinder.

Mir ist komisch zumute, als ich sie am Samstagmorgen Tom übergebe. Wird es gutgehen? Sein neues Auto steht vor der Tür, ein Renault Espace, in Dunkelgrün und mit abgedunkelten Scheiben. Es sieht aus wie ein Mafiaauto, denke ich. Tom steht daneben und beachtet mich nicht.

Simone, die wieder einmal bei der Übergabe dabei ist, drückt mich. »Heute Abend gehen wir tanzen«, flüstert sie mir zu. »Und du brauchst keinen Babysitter.«

Ich sehe Alexander, Johanna und Lukas zu, wie sie ins Auto steigen, sie winken fröhlich. Es ist ein kleines Abenteuer für sie, und sie sollen es genießen. Aber natürlich fiebere ich ihrer Rückkehr entgegen. Wird alles gutgehen?

Sonntag um achtzehn Uhr steht der Renault wieder vor dem Haus, und die Kinder steigen aus. Sie winken Tom zu, kommen zu mir gehüpft, wirken fröhlich.

»Wie war es?«, will ich wissen.

»Gut. Wir waren bei Tante Christel und haben ein Matratzenlager im Wohnzimmer gebaut, und wir haben alle zusammen dort geschlafen. Sogar Onkel Rolf.«

»Bei Tante Christel? Nicht bei Dajenna?« Verblüfft sehe ich Alexander an.

»Bei Dajenna ging das nicht, da sind Handwerker.«

Ach, es ist ja egal, wo sie geschlafen haben. Hauptsache es hat überhaupt geklappt.

Am Wochenende darauf holt Tom sie wieder für zwei Tage ab. Diesmal fällt mir der Abschied leichter, auch wenn ich die ganze Zeit an sie denken muss. Meine Freunde tun alles, um mich abzulenken. Michael hat beschlossen, mit uns zusammen die Woche in Holland zu verbringen. Wir schreiben Listen und planen.

Die Kinder kommen am Sonntag zurück, sie seien wieder bei Tante Christel gewesen, erzählen sie. Diesmal seien Dajennas Kinder krank. Hoffentlich nicht zu krank, denn in vier Tagen sollen sie ja alle schon nach Schweden fahren.

Und dann packe ich. Schweden ist schön, aber man hat auch im Juli keine Garantie auf Sonne und Wärme. Am Meer kann es windig und kühl sein. Sie brauchen also alle drei Sonnensachen, Matschklamotten und warme Kleider.

Außerdem packe ich Spielsachen ein, eine Kiste mit Sandspielzeug, eine mit Lego und Autos, falls es regnet und sie drinnen spielen müssen, eine weitere mit Puppensachen, Malzeug und Büchern. Die Kinder lieben Bilderbücher. Schwimmsachen, Gummisandalen und Schwimmreifen packe ich auch mit in die Kiste. Dann ihre Pässe und die Krankenkassenkarten, Bademäntel und Gummistiefel. Es ist wie der Auszug aus Ägypten.

Am Donnerstagnachmittag, Michael und Claudia sind da, stapele ich alles im Hausflur. Mir wird immer mulmiger zumute, ich unterdrücke die Tränen und erzähle den Kindern, wie schön es werden wird. Urlaub am Meer, das ist so toll. Lukas war noch nie am Meer.

Er drückt sich an mich und umklammert meine Beine. »Will bei Mami bleiben.«

»Ach Schatz.« Ich nehme ihn hoch und drücke ihn an mich. Er riecht so gut, so richtig nach Kleinkind. »Du kommst doch wieder zurück zu Mami. Jetzt möchte Papa mit euch Urlaub machen.«

»Will bei Mami bleiben.« Er legt seine Ärmchen um meinen Hals und drückt mich ganz fest. »Meine Mami.«

»Der Papa freut sich so auf euch. Und Dajenna kommt ja auch mit, und Sarah und der große Lukas. Das wird sicher ganz toll!«

»Will abba bei Mami bleiben«, schluchzt er nun.

Johanna schaut zu Boden, und Alexander geht in sein Zimmer, um seine Kuh zu holen.

»Kommt mal her«, sage ich.

Wir setzen uns zusammen auf die Couch. Michael und Claudia gehen in den Garten, lassen uns diesen Moment alleine.

»Ich habe euch ganz doll lieb, aber Papa auch. Und er möchte so gern Zeit mit euch verbringen und mit euch in den Urlaub fahren. Das wird bestimmt ganz, ganz schön. Ihr müsst mir Muscheln mitbringen, versprecht ihr mir das?«

»Mami, ich habe dich lieb.« Johanna drückt meinen Arm.

»Ich hab dich auch ganz doll lieb«, sagt Alexander, er küsst mich auf die Wange, ein nasser, warmer Kinderkuss.

Mir geht das Herz auf.

»Das weiß ich doch, meine süßen Mäuse.«

In dem Moment klingelt es an der Tür. Tom. Ich hole tief Luft, drücke die drei ein letztes Mal an mich, schnuppere an ihren Haaren, und sauge den Kinderduft in mich ein. Jetzt müssen sie gehen. Zwei Wochen ohne sie, ohne Kontakt – wie soll ich das überstehen?

Claudia und Michael kommen aus dem Garten, halten sich aber im Hintergrund. Ich öffne die Wohnungstür und beobachte Tom, wie er das Gepäck in den Wagen lädt. Ich gebe ihm die restlichen Unterlagen, einen Ordner mit Informationen zu Alexanders Herzfehler, die Krankenkassenkarten, die Kinderpässe.

»Pass gut auf sie auf.«

Er grinst nur, zieht die Kinder mit sich. Sie gehen über die schönen Jugendstilfliesen bis zur aufwendig gedrechselten Haustür. Dort drehen sich Alexander und Johanna um und winken mir zu. Lukas ist bei Tom auf dem Arm, er schaut mich über die Schulter seines Vaters hinweg an.

»Mami«, sagt er.

Und dann sind sie weg. Die Tür fällt hinter ihnen ins Schloss. Es ist das letzte Mal, dass ich sie sehe, weiß ich plötzlich. Tom wird sie nicht wieder zu mir zurückbringen.

Ich werde sie nie wiedersehen.

20. Kapitel

Ich weine, lasse mich kaum beruhigen. Claudia und Michael versuchen mich zu trösten, aber ich bin mir absolut sicher, ich werde meine drei Kinder nie wiedersehen. Tom wird mit ihnen verschwinden, spurlos.

Er könnte einen anderen Job annehmen. Schon früher sind ihm Stellen auf der ganzen Welt angeboten worden, die er aber abgelehnt hat. Hochbezahlte Stellen. Ich weiß, es hat ihn immer gereizt, im Ausland Karriere zu machen. Ich war es, die sich das nicht vorstellen konnte. Vor allem wegen Alexander. Er muss immer noch regelmäßig in der Klinik untersucht werden. Veränderungen machen ihm zu schaffen. Er ist ein sehr sensibles Kind.

Und jetzt … Tom fährt mit den Kindern in ein Ferienhaus. Er hat dem Gericht die Buchungsbestätigung vorgelegt. Ich hingegen habe keine Adresse, weiß nicht, wo es ist. Aber er hat das Haus gebucht, er fährt mit ihnen dahin.

Ich bete mein Mantra hinunter: Er taucht nicht ab, das wird er nicht machen. Er wird mir nicht die Kinder wegnehmen, sage ich mir wieder und wieder.

Und wenn doch? Ich werde sterben, wenn er das tut. Dann bricht er mich in tausend Teile, dann werde ich Gras fressen.

»Ich werde dich zerstören, und wenn es das Letzte ist, was ich tue. Ich werde dich kaputtmachen, so kaputt, wie es nur geht«, hat er gesagt.

Bisher hat er es nicht geschafft.

Michael fährt, er muss noch packen. Wir werden ihn am nächsten Tag abholen. Claudia bleibt noch eine Weile. Sie ist beunruhigt, weil mir immer wieder die Tränen hochsteigen und ich sie nicht zurückhalten kann.

»Es tut mir leid«, sage ich. »Das wirkt wahrscheinlich albern. Kindisch. Aber ich habe solche Angst.«

»Ich glaube, das ist normal. Der Typ hat dir so viel angetan, und nun hat er deine Kinder, und du kannst sie noch nicht einmal anrufen. Das ist die Hölle. Aber alles wird gut, meine Süße.« Sie nimmt mich in den Arm. »Und jetzt musst du packen, wir fahren morgen in den Urlaub.«

Sie hat recht. Ich reiße mich zusammen und hole meinen Koffer aus dem Keller. Zum Glück haben wir das Ferienhaus von Freitag bis Freitag gebucht, und ich bin nicht lange allein in der Wohnung, so ohne Kinder.

Ich fange mit dem Packen an, diesmal nur für mich. Das ist ungewohnt. Ich fahre ohne die Kinder weg? Es fühlt sich falsch an. Aber mein Leben hat sich in den letzten Monaten so oft falsch angefühlt, dass ich langsam anfange, das Gefühl von richtig zu vergessen.

In dieser Nacht schlafe ich in Alexanders Bett, drücke meine Nase in sein Kissen. Ich vermisse die Kinder schmerzlich.

Du bist eine alte Glucke, gönn ihnen doch die zwei Wochen in Schweden!, schimpfe ich mich. Mit dir hätten sie nur eine Woche in Holland gehabt. Außerdem ist Tom ihr Vater, er hat das Recht sie zu sehen und sie zu lieben. Sie haben das Recht ihn zu lieben und Zeit mit ihm zu verbringen. Das dürfen sie, und sie dürfen es schön finden, es genießen. Es ist ihr Vater, er will ihnen nur Gutes, fährt mit ihnen in den Urlaub.

Ich gönne es ihnen wirklich. Dennoch schlafe ich unruhig, werde früh wach, packe die letzten Sachen ein und warte darauf, dass es endlich losgeht.

Als Claudia da ist, packen wir meinen Koffer ins Auto und fahren los, um Michael abzuholen. Er ist ein Jahr jünger als ich und seit Jahren ungebunden, habe kein Interesse an einer festen Beziehung, sagt er. Er mag mich und die Kinder – rein freundschaftlich.

Dann fahren wir endlich los. Es ist kühl, und es nieselt. Kein schöner Tag, um in den Urlaub zu starten, er entspricht meinem Gemütszustand. Ist Tom schon losgefahren? Fährt er nachts, so wie wir das immer gemacht haben? Hat Dajenna für die Kinder Brote geschmiert? Wird sie sich kümmern – wird er es tun? Werden sie sich alle vertragen?

Sie haben über die beiden Kinder von Dajenna nicht viel erzählt. Sarah und Lukas sind oft unterwegs. Was mit dem Vater ist, weiß ich nicht. Es geht mich nichts an, oder nur bedingt. Ich habe versucht, Tom zu fragen, aber er hat so getan, als würde er mich nicht hören. Ich habe ihm auch gesagt, wie schwierig es für unsere drei ist, wenn er ihnen eine Frau mit den Worten »Das ist eure neue Mutter« vorstellt. Er hat nur gelacht, und es klang böse.

Als wir nach stundenlanger Fahrt endlich am Ferienhaus an der Schelde ankommen, entladen wir das Auto, beziehen die Betten und räumen die Küche ein. Es gibt sogar einen Kamin. Der Regen hat nachgelassen, und ich will unbedingt ans Meer.

Wir fahren nach Domburg und gehen zum Strand. Die Sonne steht hoch am Himmel, ein leuchtender Ball. Trotzdem ist es frisch, den ganzen Tag hat es geregnet. Achtzehn Grad

Lufttemperatur, achtzehn Grad Wassertemperatur, sagt eine Tafel. Das ist nicht viel, aber mir ist es egal. Ich sehe das Wasser, ich muss da rein.

Wir haben weder Schwimmsachen noch Handtücher dabei, aber auch das kümmert mich nicht. Ich ziehe mich bis auf die Unterhose aus, laufe ins Wasser und tauche unter. Keuchend tauche ich wieder auf. Ist das kalt! Ich renne zurück an den Strand.

Michael sieht mich fassungslos an und reicht mir meine Sachen, die ich bibbernd überstreife. »Du bist echt hart im Nehmen«, sagt er.

Die nächsten Tage sind sehr entspannt. Wir unternehmen viel, fahren nach Brügge, machen eine Grachtenfahrt, gehen schwimmen, kochen und spielen zusammen. Es ist erholsam, schön, lustig.

Aber immer wieder zwischendurch kommen mir die Tränen. Ich denke an die Kinder und an meinen Albtraum, dass ich sie nie wiedersehen werde. Alexander, Johanna und Lukas. Jede Nacht denke ich an sie. Frage mich, wie es ihnen geht, was sie wohl machen. Ob sie schlafen können? Ob sie nach mir fragen? Ob sie mich vermissen? Ich vermisse sie, vermisse sie so sehr. Die Sehnsucht bereitet mir körperliche Schmerzen.

»Ich habe sie verloren«, sage ich nachts zu Claudia, als wir an der Schelde entlangwandern.

Es knirscht und krabbelt überall, Krebse huschen über die Steine und sorgen für ein unheimliches Geräusch. Wir sehen sie erst, als der Mond hinter den Wolken auftaucht. Ein roter Vollmond, riesig, als würde er gleich ins Wasser fallen. Es ist ein gigantisch schöner Anblick, den ich genießen möchte.

Doch da ist diese ständige diffuse Angst um die Kinder, ein Splitter unter der Haut, den man spürt, aber nicht fassen kann. Meine Freunde müssen mich für verrückt halten. Sie ertragen mich gnädig, wie ich finde.

Und dann ist da noch etwas anderes – ein Gefühl für Michael. Ich fühle mich zu ihm hingezogen. Ich mag ihn sehr, auch die Gespräche mit ihm. Sein warmes Lachen, seine Hände. Aber er ist jünger als ich, hat keine Kinder. Ich habe drei – uns trennt so viel. Außerdem will ich keinen Mann in meinem Leben. Nie wieder. Nein. Oder nur irgendwann vielleicht? Nein, ich will meine Kinder, sonst nichts. Ich bin erst einunddreißig. Zu einem anderen Zeitpunkt in meinem Leben wird es wieder einen Mann für mich geben. Aber nicht jetzt.

Trotzdem, dass es knistert zwischen Michael und mir, bilde ich mir nicht ein. Aber ich bin so unsicher, was diese Signale angeht, traue mich nicht, den ersten Schritt zu tun, auch wenn ich in der letzten Nacht des Urlaubs im Bett liege und mit dem Gedanken spiele, mich nach unten in sein Zimmer zu schleichen. Ich tue es aber nicht.

Wir fahren zurück, ich bringe erst Claudia heim, dann Michael. Er lädt sein Gepäck aus, sagt, dass er mich anrufen werde. Danach fahre ich heim.

Ich parke den Wagen in der Einfahrt und bleibe noch einen Moment sitzen. Wenn ich gleich in die Wohnung komme, wird es kühl sein. Kühl und leer. Seit gestern zeigt der Sommer, was er kann. Es ist warm geworden, fast heiß. Die Sonne brennt. Aber seit einer Woche hat niemand die Türen und Fenster der Altbauwohnung geöffnet. Die Wände sind dick, die Decken hoch, da bleibt es kühl.

Ich steige aus dem Wagen, nehme meine Tasche aus dem Kofferraum, gehe zur Tür. Am Donnerstag muss Tom die Kinder zurückbringen. Nur noch sechs Tage, die ich ohne die drei wichtigsten Menschen in meinem Leben überstehen muss.

Meine Sachen sind schnell ausgepackt. Die Fenster und Türen zum Garten habe ich geöffnet, die warme Sommerluft bahnt sich ihren Weg in die hohen Räume. Kein Kind ruft, schimpft oder weint. Ich bin ganz allein.

Mit zitternden Fingern lege ich eine CD ein. In den letzten Monaten habe ich wieder Spaß an Musik gefunden. Tom mag das nicht, einfach so Musik hören. Dazu hatte er nie Zeit und Muße. The Cranberries tönen aus den Boxen, laut. Sehr laut. Es muss ja auch Vorteile geben, keinen Vermieter zu haben, denke ich und entschuldige mich innerlich bei der Nachbarschaft.

Der Text von »Linger« spricht mich an, er erzählt zum Teil von mir:

… And I swore, I swore I would be true
And honey, so did you.
So why were you holding her hand?
Is that the way we stand?
Were you lying all the time?
Was it just a game to you? …

Ich singe laut mit. Bei einem der ersten Termine, den ich allein bei der Therapeutin hatte, hat sie mich gefragt, was ich für Tom empfinde. Ich konnte ihr keine Antwort geben, war verletzt, fühlte mich belogen und betrogen. Und dennoch war da noch ein Rest von Gefühl, weil ich ihn mal geliebt hatte, mit Haut und Haaren, mit jeder Faser meines Körpers. Aber zu diesem

Zeitpunkt, als die Psychologin mich fragte, war die Liebe der Enttäuschung gewichen. Bitterer Enttäuschung. Damals ging es noch um zeitliche Trennung.

Sie fragte mich: »Stellen Sie sich vor, Ihr Mann wäre weg. Ganz und gar. Vielleicht verunglückt, tot. Er wäre nicht mehr da und würde auch nie mehr wiederkommen. Was fühlen Sie?«

Erschreckenderweise bemerkte ich als Erstes Erleichterung. Das war schon aussagekräftig genug. Ich spürte den Schmerz der Kinder, Reue – wegen der Kinder –, aber nicht um seinetwillen.

Die Therapeutin hat nie eine Bemerkung, eine Aussage von mir gewertet, sie hat etwas nie kommentiert, sondern brachte mich dazu, an meinen Gedanken und Gefühlen entlang zu eigenen Ergebnissen zu kommen, und dafür bin ich ihr dankbar. Schritt für Schritt gingen wir meine Ehe durch, fanden immer wieder neue Stacheln, die ich aus der Haut ziehen konnte, jetzt, da ich endlich wusste, wo sie steckten.

Doch heute könnte sie mir nicht helfen, der Schmerz sitzt zu tief. Ich vermisse die Kinder.

The Cranberries singen »You and me«, als das Telefon klingelt.

… I'm not going out tonight
because I don't want to go
I am staying at home tonight
because I don't want to know
You revealed a world to me …

Es ist Michael. »Hör mal, ich habe mich gerade mit Freunden am Aasee verabredet. Da kann man auch etwas essen. Kommst du mit? Ich hole dich ab. Halbe Stunde?«

»Ähm, also … Ich weiß nicht«, stottere ich.

I am not going out tonight? Ach Quatsch, klar. Natürlich, lass uns das machen.

»Also gut. Okay, ich komme mit.«

Mein Herz schlägt im Rhythmus des nächsten Lieds, es ist wieder eines der schnelleren. Ich bin tatsächlich ein wenig in Michael verknallt, auch wenn ich weiß, dass daraus nichts werden wird. Aber die Schmetterlinge im Bauch fühlen sich gut an, ich fühle mich so lebendig und jung.

Er kommt eine halbe Stunde später mit seiner Honda Silver-Wing vorbei und holt mich ab. Wir fahren zum Lokal, ich hinten auf dem Soziussitz. Ich bin ewig nicht mehr auf einem Motorrad mitgefahren, es fühlt sich frei und gut an. Der Abend ist nett, aber Michael bringt mich zurück, ohne dass etwas passiert. Simone hat mich für den nächsten Morgen zum Frühstück eingeladen. Michael wird auch kommen.

Zum Abschied küsst er mich züchtig auf die Wange.

Menno, denk ich, trau dich doch mal was, wir haben doch gerade die Gelegenheit. Ich will ihn ja nicht heiraten, aber er traut sich nicht, und ich mich auch nicht – und so wird das nie was.

Ich streune durch die Wohnung. Mit dem Souterrain, das Tom ja nicht mehr wirklich bewohnt, sind es hundertfünfzig Quadratmeter. Eine riesige Wohnung, und so leer nur mit mir. Meine Schritte scheinen in der Leere zu hallen. Noch eine Nacht ohne die Kinder, und dann nur noch fünf weitere Nächte.

Diesmal schlafe ich in Johannas Bett. Sie hat immer noch den alten Flanellbettbezug als Schmusedecke. Es ist ein Bettbezug von meiner Oma, ich habe ihn früher auch geliebt. Als ich mit Alexander zu seiner großen OP ins Krankenhaus musste, war meine Bettdecke mit ihm bezogen. Johanna hat damals ausschließlich unter meiner Decke geschlafen, wollte danach den Bezug als Kuscheldecke und hat ihn seitdem nie wieder hergegeben. Kein Kuscheltier, keine Puppe ist ihr so viel wert. Natürlich hat sie die Decke mitgenommen, nur eine Ecke, ein Fitzelchen, das sich gelöst hat, liegt neben ihrem Kissen. Ich presse es an meine Wange und schlafe irgendwann ein.

Die Sonne scheint, und es ist herrlich warm, als wir bei Simone auf dem Balkon sitzen, frühstücken und erzählen. Michael ist eine Stunde nach mir gekommen, so konnte ich mit meiner besten Freundin schon das Wichtigste besprechen. Ich beichte ihr, dass ich Michael ziemlich nett finde. Aber ich teile ihr auch meine Bedenken mit.

»Ich glaube schon, dass er dich mag«, sagt sie breit grinsend.

»Woran erkenne ich das denn? Ach Mann, ich vertraue meinem Bauch nicht mehr. Ich habe mich derart in Tom getäuscht, ich weiß nicht mehr, was echt und was gelogen ist.«

»Willst du Michael heiraten?«

»Nein, natürlich nicht! Ich kann mir noch nicht einmal vorstellen, eine feste Beziehung zu führen, aber …«

»Richtig, *aber*. Wart es doch einfach ab. Vielleicht passiert etwas, vielleicht auch nicht.«

Vielleicht passiert etwas … Die Worte hallen in meinem Kopf wider, und mein Magen zieht sich prompt zusammen. Da ist sie wieder, diese diffuse Angst.

Michael verabschiedet sich nach dem Frühstück, bei dem wir eine Menge Spaß haben und rumblödeln. Er verspricht, sich bei mir zu melden. Simone zwinkert mir zu. Wir räumen den Tisch ab, dann laufe ich nach Hause. Es ist nicht weit, quasi nur um die Ecke.

Ich bleibe einen Moment vor unserem Haus stehen, weiß nicht, ob ich hineingehen will. Dort bin ich ganz allein. Ich vermisse die Kinder so sehr, dass es wehtut. Wie geht es ihnen wohl? Wie mag das Wetter in Schweden sein? Haben sie Spaß? Ob sie an mich denken, mich vermissen? Wie verhält sich Dajenna ihnen gegenüber? Lauter Fragen, die ich nicht beantworten kann. Obwohl die Mittagshitze inzwischen wie eine Decke über der Stadt liegt, fröstele ich.

Langsam gehe ich durch die Räume, meine das Kinderlachen und ihre Rufe wie ein Echo aus einer anderen Zeit zu hören. Was für ein Blödsinn! Ich glaube nicht an esoterische Sachen.

Weit öffne ich die Fenster und die Terrassentür, setze mich auf die Treppe, die in den Garten führt. Die Stufen sind mittags mein Lieblingsplatz, dort sitze ich oft, wenn die Kinder ihren Mittagsschlaf halten und trinke eine Tasse Kaffee in der Sonne, schaue in den Garten. Wir haben einen großen Kirschbaum darin stehen. Im ersten Jahr hing er voller dicker Früchte, aber sie wurden nicht rot. Ich wartete darauf, dass sie endlich reif würden, doch sie fingen an abzufallen, zu verfaulen. Endlich sagte mir eine Nachbarin, dass es gelbe Süßkirschen seien, die nicht rot werden würden. Ich kannte keine gelben Kirschen – pflückte aber gleich alle, die ich finden konnte. Seitdem freue ich mich jedes Jahr auf die Ernte. Die Kirschen sind dick, süß und saftig. Johanna liebt es, in den Baum zu klettern. Überhaupt ist sie manchmal eher wie ein Junge – klettern, rennen, toben, das mag sie gern.

Alexander tobt nicht gern, ist ein sensibles, nachdenkliches Kind mit viel Humor. Er ist kein Raufbold, sucht sich Freunde, die auch lieber Dinge konstruieren, als an Wettrennen teilzunehmen. Er malt viel und sehr gut. Dennoch muss er hinterher, wenn Johanna in den Kirschbaum klettert.

Lukas ist stets zufrieden mit dem, was er hat. Er spielt oft mit Autos, matscht für sein Leben gern und liebt die kleine Werkbank, die ich ihm gekauft habe. Wenn er kann, sitzt er auf dem Bobbycar und saust durch die Wohnung, wie ein kleiner Rennfahrer. Ich habe es Tom mitgegeben für den Urlaub. Vielleicht sitzt Lukas ja jetzt darauf und fährt über einen Feldweg?

Das Telefon klingelt. Das Geräusch lässt mich hochschrecken, es scheint lauter zu sein als gewöhnlich, dringender.

»Richter«, melde ich mich.

»Sind Sie Frau Richter? Die Frau von Tom Richter?«

Was soll ich antworten? Noch sind wir nicht geschieden, und rechtlich bin ich immer noch seine Frau.

»Ja?«

»Kann ich ihn sprechen? Mein Name ist Meier vom Reisebüro Bender.«

Ich muss mich setzen. Mir wird schlecht.

»Wir sind getrennt«, sage ich fast tonlos.

»Wissen Sie denn, wo er ist? Er hat ein Ferienhaus bei uns gebucht, in Schweden.«

»Ja, dort ist er auch.«

»Nein, ist er nicht. Er hat nur die Anzahlung geleistet, aber nicht die zweite Rate bezahlt.«

»Ich … was?«

Mir schwinden die Sinne. Ich muss mich übergeben, jeden Augenblick.

»Wissen Sie denn, wie ich ihn erreichen kann? Er muss noch die zweite Rate bezahlen.«

»Hat er die Buchung denn storniert?«, bringe ich mühsam hervor.

»Nein, er hat einfach nicht bezahlt und sich nicht mehr gemeldet. In den Unterlagen steht Ihre Telefonnummer.«

Meine Telefonnummer? Der Anschluss unten hat eine eigene Nummer. Warum hat er ihr meine angegeben?

»Kann er nicht doch in Schweden sein?«

Ich weiß die Antwort schon, bevor ich frage.

»Nein, natürlich nicht. Er hat weder die genaue Adresse noch einen Schlüssel erhalten.«

Ich lasse mir das noch zweimal bestätigen, kann es gar nicht glauben, obwohl ich tief in mir drin weiß, dass es wahr ist. Die Kinder – er ist mit ihnen verschwunden.

Vielleicht ist etwas passiert? Ist jemand erkrankt? Ich rufe in Bergkamen bei seiner Freundin an, dieser Dajenna.

»Kein Anschluss unter dieser Nummer«, verkündet die Dame vom Band.

Was? Wieso nicht? Vor drei Wochen gab es den Anschluss noch.

Mir ist jetzt richtig schlecht, kotzübel. Das nackte Grauen packt mich. Mein Albtraum wird zur Wirklichkeit. Tom kann mit ihnen überall sein! Überall auf der Welt. Vor allem in Ländern, die ihn schützen werden, wo ich als Frau kaum Rechte habe. Wenn er in Südamerika oder in einem der arabischen Staaten ist, werde ich meine Kinder nie, nie, nie wiedersehen.

Ich renne zur Toilette, erreiche sie gerade noch rechtzeitig und erbreche mich heftig.

Zitternd liege ich danach auf den Kacheln, die ich ausgesucht habe, damit sie zu den Jugendstilfliesen im Flur passen. Meine Kinder, ich muss zu meinen Kindern, ich muss sie wiederhaben! Er kann sie mir nicht einfach nehmen, es sind auch meine Kinder, nicht nur seine.

Ich muss nach Bergkamen, zu Dajennas Wohnung. Dort wird er sein – und dort werden auch die Kinder sein. Sein Auto ist vielleicht wieder kaputt, oder ihre Kinder waren doch zu krank … Es muss einen Grund geben, warum sie nicht gefahren sind. Ich werde klingeln, und dann werden die Kinder vor mir stehen. Sie sind ganz bestimmt da, will ich mir einreden.

Ich stehe auf, langsam, zittere am ganzen Körper. Autofahren? Ich käme noch nicht einmal bis zur Autobahn. Vermutlich würde ich den Wagen nicht einmal gestartet bekommen.

Simone erreiche ich nicht, Claudia und Michael auch nicht. Warum ist denn keiner da? Dann fällt mir ein, wen ich erreichen könnte: meinen großen Bruder, meinen Fels in der Brandung, der immer für mich da war.

Ich wähle seine Nummer, stottere, verhasple mich, weine am Telefon.

»Was?«, fragt er verblüfft. »Er ist *weg*? Mit den Kindern? Das kann nicht sein. Ich komme sofort.«

Sofort, das bedeutet mindestens eine Stunde, bis er hier ist. Ich laufe durch die Wohnung, immer wieder überfallen mich die schrecklichen Gedanken, das Gefühl, dass ich die drei nie wiedersehen werde. Es ist unerträglich.

»Ich werde dich zerstören. Ich mache dich kaputt«, hat Tom gesagt.

Und ich weiß, dass er es genauso gemeint hat.

21. Kapitel

Christoph kommt endlich, die Zeit schien gar nicht vergehen zu wollen. Wir fahren nach Bergkamen. Schon einmal sind wir zusammen dorthin gefahren, um die Kinder abzuholen. Ich wünsche mir, dass es nun wieder so ist. Dass sie dort sind. Es wird eine Erklärung geben, es *muss* eine Erklärung geben. Wahrscheinlich lachen wir heute Abend über meine albernen Ängste.

Doch je näher wir Bergkamen kommen, umso beklommener ist mir zumute, ich bekomme kaum Luft, irgendetwas drückt mir die Kehle zusammen. Wir fahren auf den Parkplatz vor dem Wohnblock, in dem Dajenna mit ihren Kindern lebt, hektisch schaue ich mich um, aber Toms Renault ist nirgendwo zu sehen.

Ich reiße die Beifahrertür auf, kaum dass der Wagen steht, und springe hinaus, schaue hinauf in den zweiten Stock zu Dajennas Wohnung. Die Nachmittagssonne spiegelt sich in den Fensterscheiben, trotzdem erkenne ich, dass die Gardinen weg sind. Sie hat sie abgenommen, wäscht sie vermutlich gerade, versuche ich mich zu beruhigen. Mein Herz rast, mein Mund ist trocken.

Wir gehen zur Haustür. Dort, wo ihr Name an der Klingel stand, ist jetzt ein leeres Schild. Ich klingele Sturm, drücke wie eine Wahnsinnige auf den Knopf neben dem fehlenden Namen, aber niemand macht auf. Noch nicht einmal die Gegensprechanlage rauscht oder knackt. An einem der Briefkästen, die neben der Haustür in die Wand eingelassen sind, steht Dajennas Name noch. Der Briefkasten ist voller Werbung.

Mein Bruder schaut mich an, ich kann das fassungslose Entsetzen, das ich in mir spüre, von seinem Gesicht ablesen. Ich laufe um das Haus herum auf die Rückseite. Dort sind Balkons, mit hässlichen Waschbetonplatten verkleidet. Auch hier sind keine Gardinen mehr an den Fenstern.

Dajennas Wohnung ist leer, sie sind weg.

»Wohin?«, schluchze ich. »Wo sind sie hin?«

Ich kann es nicht begreifen. Es ist das nackte Grauen, das mich packt, und es macht mich schwindelig.

»Komm, wir fahren wieder«, sagt mein Bruder und nimmt mich in den Arm, hält mich fest. »Wir fahren nach Hause und sprechen mit der Polizei. Die werden uns helfen.«

Die Polizei? Natürlich. Dass ich daran nicht eher gedacht habe.

»Sie werden uns helfen«, sage ich auf den Rückweg immer wieder. »Sie *müssen* uns helfen. Er darf mir doch nicht einfach die Kinder wegnehmen. Wo kann er nur mit ihnen sein?«

Mein Bruder spricht nicht aus, was wir beide befürchten – dass Tom mit ihnen ins Ausland geflüchtet ist. Irgendwohin, weit weg.

Wir fahren zurück nach Münster, schweigend. Es gibt nichts zu sagen. In meinem Hals ist ein dicker Kloß, das Gefühl, keine Luft mehr zu bekommen, wird immer schlimmer.

Lauter Erinnerungsfetzen jagen durch meinen Kopf – Alexander, der mich angrinst, als er seine Kuschelkuh einpackt. Johanna, die singend durch den Garten läuft. Mein kleiner Lukas, der mir einen dicken, feuchten Kuss gibt. Und immer wieder das Bild, als die drei durch den Flur gehen und die Tür hinter ihnen ins Schloss fällt.

Sie haben einander, und sie werden sich gegenseitig trösten, sage ich mir. Ich habe ihnen ihr Lieblingsspielzeug eingepackt, ihre Lieblingskleider, ihre Lieblingsbücher. Sie haben ihre Kuscheltiere dabei.

Ich habe sie nicht mehr. Werde ich sie je wiedersehen? Ist er wirklich mit ihnen untergetaucht?

Zu Hause angekommen, setzt mein Bruder Wasser auf und kocht Tee, während ich die Polizei anrufe. Ich werde zur Kripo weitergeleitet, erzähle alles, was ich weiß. Der Mann hört mir zu, auch wenn ich vieles durcheinanderbringe, mich verhaspele und immer wieder in Tränen ausbreche. Er bleibt ganz ruhig und stellt mir unentwegt Fragen.

»Sie sind noch nicht geschieden?«

»Nein.«

»Das Sorgerecht und das Aufenthaltsbestimmungsrecht haben Sie also beide?«

»Ja, die Scheidung läuft. Das Sorgerecht habe ich beantragt.«

»Aber Sie haben ihm die Kinder für einen Urlaub mitgegeben?«

»Ich musste. Er hat es eingeklagt, bis vor das Oberlandesgericht ist er gegangen, weil er unbedingt die letzten zwei Wochen der Ferien haben wollte, obwohl ich in dieser Zeit schon Urlaub mit den Kindern gebucht hatte.«

»Trotzdem hat er gewonnen?«

»Er könnte nicht anders Urlaub nehmen, hat er gesagt.«

Ich wusste schon damals, bei der Gerichtsverhandlung, dass es eine Lüge war. Aber mir ist immer noch nicht klar, weshalb es unbedingt die letzten beiden Ferienwochen sein mussten. Es kann kein Zufall sein!

Nach einigem Hin und Her sagt mir der Kripobeamte

schließlich, dass sie momentan nichts unternehmen können. Das Gericht hat Tom die Kinder bis zum nächsten Donnerstag um 18:00 Uhr rechtmäßig zugesprochen.

Mir schwant, dass dieser Termin vorbeiziehen wird, ohne dass ich meine Kinder wieder zurückbekommen werde.

»Ich kann doch nicht so lange warten! Die Wohnung in Bergkamen ist leer, und in den Urlaub nach Schweden ist er auch nicht gefahren«, sage ich verzweifelt.

»Er hat Ihre gemeinsamen Kinder bis zum Donnerstag in seiner Obhut. Bis dahin kann er die Zeit mit ihnen verbringen, wie er will. Erst wenn er sie am Donnerstag um sechs Uhr abends nicht bei Ihnen abliefert, können wir tätig werden.«

Wie soll ich es bis dahin überstehen? Heute ist erst Samstag! Das werde ich nicht überleben.

»Ich gebe Ihnen noch einen Rat mit auf den Weg«, sagt der Polizist leise. »Versuchen Sie selbst Nachforschungen anzustellen. Befragen Sie Freunde, Bekannte, Nachbarn. Versuchen Sie rauszubekommen, wo er hin ist. Aber selbst wenn Sie es wissen, vor Donnerstag …«

»Ja, ja, ich weiß. Vor Donnerstag 18:00 Uhr darf ich nichts unternehmen.«

Die Tränen laufen wieder, ich kann mich kaum beruhigen. Dennoch rufe ich meinen Anwalt an, den ich glücklicherweise erreiche, obwohl Wochenende ist. Aber auch er kann mir nichts weiter sagen, als dass wir abwarten müssen.

Mein Bruder hat inzwischen unsere Eltern und einige Freunde informiert. Simone, Claudia und Michael kommen vorbei. Wir diskutieren, was wir tun könnten, aber niemandem fällt eine Lösung ein. Wo ist Tom? Wo sind meine Kinder? Es wird ein langer Abend. Ich taumele zwischen Verzweiflung und

Hoffnung, wobei die Hoffnung nur sehr gering ist. Vielleicht werde ich die drei am Donnerstagabend in meine Arme schließen, und das Ganze war nichts als ein Albtraum. Es muss so sein. Es kann nicht anders sein. Oder?

Niemand hat eine Erklärung dafür, warum Tom nicht nach Schweden gefahren ist. Es gibt nur eine Antwort auf diese Frage, und die beschreibt das, was ich schon so lange befürchte: Er hat die Kinder entführt und ist mit ihnen untergetaucht.

Am nächsten Tag geht es mir noch elender als am Abend zuvor. Ich kann gar nicht fassen, was passiert ist, fühle mich wie ausgehöhlt und mit Watte vollgestopft. Hin und wieder taucht das nackte grauenvolle Entsetzen auf, setzt sich in meinem Bauch fest, lässt ihn zusammenkrampfen.

Was soll ich nur tun? Simone und Beate kommen vorbei, auch Michael steht wieder vor der Tür, nimmt mich tröstend in den Arm.

»Wir sollten uns erkundigen, ob jemand weiß, wo sie sind«, schluchze ich. »Aber Tom hat zu unseren alten Freunden keinen Kontakt mehr. Seine Arbeitskollegen kenne ich kaum. Ich weiß nicht, wen ich fragen soll.«

»Die Nachbarn«, sagt Beate. »Vielleicht wissen die etwas. Die Neue von deinem Ex hat doch auch Kinder? Wie alt sind die?«

Beate ist eine energische Frau, die sich durchzusetzen weiß. Ihre ruhige Stimme tut mir gut.

»Sie sind älter als meine. Lukas ist acht und Sarah zehn, glaube ich.«

»Dann haben sie vielleicht jemandem etwas erzählt.« Sie steht auf und nimmt ihre Tasche. »Lasst uns nach Bergkamen fahren.«

Wir sind angespannt. Werden wir etwas herausbekommen? Irgendjemand, so hoffe ich, wird doch wissen, wo sie hin sind. Obwohl Sonntag ist und keine LKWs fahren, scheint die Strecke immer länger zu werden, dabei sind es doch gerade einmal fünfundvierzig Kilometer.

Doch dann sind wir da. Wieder schaue ich zu den Fenstern hoch und wünsche mir, dass wie durch ein Wunder Gardinen dort hängen. Aber Wunder gibt es im echten Leben nicht.

Wir klingeln mehrfach bei Dajenna – natürlich öffnet uns keiner. Ein Mann kommt, will zur Haustür. Wir machen Platz.

»Entschuldigung«, sagt Beate.

Gut, dass sie das Sprechen übernimmt, mir sind die Worte im Hals stecken geblieben.

»Wohnen Sie hier?«

Er schaut uns grimmig an. »Warum?«

»Es geht um Frau Berman. Wir suchen sie.«

»Die wohnt hier nicht mehr, zum Glück«, sagt er und schließt die Tür auf, will hineingehen.

»Bitte«, flehe ich. »Es geht um meine Kinder. Vielleicht haben Sie die ja gesehen?« Ich schlucke, gehe einen Schritt auf den Mann in den Fünfzigern zu. »Es sind drei, meine drei. Mein Exmann ist mit Frau Berman zusammen, seit einiger Zeit. Er heißt Tom Richter.«

»Ja, ich kenne den Kerl. Arrogantes Arschloch.« Der Mann bleibt stehen, sieht mich an.

»Haben Sie die Kinder auch gesehen?«

»Drei? So blonde? Ja, die waren manchmal hier. Immer am Wochenende, wenn ich mich nicht irre.«

»Er ist mit ihnen verschwunden«, presse ich hervor. »Wissen Sie, wo sie sein könnten?«

Der Mann schüttelt den Kopf. »Die sind vor einer Woche oder so ausgezogen. Waren alle ganz froh drüber, denn das war ein ordentlicher Radau, den die gemacht haben. Und Ihr Exmann, das ist ein ganz mieser Typ. Arrogant ist der, hält sich für was Besseres.«

»Haben die Kinder der Berman nicht gesagt, wo sie hinziehen?«, fragt nun Beate.

Der Mann zuckt mit den Schultern. »Mir nicht.«

»Ich habe so Angst um meine Kinder«, sage ich und fange wieder an zu weinen. »Ich habe Angst, dass ich sie nie wiedersehe.«

Er schüttelt den Kopf. »Ich kann Ihnen leider nicht helfen, aber Herr Mengens, der wohnt auf der gleichen Etage, vielleicht weiß der ja etwas.«

Er nimmt mich und Beate mit nach oben, die anderen warten an der Haustür.

»Herr Mengens?«, ruft er und klopft an die Tür in der zweiten Etage.

Das Treppenhaus ist schäbig, graugetupfte Fliesen, ein Metallgeländer mit einem Plastikhandlauf, der sich zum größten Teil abgelöst hat. Die Wände sind schmutzig und schmierig, die Türen schlicht und weiß. Das Namensschild an der Tür gegenüber ist abgeschraubt worden. Sie sind wirklich weg.

»Herr Mengens, hier ist eine Frau …« Der Mann schaut mich fragend an.

»Richter«, sage ich.

»Eine Frau Richter, die mit Ihnen sprechen möchte.«

Die Tür öffnet sich einen Spaltbreit, ein runzeliges Gesicht erscheint, umrahmt von grauen Haaren, die einen neuen Schnitt benötigen. »Ja?«, sagt der alte Mann. Seine Augen sind wässerig, und er stützt sich auf einen Stock.

»Richter«, sage ich wieder. »Corinna Richter. Mein Exmann ist mit Frau Berman zusammen.« Ich zeige auf die andere Wohnungstür.

»Die sind weg.«

»Wissen Sie, wo sie hin sind?«

Wieder steigen mir die Tränen in die Augen. Kann man so viel weinen? Wo kommen all die Tränen her?

»Ne, weiß ich nicht. Will ich auch nicht wissen. Bin froh, dass sie weg sind.«

»Warum?«, fragt Beate.

»Der Typ, Ihr Exmann?«

Ich nicke.

»Das ist eine linke Bazille. Wissen Sie, meine Frau ist schwer krank. Die braucht Ruhe. Und in den letzten Wochen haben die abends immer einen Krach gemacht, die Möbel auseinandergenommen und so. Bis tief in die Nacht. Haben das Zeug runtergetragen. Ein Gepolter war das, weit nach Mitternacht. Ich habe ihn mehrfach gebeten, die Ruhezeiten einzuhalten, hab auf meine kranke Frau verwiesen.« Herr Mengens schüttelt den Kopf. »Hat ihn nicht interessiert. So ein Schnösel. Kam immer an mit seinen feinen Anzügen. Meine Frau, hab ich ihm gesagt, hat es am Herz. Die soll sich nicht aufregen. Wissen Sie, was er da gesagt hat?«

Ich schüttele den Kopf.

»›Na, wenn sie stirbt, hilft das der Rentenkasse. Leute in ihrem Alter sind nichts mehr wert und kosten nur unnötiges Geld.‹ Das hat er gesagt. Wenn ich jünger gewesen wäre …« Der Nachbar ballt die Fäuste, seine Wangen haben sich rot gefärbt.

»Er hat meine Kinder«, sage ich mit leiser Stimme. »Alle drei. Und ich weiß nicht, wo er mit ihnen hin ist.«

Herr Mengens zuckt mit den Schultern. »Das tut mir leid, aber ich weiß nicht, wo sie hingezogen sind. Hat niemand was gesagt.«

»Vielleicht ins Ausland?«

»Ich weiß es nicht. Aber die Kinder von der Berman, die haben doch auch einen Vater. Der wohnt drei Blocks weiter, meine ich. Vielleicht weiß der ja etwas.«

»Haben Sie die Adresse?«

»Nein. Nicht genau.«

»Falls Ihnen noch etwas einfällt«, sagt Beate, zieht einen Zettel und einen Kugelschreiber aus ihrer Handtasche und schreibt meine Nummer in Münster darauf, »würden Sie uns dann anrufen?«

Er nimmt den Zettel entgegen. »Ich weiß wirklich nicht mehr. Die drei kleinen Blonden, die manchmal hier waren? Sind das Ihre? Ich hoffe, Sie finden sie wieder.« Er schließt die Tür.

Einen Moment stehen wir im Treppenhaus, niemand weiß, was wir als Nächstes tun sollen.

»Könnte noch jemand aus dem Haus was wissen?«, fragt Beate den Mann, der uns hochgebracht hat.

»Meine Frau vielleicht, die ist aber nicht da. Die ist bei ihrer Mutter.«

Wieder schreibt Beate meine Telefonnummer auf. »Vielleicht kann uns Ihre Frau helfen. Es ist wirklich wichtig. Es geht ja um die Kinder.«

Er nickt und steckt den Zettel ein, steigt die Treppe hoch in das nächste Stockwerk. Wir gehen hinunter. Beate klingelt an allen Türen, aber niemand macht uns auf.

»Der geschiedene Mann von der Berman soll irgendwo hier wohnen«, sagt sie. »Aber es gibt hier so viele Häuserblocks, wie sollen wir ihn finden?«

»Da vorn ist eine Telefonzelle. Vielleicht steht er im Telefonbuch«, schlägt Michael vor.

Leider ist das Telefonbuch herausgerissen worden. Wir suchen eine andere Telefonzelle, werden schließlich fündig. Es gibt vier Bermans in dem Viertel, eine davon ist Dajenna. Es bleiben noch drei. Wir fahren zu den Adressen. Der erste und der zweite kennen keine Dajenna Berman, der dritte ist nicht da. Ich habe seine Telefonnummer, werde später versuchen ihn anzurufen.

»Lass uns nach Hause fahren«, sagt Michael. »Vielleicht meldet sich ja die Frau von dem Nachbarn, der uns reingelassen hat.«

Es ist eine winzige Hoffnung, aber ich klammere mich daran.

22. Kapitel

Das Telefon klingelt ununterbrochen. Jedes Mal schrecke ich hoch, mein Puls hämmert, mein Magen krampft sich zusammen. Nachrichten über die Kinder? Ruft Tom an und sagt mir, was das alles soll? Meldet sich jemand, der etwas weiß? Auch diesen Herrn Berman kann ich nicht erreichen. Ich weiß noch nicht einmal, ob er der Exmann von Dajenna ist, aber ich wüsste es gern.

Meine Eltern rufen an und Freunde, die erfahren wollen, ob es Neuigkeiten gibt. Immer wieder lege ich enttäuscht auf. Meine Verzweiflung steigt, Tränen laufen. Die Nacht ist unruhig, ich kann nicht schlafen, wandere durch die Wohnung. Manchmal nicke ich ein, doch dann werde ich wieder wach. Die Ungewissheit nagt an mir, wie ein Geschwür sitzt die Angst um meine Kinder in meinem Bauch. Ich kann nichts essen, mir ist immerzu übel.

Am Nachmittag habe ich einen Termin bei meinem Anwalt. Ich knete meine Hände, die schweißnass sind.

»Was mache ich nur, wenn er mit ihnen ins Ausland verschwunden ist?«, frage ich ihn mit tränenerstickter Stimme.

»So weit ist es noch nicht, Frau Richter.« Ich sehe ihm jedoch an, dass auch er sich Sorgen macht. »Vor Donnerstag können wir keine rechtlichen Schritte einleiten. Bis dahin hat er die Kinder zugesprochen bekommen. Erst wenn er sie wirklich nicht zu Ihnen zurückbringt, können wir tätig werden.«

»Glauben Sie, dass er sie zurückbringen wird?«, frage ich leise.

Nahlen schweigt, das ist Antwort genug.

»Was können wir denn ab Donnerstag machen?«

»Nun, ich werde dann seine Anwältin anschreiben. Das Problem ist die Zeit.«

»Wieso?«

»Je länger er die Kinder hat, desto schwieriger wird es für uns«, sagt er nachdenklich. »Wenn er sie behält, in der Schule und im Kindergarten anmeldet, ihnen ein soziales Umfeld schafft, dann wird es schwer, sie da wieder herauszuholen. Noch gibt es keinen gerichtlichen Entscheid über das Sorgerecht, als nicht geschiedenes Paar besitzen Sie es gleichermaßen. Hat er die Kinder mehrere Wochen lang und es geht ihnen gut, dann wird das Amt überlegen, ob es sie wieder aus der Situation herausholt.«

Ich starre ihn an, habe aber das Gefühl, nicht zu sehen. Alles dreht sich und verschwimmt. Jetzt begreife ich Toms Plan. Entweder ist er tatsächlich ins Ausland gegangen, oder er richtet sich mit den Kindern ein. Der Zeitpunkt für den Urlaub war ihm deswegen so wichtig, weil nächste Woche die Ferien vorbei sind. Er wird Alexander in einer anderen Schule anmelden, Johanna in einem neuen Kindergarten.

»Darf er das?«, frage ich atemlos.

»Nein, eigentlich nicht. Die Kinder haben ihren Lebensmittelpunkt bei Ihnen. Sie kümmern sich um sie, sie haben hier ihr gewohntes Umfeld. Aber sehen Sie, es ist ein Spiel auf Zeit. Wenn er überhaupt noch in Deutschland ist.«

Ja, wenn. Ich hoffe es sehr, doch die Aussichten sind auch dann nicht rosig für mich. Nicht umsonst hat er sich mit aller

Macht eine neue Partnerin gesucht, eine Frau, die die Kinder versorgen kann. Er braucht sie, braucht jemanden, der zu Hause ist und sie betreut.

Ich weiß nicht mehr, wie ich heimkomme. Zum Glück ist Beate da. Sie kocht Kaffee. »Das hört sich aber eher so an, als würde er in Deutschland bleiben«, meint sie zu den Spekulationen meines Anwalts.

Ich weiß es nicht. Wenn Tom mit den Kindern ins Ausland gegangen ist, macht er sich auf jeden Fall strafbar, hat mein Anwalt gesagt. Aber das würde mir dann auch nicht wirklich helfen. Nicht mit allen Ländern hat Deutschland Auslieferungsabkommen.

Das Telefon klingelt, ich hebe ab. Es ist meine Mutter.

»Conny, ich habe herumgefragt«, sagt sie. »Eine Bekannte von uns hat eine Freundin, die auf dem Einwohnermeldeamt arbeitet.«

Ihre Stimme zittert. Ich setze mich.

»Diese Frau Berman und ihre Kinder haben sich abgemeldet. Unbekannt ins Ausland verzogen.«

Mir wird ganz schwarz vor Augen. Also doch. Er macht sich strafbar, aber das wird ihm wohl egal sein. Alexander, Johanna und Lukas – werde ich sie jemals wiedersehen?

»Conny? Kind?«, höre ich meine Mutter wie von ganz weit, wie durch eine Nebelwand. »Conny? Warst du schon beim Anwalt?«

»Vor Donnerstag können wir nichts machen. Das sind noch drei Tage und der Rest von heute«, sage ich tonlos. »Ich glaube, ich sterbe.«

»Corinna! Nein, das tust du nicht. Du wirst weiterkämpfen. Ich glaube fest daran, dass du die Kinder zurückbekommst.«

Ich glaube an gar nichts mehr. Ich möchte mich nur hinlegen, zusammenrollen, nichts mehr denken und nichts mehr fühlen.

Michael kommt, er bleibt bei mir. Meine Freunde machen sich große Sorgen – auch um mich.

Irgendwie überlebe ich die Nacht. Michael beschließt, erst später zur Arbeit zu fahren, er mag mich nicht allein lassen, auch wenn ich keine gute Gesellschaft bin.

Wieder klingelt das Telefon.

»Koslowski. Sind Sie die Mutter von den drei Kindern, die öfter mal bei Dajenna Berman waren?«, fragt mich eine unbekannte Frau.

»Ja.«

»Sie haben mit meinem Mann gesprochen. Er hat erzählt, dass Sie die Kinder suchen.«

»Wissen Sie, wo sie sind?«

»Nein, tut mir leid. Aber ich kenne die beste Freundin von Frau Berman. Sie wohnt ein paar Straßen weiter. Sarah, die Tochter der Berman, war oft da, Wischnevski heißt sie mit Nachnamen.«

Mein Puls beschleunigt. Plötzlich bin ich hellwach. »Haben Sie eine Telefonnummer?«

»Nein, aber die Adresse.« Sie nennt sie mir, und ich schreibe sie mit fahrigen Bewegungen auf.

»Danke.«

»Ich hoffe, Sie kriegen Ihre Kinder wieder. Der Typ ist ein Arschloch. Und sie ist auch nicht besser.« Sie legt auf.

Ich rufe bei der Auskunft an, bekomme die Nummer von Inge Wischnevski, wähle sie. Es klingelt und klingelt und klingelt, aber niemand hebt ab.

»Wir versuchen es gleich noch einmal«, sagt Michael tröstend.

Als ich eine Stunde später wieder dort anrufe, hebt jemand ab. »Ja?«

»Richter, Corinna Richter«, sage ich aufgeregt. »Ich bin die Exfrau von Tom Richter.« Ich hole Luft.

Sie sagt nichts, wartet ab.

»Es geht um meine Kinder. Tom Richter ist mit Dajenna …«

»Ich weiß«, unterbricht sie mich.

»Wissen Sie, wo sie sind? Er ist mit ihnen verschwunden.«

Sie scheint nachzudenken, ich kann ihren Atem hören.

»Wer ist denn da?«, fragt eine männliche Stimme aus dem Hintergrund.

»'Ne Frau. Sie will wissen, wo ihre Kinder sind. Is' die Ex von Jennas Neuem.«

»Bitte«, flehe ich. »Wissen Sie etwas?«

Sie seufzt. »Nein. Und ich will mit denen auch nichts mehr zu tun haben.«

»Bitte. Es geht doch um meine Kinder! Haben Sie Kinder?«

»Ja.«

»Wenn Ihre Kinder weg wären, dann würden Sie auch …«

»Hören Sie, ich weiß wirklich nichts! Sie sind weggezogen. Wohin, weiß keiner. Wie vom Erdboden verschluckt.«

»Sie hatten doch Kontakt zu den Kindern von Dajenna, zu Sarah und Lukas. Haben die nichts …«

»Ich weiß nichts.«

Der Mann im Hintergrund sagt etwas, aber ich kann es nicht verstehen.

»Darf ich vorbeikommen?«, frage ich. »Bitte.«

»Ich weiß doch nichts.«

»Vielleicht fällt Ihnen ja noch etwas ein?«

»Ich muss erst mit meinem Mann reden.«

»Bitte, tun Sie das.«

»Ihre Nummer?«, fragte sie, aber ich bin mir nicht sicher, ob sie sie auch wirklich aufschreibt.

Sie legt auf. Sie weiß etwas, will es mir aber nicht sagen. Am liebsten würde ich sofort zu ihr fahren und sie befragen. Aber nachher lässt sie mich nicht hinein. Was soll ich nur tun?

»Wir fahren hin«, beschließt Michael.

Wieder eine Stunde Fahrt bis nach Bergkamen. Wieder auf der Autobahn, diesmal ist viel los.

Unbekannt ins Ausland verzogen, die Worte hallen mir durch den Kopf. Ich weiß, wenn er mit ihnen in Südamerika oder in den Arabischen Emiraten sein sollte, wird es ihnen materiell an nichts mangeln. Aber das ist nur ein sehr schwacher Trost. Sie brauchen doch auch mich, ihre Mutter. Tom kann mich doch nicht einfach so ersetzen. Er kennt Dajenna gerade mal ein paar Monate. Würde eine Frau, die auch Mutter ist, das mitmachen? Wie kann sie mit ihren Kindern, die hier einen Vater haben, einfach weggehen? Was mag sie für eine Frau sein? Ich habe sie bisher nur zweimal kurz gesehen, einmal, als ich die Kinder abgeholt habe, und einmal, als Tom die Kinder zurückgebracht hat. Sie hat mich nicht gegrüßt, wir haben kein Wort miteinander gesprochen, aber sie würde doch nicht einfach einer anderen Mutter die Kinder wegnehmen? Oder?

Michael findet die Adresse. Es ist ein kleines Siedlungshaus. Im Hof liegen Unrat und alte Möbel, der Garten ist nicht gepflegt. Das ist mir egal, ich will nur mit den Leuten reden. Ich sehe ein Plastikdreirad und anderes buntes Spielzeug im Garten liegen. Sie hat also kleine Kinder. Vielleicht hat sie Mitleid mit mir.

Meine Hände zittern, als ich die Klingel drücke. Ich höre Schritte, die Tür wird geöffnet. Die Frau ist vielleicht fünf Jahre älter als ich, sie sieht müde aus.

»Frau Wischnevski? Wir haben vorhin telefoniert, Corinna Richter.«

Sie hat eine brennende Zigarette in der Hand, zieht nun daran und pustet den Qualm an mir vorbei. »Ich habe doch gesagt, dass ich nichts weiß.«

»Ich wollte trotzdem mit Ihnen sprechen.«

Sie schaut mich nachdenklich an, öffnet dann die Tür und lässt uns herein. »Mein Mann ist nicht da, sonst würde ich Sie wieder wegschicken. Er will nicht, dass ich mit Ihnen rede.«

Sie führt uns in das Wohnzimmer. Die Möbel sind aus Eiche, lieblos zusammengestückelt und verwohnt, aber es ist sauber. In einem Laufstall in der Ecke sitzt ein Kind, vielleicht anderthalb Jahre alt, und spielt.

Wir setzen uns und sehen uns schweigend an.

»Mein Mann«, ergreift sie plötzlich das Wort, »würde nicht mit Ihnen sprechen.«

»Hören Sie, es geht mir nur um die Kinder. Ich weiß nicht, wo er mit ihnen ist. Sie sind weg, und ich habe keine Ahnung wohin. Sie wollten nach Schweden fahren, aber da sind sie nicht, das weiß ich ganz sicher.«

»Nach Schweden?«, sie lacht. »Niemals. Dajenna ist so eine Komische.«

»Ich dachte, Sie sind miteinander befreundet?«

»Das waren wir mal, ja. Aber dann ...« Sie holt Luft, schluckt. »Die Sau hatte was mit meinem Alten.«

Ich weiß nicht, was ich sagen soll. »Wie bitte?«

»Sie haben das schon richtig verstanden, sie hat mit meinem Mann rumgemacht. Und dann kam Tom. Da war mein Mann natürlich sofort vergessen. Tom, Tom, immer nur Tom, mussten wir uns anhören. Er ist ein Gott für sie.« Sie drückt die Zigarette aus, steckt sich eine neue an. »Na klar, kommt hierher, so piekfein mit seinen Anzügen und teuren Schuhen und dem fetten Auto. Der meint, ihm würde die Welt gehören, und sie meint das jetzt auch.« Ihre Stimme klingt verächtlich.

»Sie ist umgezogen. Wissen Sie wohin?«

Frau Wischnevski schüttelt den Kopf. »Hat sie uns nicht gesagt. Keinem hat sie das gesagt, niemand sollte das wissen.«

»Aber warum?«

Sie schaut mich an. »Na, er hat doch Ihre Kinder, oder? Die will er wohl behalten.«

»Ja«, flüstere ich. »Sind sie ins Ausland?«

»Glaub ich nicht. Aber zutrauen würde ich den beiden alles. Die ist aus Polen, die Jenna. Also die Eltern sind aus Polen. Hat hier den Jens geheiratet und die Kinder bekommen. Der Jens war auf dem Bau. Hatte aber einen Unfall und kann nicht mehr arbeiten. Da hat sie sich scheiden lassen. Sie wollte immer was Besseres sein. Dabei ist sie nur Bürogehilfin, und gearbeitet hat die seit ihrer Lehre auch nicht mehr.«

»Ich verstehe, dass Sie auf Ihre Freundin wütend sind …«

»Die Schlampe ist nicht meine Freundin!« Sie spuckt die Worte fast aus. »Bin froh, dass sie weg ist. Macht sich an andere Männer ran, das Miststück.«

»Sie muss doch irgendwem gesagt haben, wo sie hin ist! Was haben denn ihre Kinder erzählt?«

»Die Sarah, die war oft hier. Die hat oft mit uns gegessen,

weil Jenna nicht gekocht hat. Die war gern hier und hat mit meinen Kleinen gespielt. Die Sarah ist 'ne Nette.«

»Hat sie denn nichts von dem Umzug erzählt?«

Frau Wischnevski kneift die Augen zusammen. »Weiß nicht. Aber es muss einen Grund geben, warum Ihr Alter Ihnen die Kinder wegnimmt. Oder?«

Ihre Frage ist wie ein Schlag in die Magengrube, und ich schnappe nach Luft.

»Ich liebe meine Kinder«, sage ich leise. »Tom und ich haben uns getrennt, aber natürlich bleibt er der Vater. Die Kinder sollen trotzdem bei mir leben, sie sind noch so jung. Mein Kleiner, Lukas heißt er, ist nur etwa ein Jahr älter als Ihr Kind. Würden Sie Ihr Kind hergeben?«

Wieder überlegt sie, schüttelt dann den Kopf. »Die Sarah hat erzählt, dass sie umziehen. Tom hat ihr ein neues Zimmer versprochen, ganz für sich allein.« Sie beißt sich auf die Lippe.

In diesem Moment geht die Haustür auf, und wir hören Schritte. Ein Mann kommt ins Wohnzimmer, sieht uns erstaunt an.

»Das ist die Frau«, sagt sie zu ihm.

»Wir wissen nichts«, sagt er und klingt unfreundlich.

»Stell dich nicht so an, es geht um ihre Kinder.« Frau Wischnevski zündet sich eine weitere Zigarette an.

Er setzt sich langsam in den Sessel, runzelt die Stirn. »Ja, und? Was ist denn mit ihren Kindern?«

»Weißt du doch. Sie sind weg mit ihnen. Jenna und der Lackaffe.«

»Der feine Pinkel, das ist Ihrer?«, fragt er mich nun.

»Wir sind seit fast einem Jahr getrennt.«

»Ist er Ihnen abgehauen?«

Ich schüttele den Kopf. »Nein, ich habe ihn verlassen. Das nimmt er mir übel. Er hat die Kinder entführt. Ich will nur wissen, wo sie sind. Ich will sie wiederhaben.«

»Wusste ich doch, dass Jennas Neuer ein falscher Fuffziger ist.« Herr Wischnevski lacht leise. »Aber Geld hat er.«

»Sind sie mit den Kindern ins Ausland gegangen? Bitte, sagen Sie mir doch, was Sie wissen!«

»Ins Ausland?« Die beiden schauen sich an.

Er zuckt mit den Schultern. »Die Sarah, die durfte nicht sagen, wo sie hinziehen. Gewusst hat sie es auch nicht. Die sind auf der Autobahn gefahren, eine Stunde mindestens, hat sie erzählt. Und als dann die Ausfahrt kam, da mussten sie in den Fußraum, sich ducken und eine Matheaufgabe lösen, damit sie das Schild nicht sehen und nicht sagen können, wo es ist.«

Zufrieden verschränkt seine Frau die Arme vor der Brust.

Eine Stunde Fahrt. Sie sind nicht in Südamerika, denke ich erleichtert.

»Und Sie haben gar keine Ahnung, wie der Ort heißt? Nicht mal ungefähr?«

»War wohl ein Name mit einer Himmelsrichtung. Mehr wissen wir aber nicht, und jetzt gehen Sie«, sagt Herr Wischnevski. »Ich will nicht mehr über die reden.« Er steht auf und geht zur Tür.

Ich habe zu Hause Zettel mit meinem Namen und meiner Telefonnummer vorbereitet, einen davon gebe ich Frau Wischnevski. »Falls Ihnen noch etwas einfällt.«

Sie nimmt den Zettel, steckt ihn in die Tasche, ohne dass ihr Mann es sieht. Ich glaube nicht, dass sie mich anrufen wird, aber man kann ja nie wissen.

Ich gehe nach draußen. Michael hat vor dem Haus gewartet.

Wir fahren nach Hause. Mir ist ganz flau im Magen, aber das mag daran liegen, dass ich seit Tagen nichts Richtiges mehr gegessen habe.

Michael holt sein Handy hervor. Er ist der einzige Mensch, den ich kenne, der ein Handy hat. Es ist groß und unhandlich, hat aber ein schickes Gehäuse mit Kritzeleien von Keith Haring. So ein Gerät ist schon praktisch. Noch von unterwegs ruft er Simone und Claudia an, sagt, dass wir uns im Biergarten treffen.

»Sie sind nicht im Ausland.«

Erst als wir uns hingesetzt und unsere Bestellung aufgegeben haben, kommt die Nachricht wirklich bei mir an.

»Eine Stunde Fahrt von Bergkamen aus. Ein Ort, der vermutlich eine Himmelsrichtung im Namen hat. Eine Stunde, aber wir wissen nicht, in welche Richtung«, murmelt Michael nachdenklich.

»Immerhin, sie sind noch in Deutschland. Dann bekommst du sie auch wieder.« Simone nimmt mich in den Arm.

»Nein, nicht unbedingt.«

Ich erzähle, was der Anwalt mir gesagt hat.

»Was soll das denn?«, fragt Claudia entsetzt. »Die Kinder gehören zu dir! Selbst wenn er sie jetzt irgendwo in einer Schule anmeldet.«

»Es ist ein Kampf gegen die Zeit. Sieh mal, er ist laut Aussage der Leute im Haus vor knapp drei Wochen ausgezogen. Donnerstag vor zwei Wochen hat er die drei bei mir abgeholt. Statt nach Schweden zu fahren, hat er sie in sein neues Zuhause gebracht, wo Dajenna und ihre beiden Kinder schon waren. Sie sind seit fast zwei Wochen da – nicht im Urlaub, sondern in ihrem neuen Zuhause, wo immer das sein mag. Nächste Woche fängt die Schule wieder an. Er meldet Alexander an, der geht dann dort zur Schule, Johanna vermutlich in den Kindergarten. Wenn Tom es schafft, dass die Kinder noch zwei Wochen oder länger bei ihm leben, mit einem geregelten Tagesablauf und so, dann wird das Jugendamt darüber nachdenken, ob es die Kinder wieder aus ihrem Umfeld herausreißt.«

Ich stöhne auf, spüre schon wieder meinen Magen, der gegen den Rest meines Körpers zu kämpfen scheint.

»Deshalb also!«, zischt Simone wütend und haut mit der Faust auf den Tisch. »Deshalb mussten es die letzten beiden Ferienwochen sein. Damit er sie ganz schnell in der neuen Umgebung eingewöhnen kann, bevor das Schuljahr begonnen hat. Jetzt am Anfang ist sowieso alles neu, nach sechs Wochen Ferien. Da ist die Umgewöhnung nicht so schwer. Tom ist ein ganz durchtriebenes Schwein!«

»Ja«, sage ich traurig. »Und es kann dauern, bis das Gericht über das Sorgerecht entscheidet.«

»Was sagt denn dein Anwalt?«

»Er will das Verfahren natürlich beschleunigen, aber das kann trotzdem noch dauern. Jeder Tag zählt. Wenn Tom gewinnt, werde ich die Kinder nur alle vierzehn Tage an den Besuchswochenenden sehen.« Ich breche erneut in Tränen aus. »Falls er sie mir überhaupt gibt.«

»Wir werden einen Weg finden. Ich verspreche dir, wir werden die Kinder zurückholen!« Michael drückt mich an sich.

Ich fühle mich elend, aber meine Freunde geben mir Kraft, und in Michaels Arm erahne ich, dass es auch so etwas wie Geborgenheit gibt.

23. Kapitel

Auch der Mittwoch ist ein wunderbarer Sommertag. Überhaupt steht das Wetter in einem krassen Kontrast zu dem, was gerade in meinem Leben vor sich geht. Morgen sollen die Kinder wiederkommen. Vielleicht bringt Tom sie ja doch? Vielleicht haben sie eine größere Wohnung gefunden, sind umgezogen und haben deshalb den Urlaub abgesagt. Vielleicht male ich alles nur viel zu schwarz.

Aber dann fällt mir ein, wie präzise Tom dafür gesorgt hat, dass die Kinder von Dajenna nicht wissen, wo es hingeht. Damit sie es niemandem sagen können. Das hat doch Methode. Er hat sich also eine alleinerziehende Mutter gesucht, damit er eine Betreuung für seine Kinder hat und seinen perfiden Plan umsetzen kann.

Zum ersten Mal verspüre ich nichts als Wut. Die armen Kinder! Sie haben sich auf den Urlaub am Meer gefreut, wie habe ich sie darauf eingestimmt – ich habe ihnen von Sandburgen und Dünen und kreischenden Möwen und Wattwürmern erzählt. Und dann fährt Tom gar nicht mit ihnen ans Meer. Was hat er ihnen wohl gesagt? Wie hat er es erklärt? Vermutlich gar nicht. Mein alter Kampfgeist rührt sich. So einfach werde ich ihm die Kinder nicht überlassen!

Ich gehe noch einmal zu meinem Anwalt und erzähle ihm, was ich herausgefunden habe.

»Diese Leute im Haus halten ihn für gewalttätig?«

»Für bedrohlich auf jeden Fall.«

»Das sollten wir im Hinterkopf behalten. Vielleicht hilft uns das noch.« Er sieht mich an. »Aber bevor wir etwas unternehmen können, müssen wir bis morgen warten. Bringt er die Kinder nicht zurück, können wir handeln, vorher nicht. Rufen Sie mich an. Auch wenn er die Kinder erst um neun am Abend bringen sollte.«

Am nächsten Tag, dem Donnerstag, mag ich nicht aus dem Haus gehen. Ich stehe am Kinderzimmerfenster und schaue auf die Straße. Wird dort später der dunkelgrüne Renault mit den verdunkelten Fenstern stehen, in den meine Kinder vor vierzehn Tagen eingestiegen sind? Werden sie nachher aus dem Auto aussteigen und zu mir laufen? Ihre Ärmchen um mich schlingen? Ihre Köpfe in mein Haar, in meiner Halsbeuge vergraben? Mich küssen, feucht und warm? Ich hoffe es sehr, so sehr. Gleichzeitig weiß ich, dass es wahrscheinlich nicht passieren wird. Er wird sie nicht bringen, ich werde sie heute nicht wiedersehen.

Meine Freunde rufen an, fragen, wie es mir gehe. Ich will gar nicht ans Telefon gehen, es könnte ja Tom sein oder jemand, der etwas weiß. Simone will nachher vorbeischauen, ich soll um achtzehn Uhr nicht allein sein.

Sie kommt schon um fünf. Claudia und Michael auch. Alle bringen etwas zu essen und zu trinken mit, sie haben eine Grillfete vorbereitet. Salate, Fleisch, Getränke, Soßen. Auch Beate und Andy sind da.

»Wir sind hier. Hier bei dir«, sagen sie. »Wir warten mit dir. Wenn er die Kinder nicht bringt, sind wir da. Und dann überlegen wir uns, wie es weitergeht.«

Ich bin in meinem ganzen Unglück und meiner Angst so

glücklich, dass ich diese Freunde gefunden habe. Sie schmeißen den Grill an, es ist laut und lustig, auch wenn ich immer wieder nach vorn gehe und aus dem Fenster schaue.

Ab halb sechs bringt mich nichts mehr von diesem Fenster weg. Ich muss hierbleiben und warten.

Es wird sechs. Simone bringt mir ein Glas eiskalten Weißwein. Sie haben mich gezwungen, etwas zu essen. Ich nippe nur an dem Glas, schaue nach draußen. Auch Michael und Claudia kommen. Der Zeiger der Uhr rückt immer weiter vor.

Halb sieben.

Sieben.

Meine Eltern rufen an, Simone spricht mit ihnen, ich kann nicht. Ich weine. Ich weine haltlos, dabei habe ich gewusst, dass er sie nicht zurückbringt.

Um acht rufe ich meinen Anwalt an, er ist nicht überrascht. »Gleich morgen früh setze ich mich mit der Kollegin in Verbindung«, verspricht er mir. »Verlieren Sie nicht die Hoffnung.«

Das ist leichter gesagt, als getan.

Simone und Michael bleiben in dieser Nacht bei mir, in der ich mich wieder in den Schlaf weine. Meine Augen sind rot und wund vom Heulen, meine Nase auch. Wie ich aussehe, ist mir jedoch egal. Ich will meine Kinder zurück.

Der Freitag beglückt uns erneut mit strahlendem Sonnenschein. Es ist brüllend heiß, schon am Morgen. Ich tigere unruhig durch die Wohnung, warte auf den Anruf meines Anwalts. Dann schrillt das Telefon.

»Frau Richter?«, sagt Herr Nahlen nachdenklich. »Die Anwältin Ihres Mannes hat ein Fax geschickt. Können Sie kommen?«

Ich nicke, bringe kein Wort heraus. Dann doch. »Was steht drin?«

»Kommen Sie vorbei.«

Michael ist schon weg, er musste zur Arbeit. Simone fährt mit mir zum Anwalt. Wortlos reicht mir Nahlen das Fax. Er hat Toms Anwältin am Morgen angeschrieben und nach dem Verbleib der Kinder gefragt. Das Schreiben von ihr ist in diesem verfluchten Amtsdeutsch verfasst, das einem sofort das Gefühl gibt, auf der Anklagebank zu sitzen. Es macht mich sprachlos. Ich lese es zweimal, reiche es dann weiter an Simone, schaue fassungslos meinen Anwalt an.

»Das ist harter Tobak«, sagt er. »Hat er dafür irgendwelche Beweise?«

Ich schüttele den Kopf. In dem Schreiben hagelt es nur so von Anschuldigungen. Ich hätte die Kinder vernachlässigt, geschlagen, gedemütigt … Und ich hätte sie missbraucht.

Sexuell missbraucht.

Mir wird ganz komisch, schlecht, schwindelig. Die Kinder, so steht es weiter in dem Schreiben, hätten ihn angefleht, sie nie wieder zu mir zu bringen, deshalb habe er sich kurzfristig entschlossen, nicht nach Schweden zu fahren, sondern mit ihnen zu Hause zu bleiben. Er wolle Ruhe in die Sache bringen, ihnen ein stabiles Zuhause bieten, Halt und Sicherheit geben, eine gepflegte Umgebung und gute Betreuung – all das, was ich nicht leisten könne.

Ich möchte jetzt und hier und in diesem Moment sterben.

Nahlen schaut mich an. »Wir widersprechen dem Schreiben in allen Punkten und fordern die sofortige Herausgabe der Kinder.« Er steht auf, kommt um seinen massigen Schreibtisch herum, der fast unter Aktenstapeln zusammenbricht, und nimmt mich tatsächlich in den Arm. »Frau Richter, damit kommt er nicht durch. Er hat viel zu dick aufgetragen. Arbeiten Sie nicht für das Jugendamt?«

Ich nicke.

»Wenn Sie tatsächlich so ein Monster wären, hätte das Amt das bemerkt. Aber ich brauche Ihre Hilfe. Ich brauche Aussagen vom Amt.« Er schaut auf die Uhr. »Freitagmittag, die Aussagen werden Sie heute nicht mehr bekommen. Aber am Montag. Ich fordere Ihren Mann dazu auf, die Kinder sofort zurückzubringen. Außerdem werde ich die Klage über das Sorgerecht bei Gericht als höchst dringlich benennen. Aber erst nächste Woche können wir etwas erreichen.«

»Er hätte sie gestern zurückbringen müssen«, sage ich leise.

Nächste Woche, übernächste Woche, nächsten Monat ... Ich weiß, die Bürokratie hat ihre eigene Zeitrechnung.

Zusammen setzen wir ein Schreiben auf, es klingt so harmlos gegen die Vorwürfe von Tom, die sich in mein Gedächtnis eingebrannt haben.

Simone fährt mich nach Hause. Sie ist still und blass. »Das ist so mies«, sagt sie. »Wie kann dieser Mann nur so lügen? Du hast so viele Menschen, die das Gegenteil bezeugen können. Wie kann er nur so etwas behaupten?«

»Ich glaube, es ist seine Wahrheit. Er glaubt das, was er sagt.«

Ich bin mir sicher, Tom verdreht so lange die Tatsachen, bis sie in seine Wirklichkeit passen, und dann sind seine Lügen für ihn wahr und real. Ich bin in seinen Augen böse. Ich habe ihn verlassen, und er tut jetzt alles, um sich zu rächen. Dabei geht er über Leichen. Auch, wenn es seine Kinder sind.

Nahlen hat mir einen Ausdruck des Faxes mitgegeben, ich lese das Schreiben erneut. Es ist so grausam. Ich habe Tom einmal geliebt, sehr sogar. Ich wollte ihm nie die Kinder wegnehmen, und er wollte sich nie allein um sie kümmern, sein Job stand immer an erster Stelle. Geld. Macht. Ansehen. Familie. Das ist seine Reihenfolge. Ich bin ihm dazwischengekommen, als ich nicht mehr gehorcht habe. Da schlägt und prügelt er auf mich ein, will seinen Weg durchsetzen, mit aller Macht.

Die Kinder wollen nicht mehr zu mir? Ich kann das gar nicht fassen, nicht begreifen. Das haben sie nicht gesagt. Das kann nicht sein. Ich bin ihre Mama. Lieber Gott, wenn es dich wirklich gibt, mach, dass ich meine Kinder wiederbekomme, dass sie mich nicht hassen, weil er ihnen etwas Böses über mich erzählt hat! Mach, dass ihre zarten Seelen nicht gebrochen sind. Bitte, lass nicht zu, dass er sie kaputt gemacht hat. Bitte.

Ich rufe bei Beate an, kann kaum sprechen.

»Komm vorbei«, sagt sie. »Ich muss das selbst lesen. Andy ist auch hier, er hat frei.«

»Kann ich die anderen mitbringen?«

Sie lacht. »Natürlich.«

Ich rufe Michael an. Claudia auch. Simone kauft Kuchen, und wir fahren zu Beate. Die Sonne scheint, es ist warm. Ein perfekter Sommertag, wären da nicht die Tränen in meinen Augen, der Kloß in meinem Hals und der schlechte Geschmack in meinem Mund.

Ich gebe Beate das Fax. Sie liest es, während ich in den Garten schaue und den schönen Tag verdamme. Es sollte regnen, das würde meiner Stimmung eher entsprechen. Regen, kalt, nass, eklig. Aber die Sonne scheint, es ist heiß. Nur in mir, da ist es kalt wie in der Antarktis.

»Was können wir tun?«, frage ich leise, als Beate fertig gelesen hat und das Blatt sinken lässt. »Ich soll mir vom Jugendamt bestätigen lassen, dass sie keinerlei Zweifel an mir haben. Dass sie mir Kinder in die Tagespflege geben, mich getestet und überprüft haben. Das werde ich am Montag machen. Aber ob das reicht?«

Ich erzähle, was Nahlen mir über den Zeitfaktor gesagt hat.

»Je länger Tom sie hat, umso schlechter sind meine Chancen, dass sie wieder zu mir zurückkommen.«

»Das ist richtig«, stimmt Beate zu. »Es wird zum Wohl der Kinder entschieden, und das Wohl ist, dass sie nicht ständig ihren Hauptbezugspunkt wechseln müssen. Tom tut gerade alles dafür, dass da, wo sie jetzt sind, der Hauptbezugspunkt für sie wird.«

»Ich habe so Angst, dass er ihnen etwas tut.«

Simone nickt. »Weißt du noch, wie er neulich gesagt hat? ›Wenn ich die Kinder nicht bekomme, dann kriegt sie keiner.‹«

»Wie mies!« Andy kann nicht sitzenbleiben, so sehr regt ihn die Geschichte auf. Dann erhellt sich plötzlich sein Gesicht. »Ich habe einen Freund bei der Kripo in Wuppertal. Vielleicht hat er ja einen Rat.«

Er geht ins Haus und telefoniert lange. Schließlich kommt er wieder heraus.

»Wir müssen den Spieß umdrehen. Bisher hast du, Conny, immer nur reagiert, nie agiert. Tom hält die Fäden in der Hand. Er macht Falschaussagen und kommt damit zum Ziel, zumindest meistens. Du musst das Ruder herumreißen und dir die Kinder wiederholen.«

»Aber wie?«

»Mit seinen Methoden. Aber fundierter.« Andy grinst. »Habt ihr nicht gesagt, dass ihr mit Leuten aus dem Haus dieser Dajenna gesprochen habt? Der alte Mann, hat der sich nicht bedroht gefühlt?«

»Ja, Tom hat alle mit seiner arroganten Art eingeschüchtert«, sagt Michael.

»Wir brauchen die Aussagen, und zwar schriftlich und von Eides statt.« Er sieht zu Beate. »Das geht doch, oder?«

»Sicher. Wenn sie aussagen, dass sie Tom als gewalttätig und bedrohlich erlebt haben, würde es vor Gericht helfen.«

»Das auch, aber mein Freund meint, wir bräuchten Aussagen, aus denen hervorgeht, dass er gefährlich ist. Damit sollten wir zur Polizei gehen und Gefahr in Verzug melden. Es muss deutlich werden, dass das Leben der Kinder in Gefahr ist. Simone, wiederhol noch einmal, was du vorhin gesagt hast.«

Sie sieht ihn mit großen Augen an. »Was meinst du?«

»Na, das mit den Kindern.«

»Er sagte: ›Wenn ich sie nicht bekomme, kriegt sie keiner.‹«

»Das ist ein Hinweis auf einen erweiterten Suizid.« Andy klingt triumphierend. »Und du hast das selbst gehört, Simone?«

»Ja, neulich, als er die Kinder abgeholt hat.«

»Du und Conny, ihr könnt das also bezeugen?«

Michael sagt: »Ich war zwar in dieser Situation nicht dabei, aber hey, der hat ständig so etwas gesagt, wenn wir da waren. Er hat Conny bedroht und sie vor den Kindern niedergemacht, das haben wir doch alle schon gehört. Also, ich würde vor Gericht für Conny aussagen.«

»Ich auch«, sagt Claudia. »Ich hab Dutzende von solchen Sprüchen, die ich bezeugen kann.«

»Gut, das reicht aber nicht«, erwidert Andy. »Wir bräuchten die Aussagen von den Wischnevskis, die bestätigen, dass Tom sie drangsaliert hat.«

»Die werden nicht aussagen. Das glaube ich nicht.« Ich schüttele den Kopf.

»Lass es uns probieren«, meint Beate und drückt meinen Arm. »Ich habe für die Kanzlei einen transportablen Drucker und einen tragbaren Computer, ein Notebook. Damit könnten wir die Aussagen aufschreiben, direkt ausdrucken und unterzeichnen lassen.«

Die Sonne geht langsam unter, der schöne Sommertag neigt sich dem Ende zu. Das erste Mal seit zwei Wochen verspüre ich so etwas wie Hoffnung. Aufgeregt gehe ich zu Bett. Ob wir morgen Erfolg haben werden?

Aber dann holt mich ein Gedanke wieder auf den Boden der Tatsachen zurück. Es ist ein Ausdruck, den ich zwar gehört, aber im ersten Anlauf nicht begriffen habe: erweiterter Suizid. Wäre Tom dazu in der Lage? Sich und die Kinder umzubringen? Ich weiß es nicht.

Aber er darf nicht mitbekommen, dass wir ihm auf den Fersen sind. Auf gar keinen Fall.

24. Kapitel

Simone kommt am nächsten Morgen, dem dritten Samstag ohne die Kinder, mit Brötchen zu mir. Vor genau einer Woche haben wir auf ihrem Balkon gesessen und von den Tagen in Holland geredet. Da hatte ich zwar ein ungutes Gefühl, hielt es aber für Humbug. Seitdem bin ich in Tiefen gestürzt, die ich nicht für möglich gehalten hätte. Meine Ängste halten mich immer noch in ihren Klauen, aber es tut gut, endlich tätig werden zu können.

Michael trifft ein, wir frühstücken schnell, holen dann Beate samt ihrem Equipment ab und fahren nach Bergkamen – wieder einmal. Ich mag die hässlichen Wohnblocks nicht mehr sehen, hier hat das Grauen seinen Anfang genommen. Ich steige aus dem Auto, hole tief Luft. Ich hoffe, die Leute helfen uns noch einmal.

Zuerst klingeln wir bei Familie Mengens, den beiden älteren Leuten. Ich gehe allein hoch, er erkennt mich sofort.

»Haben Sie Ihre Kinder gefunden?«

»Nein, noch nicht. Aber wir sind ihnen auf der Spur. Mein Mann hätte sie am Donnerstag zurückbringen müssen, das hat er aber nicht getan.«

Ich schlucke. Wie soll ich mein Anliegen vorbringen?

»Er will sie behalten, wissen Sie? Die Kinder. Er will sie behalten und sie mir nicht mehr zurückgeben. Er hat viele böse Dinge über mich gesagt«, füge ich leise hinzu.

»Dieser Mistkerl! Kinder gehören doch zur Mutter«, sagt der Alte.

»Dafür hat er ja jetzt Frau Berman. Sie soll sich um meine Kinder kümmern.«

»Die alte Schlampe? Raucht und säuft und macht mit Männern rum, da habe ich Geschichten gehört«, empört er sich. »Ach, Sie Arme.«

»Ich bräuchte Ihre Hilfe. Sie haben sich doch von meinem Exmann bedroht gefühlt, nicht wahr? Würden Sie das aussagen?«

»Aussagen?« Er denkt kurz nach. »Sicher. Aber ich kann meine Frau so schlecht alleinlassen.« Er verzieht skeptisch das Gesicht.

»O nein, Sie bräuchten nirgendwohin zu gehen. Wir würden Ihre Aussage aufschreiben, Sie müssten sie nur gegenzeichnen. Das können wir jetzt und hier machen. Wir brauchen lediglich eine Steckdose.«

»Natürlich. Das mache ich gerne für Sie.«

Ich gehe zu den anderen runter. Wir beschließen, dass nur ich und Beate in die Wohnung gehen, um nicht mehr Trubel als nötig zu verursachen.

Herr Mengens führt uns in die Küche, die so aussieht wie die meiner Oma. Ich sehe ehemals weiße Resopalmöbel aus den Fünfzigerjahren, es riecht nach Bratfett und Kohl.

»Setzen Sie sich«, sagt er und zeigt zum Küchentisch. »Soll ich einen Kaffee kochen?«

»Das wäre wunderbar«, meint Beate und baut Notebook und Drucker auf.

Es sieht alles sehr professionell aus, ich staune. Sie setzt sich an den Tisch, schaut ihn erwartungsvoll an. Aber Herr Mengens füllt zuerst einen Kessel mit Wasser, nimmt dann eine Kaffeekanne aus dem Schrank und stellt einen Filter aus Keramik darauf. Dann steckt er eine Filtertüte hinein und schaufelt Kaffeepulver in den Filter. Die Menge ist herzinfarktverdächtig. Umständlich gießt er kochendes Wasser in den Filter, Schluck für Schluck. Das satte Aroma von frisch aufgebrühtem Kaffee erfüllt die Küche.

»Wir brauchen eine genaue Aussage«, sagt Beate, als er fertig ist, und setzt ihre Brille auf. »Was ist passiert? Wann sind Sie mit Tom Richter aneinandergeraten? Und was genau hat er zu Ihnen gesagt?«

Herr Mengens überlegt. »Es war vor drei Wochen. Tagelang waren sie schon laut, haben Möbel auseinandergenommen und durchs Treppenhaus geschleppt. Das war vielleicht ein Gepolter! Aber an dem Abend waren sie noch lauter als sonst. Ich hatte schon mehrfach darum gebeten, doch bitte etwas leiser zu sein, aber das hat Ihren Exmann, diesen Herrn Richter, nicht interessiert. Es waren noch andere Männer da, die ich nicht kannte. Sie haben eine Waschmaschine runtergetragen. Es war schon nach zehn, und sie waren im Hausflur und haben sehr laut geredet. Das können alle im Haus bestätigen. Heinz Koslowski von oben, der wird das bestätigen. Ich bin also raus und habe gesagt, sie sollen bitte leiser sein. Der Typ, also Ihr Exmann, stand hier oben am Treppenabsatz. Er hatte einen Schraubenzieher in der Hand, und damit ging er auf mich zu. Den hielt er wie eine Waffe.«

Herr Mengens schluckt. Ich merke, wie sehr ihn das sogar im Nachhinein noch aufregt.

»›Opa‹, sagte er zu mir, allein das schon ist unverschämt.« Er wischt sich über den Mund. »Jedenfalls sagte er: ›Opa, halt die Schnauze. Geht dich nichts an, was wir hier machen.‹ Ich habe dann gesagt: ›Es ist schon spät, und meiner Frau geht es nicht gut. Bitte nehmen Sie Rücksicht.‹«

Wieder unterbricht er, sein Atem geht schwer, und ich habe ein schlechtes Gewissen, ihn so zu belasten.

»Dann sagte er: ›Ihr seid eh nur eine Last für die Rentenkasse. Wenn ich dich jetzt absteche, dann ist das gut für den Staat.‹« Herr Mengens schüttelt den Kopf. »Können Sie sich das vorstellen? Wie kann man so etwas sagen?«

»Er hat Sie also tätlich bedroht?«, fragt Beate. »Würden Sie das so bezeugen?«

»Ja, das würde ich unterschreiben.«

Sie tippt, dann legt sie Papier in den Drucker. Als Anwältin weiß sie, wie man Texte formuliert, damit sie amtlich klingen. Sie liest den Text vor.

Herr Mengens nickt. »Sie müssen noch erwähnen, dass meine Frau schwer herzkrank ist und dass Herr Richter vorher schon einmal gesagt hat, dass sie doch verrecken soll.«

Mein Hals ist ganz trocken, ich trinke den starken Kaffee. Ein Schluck reicht, dann bin ich wieder da.

Beate ändert den Text, liest ihn noch einmal vor.

»So ist das gut. Wird Ihnen das helfen?«

»Ich hoffe es sehr«, sage ich.

»Wissen Sie was? Ich geh hoch und hol mal den Heinz runter«, schlägt Herr Mengens vor. »Soll der auch gleich seine Aussage machen. Wenn es damit Ihrem Exmann an den Kragen geht, umso besser.«

Heinz Koslowski und seine Frau kommen mit Herrn Mengens hinunter. Ich erkenne Herrn Koslowski wieder, auch er weiß offenbar genau, wer ich bin. Endlich habe ich auch ein Gesicht zu seiner Frau, die ich bislang nur vom Telefon kannte. Die Küche ist plötzlich sehr eng und voll.

»Das ist ein Dreckschwein«, poltert Koslowski los, als Beate ihn fragt, was er von Tom hält. »Ich wusste erst nicht, wer Sie sind und was Sie wollten, als Sie vor ein paar Tagen hier waren. Aber der kann Ihnen doch nicht die Kinder wegnehmen, das geht doch nicht!«

»Jenna hat sich nie um ihre Kinder gekümmert, die hat die immer abgeschoben. Die ist keine gute Mutter«, fügt seine Frau hinzu.

Alle sind laut und aufgeregt. Mir wird ganz schwindelig, aber Beate bewahrt die Ruhe. Sie nimmt der Reihe nach die Aussagen auf, filtert alle Emotionen raus und beschränkt sich in ihren Berichten auf die Fakten. Dann liest sie vor, druckt aus und lässt unterschreiben. Ich bin so dankbar, dass diese Leute, die mich gar nicht kennen und nichts mit mir zu tun haben, mich unterstützen. Sie hätten auch ablehnen können, mir zu helfen.

Mit den Aussagen in der Hand gehen wir nach unten, wo Michael und Simone warten.

»Jetzt noch die Wischnevskis«, sagt Michael.

Ich bin mir nicht sicher, ob ich das möchte. »Sie werden nichts sagen. Und vielleicht lügen sie ja auch und haben doch noch Kontakt zu Dajenna. Dann sagen sie ihr, was wir gegen sie unternehmen.«

»Das glaube ich nicht.« Michael geht zu seinem Auto. »Kommst du?«

Der erweiterte Suizid geistert in meinem Kopf herum. Noch denkt Tom, dass er gewinnt. Was aber, wenn er ahnt, dass sich das Blatt wendet? Ich bin skeptisch.

»Nun komm schon!«, ruft Michael.

»Lass uns das machen«, ermuntert mich Simone.

Ich gebe mir einen Ruck und steige in den Wagen.

Beim zweiten Besuch sieht das Haus der Wischnevskis noch trostloser aus. Die Sonne brennt vom Himmel, zieht scharfe Schatten. Dreck und Unrat im Hof wirken noch realer als beim ersten Mal, und es stinkt.

Frau Wischnewski öffnet uns und lässt uns auch herein, als ich ihr mein Anliegen vortrage.

»Ja, das mache ich«, sagt sie zu meiner größten Überraschung und streckt ihr Kinn nach vorn. »Ich mach die Aussage. Was die mit den Kindern anstellen, ist nicht gerecht. Weder mit Jennas noch mit Ihren.«

Nach drei Stunden haben wir vier Aussagen, ausgedruckt und unterschrieben. Wir fahren wieder nach Münster. Dort baut Beate Notebook und Drucker ein weiteres Mal auf. Claudia ist gekommen, und zusammen formulieren wir ihre und meine Aussage. Ich mag über die Bedeutung der Worte gar nicht nachdenken, aber es ist wichtig, all das Elend, das passiert ist, zu Papier zu bringen.

Inzwischen ist es schon später Nachmittag. Ein weiterer heißer Augustsamstag neigt sich dem Ende zu, aber wir sind noch lange nicht fertig.

»Jetzt haben wir die Aussagen«, sagt Beate und klappt das Notebook zusammen, das in einen kleinen Koffer reinpasst und so viel wiegt wie ein halber Kleinwagen. »Und damit gehen wir zur Kripo.« Sie wendet sich mir zu. »Egal, was du denen sagst, mach es dringlich. Sag, dass die Kinder in Gefahr sind. Und das sind sie, meine Süße, auch wenn du das nicht wahrhaben willst. Tom ist ein Monster.«

Wir fahren zusammen zum Polizeipräsidium, aber der Haupteingang ist verschlossen. Ein Zettel schickt uns zur Wache nebenan, das ist eine kleine Station der Schutzpolizei. Wir gehen zum Eingang, öffnen die Tür, treten ein.

Ein Polizist in grüner Uniform kommt uns entgegen. »Kann ich Ihnen helfen?«

Ich will etwas sagen, aber da sind keine Worte. Ich fühle mich entsetzlich, und die Angst um die Kinder ist so präsent, dass sie mich fast niederdrückt.

»Es geht um Kindesentführung«, sagt Beate in ihrer resoluten Art. Sie hat das Fax, die Gerichtsbeschlüsse und die Aussagen in einen Ordner geheftet und hält diesen nun dem Beamten hin.

»Meine Kinder«, presse ich heraus. »Mein Exmann hat sie entführt und gibt sie mir nicht zurück. Er hat damit gedroht, sich und die Kinder umzubringen. Ich weiß nicht, wo sie sind, er ist mit ihnen untergetaucht.«

»Ist Ihr Exmann Ausländer?«

Was für eine seltsame Frage.

»Nein, er ist Deutscher. Er ist mit ihnen untergetaucht. Mein ältester Sohn ist schwerbehindert, sie sind alle noch so klein. Sieben, fünf und drei Jahre. Ich weiß nicht, wo sie sind, ich weiß nicht, was mein Ex mit ihnen macht.«

Und da sind sie wieder, die Tränen. Ich kann sie nicht zurückhalten und komme mir sofort wieder klein und schwach vor.

»Das ist ein Fall für die Kripo. Moment«, sagt der Polizist und sieht mich – so scheint es mir – mitleidig an.

Dann geht er nach oben. Kurz darauf kommt er mit einem Mann zurück, der mich bittet, mit ihm zu kommen.

»Nur zwei«, sagt er und mustert Simone, Beate und Michael. »Mein Büro ist nicht besonders groß. Die anderen können hier warten.« Er zeigt auf Plastikstühle, die unbequem aussehen.

Michael schiebt mich zur Treppe. »Wir gehen da jetzt hoch«, flüstert er mir zu. »Denk an die Kinder, los, geh!«

Ich tue, was er sagt. Die Treppe ist steil, und ja, das Büro ist winzig. Es gibt zwei Stühle für Besucher und einen hinter einem Schreibtisch.

»Also«, sagt der Mann von der Kripo. Er hat sich als Jürgen Bäumler vorgestellt. »Dann erzählen Sie mal.«

Ich fange an mit der Trennung, lege die Anzeige wegen schwerer Körperverletzung auf den Tisch, lasse das Schreiben der Staatsanwaltschaft folgen. Ich überreiche ihm die Berichte vom Jugendamt, als Tom dort wegen mangelhafter Kleidung vorstellig wurde, und füge die schriftliche Zusammenfassung hinzu, in der mir kein Vergehen vorgeworfen, ihm aber angeraten wurde, angemessenen Unterhalt zu zahlen.

Dann kommt die Klage wegen des Urlaubs. Unsere Buchung in Holland kann ich nachweisen, schon im Frühjahr haben wir bezahlt. Ich lege auch ein Schreiben des Reisebüros vor, das mir bestätigt, dass Tom im Juni nur eine Anzahlung für das Haus in Schweden geleistet und den vollen Preis nie gezahlt habe. Das Schreiben ist nicht freundlich, schließlich hat er das Reisebüro um eine große Summe geprellt.

Das Urteil vom Oberlandesgericht habe ich auch dabei, und Toms Ausführungen, dass er nur in den letzten beiden Ferienwochen Urlaub nehmen könne, aus beruflichen Gründen. Zuletzt lege ich das Fax vom Freitag mit all seinen Anschuldigungen vor. Ich lasse es den Kripobeamten in aller Ruhe lesen.

Als er fertig ist, schaut er mich nachdenklich an.

Nun hole ich unsere eidesstattlichen Erklärungen hervor. Ich zeige all die Schreiben, die bezeugen, wie sich Tom in Bergkamen verhalten hat. Ich sage Bäumler, dass Tom Dajenna erst seit ein paar Monaten kenne, und dass ich glaube, dass er sie gezielt ausgesucht habe, als potenzielle Betreuerin seiner Kinder. Ganz am Schluss erzähle ich ihm von unserer größten Sorge: Toms Worte über die Kinder, die einen erweiterten Suizid ankündigen.

Bäumler schluckt. Er blättert in den Papierbergen, stellt viele Fragen. Mehr als zwei Stunden sind vergangen, draußen wird es inzwischen dunkel. Dann tippt er etwas in seinen Computer, tippt, tippt wieder, schaut uns nicht an. Schließlich rauscht der Drucker, der hinter ihm auf einem Regal steht.

»Ich sehe die Gefährdung der Kinder«, sagt er ernst. »An Ihrer Stelle wäre ich mehr als beunruhigt. Ihr Nochmann ist gewalttätig und neigt zu Ausbrüchen, die er vermutlich nicht kontrollieren kann. Deshalb ist Gefahr in Verzug. Aber«, er schaut mich an, sucht meinen Blick, hält ihn, »es gibt einen rechtlichen Weg. Und den müssen Sie gehen. Verstehen Sie?« Er beugt sich vor, wendet den Blick nicht von mir ab.

»Und der ist?«, frage ich leise.

»Sie müssen mit all diesen Sachen, die ich gleich als Anzeige formulieren werde, am Montag zu Gericht gehen. Ich werde eine Anzeige aufnehmen und Gefahr für das Kindeswohl feststellen und empfehlen, dass Ihnen die Kinder wieder zugeführt werden, weil Ihr Mann als gewalttätig eingestuft werden muss. Die Aussagen der Nachbarn bestätigen das. Er ist eine Gefährdung des Gemeinwohls und eine Gefahr für Ihre Kinder. Deshalb, das werde ich klar formulieren, gehören sie wieder zurück in ihr altes Zuhause, zu ihrer Mutter.« Wieder fixiert er mich. »Haben Sie das verstanden?«

Ich nicke dankbar, möchte schon wieder weinen.

Er schüttelt den Kopf. »Zuhören«, sagt er mit Nachdruck.

»Sie haben die Kinder noch nicht, und es wird auch nicht einfach werden. Aber ich glaube, sie sollten bei Ihnen sein. Sie gehen am Montag zum Gericht, beantragen das Sorgerecht und eine einstweilige Verfügung, dass Ihnen die Kinder wieder überstellt werden.« Erneut hält er inne, schaut mich an. »Den Kindern droht Gefahr, das müssen Sie vor Gericht noch einmal deutlich machen. Sie haben alle Unterlagen dazu. Aber es kann ein paar Tage dauern, bis das Gericht die Verfügung erstellt. Das wird nicht am Montag passieren.«

Ich schlage die Hände vors Gesicht. »Heute ist Samstag. Bis Montag sind es noch zwei Tage. Wie lange wird es dauern, bis ich die Verfügung habe?«

»Drei Tage, vielleicht vier. Das müssen Sie jetzt noch durchstehen, Frau Richter. Das müssen Sie, und das werden Sie.« Er schaut zu Michael. »Das muss sie! Sie darf keine Dummheit begehen.«

»Okay«, sagt Michael knapp. Ihm geht das alles auch an die Nieren, das weiß ich. »Ich passe auf sie auf.«

»Sehen Sie, rein rechtlich hat Ihr Mann die Kinder nicht illegal bei sich. Er darf sie behalten, bevor nicht über das Sorgerecht entschieden ist oder dem Antrag auf einstweilige Erteilung des Sorgerechts stattgegeben wurde. Verstehen Sie das?«

»Ja.«

»Wenn Sie jetzt aber *zufällig* Ihre Kinder treffen sollten, auf dem Spielplatz oder auf der Straße, und die Kinder rufen sie, dann packen Sie sie ein und nehmen sie mit.«

Ich nicke. Eine Träne kullert meine Wange hinunter. Ich wische sie verärgert weg.

Bäumler sieht mich konzentriert an. »Frau Richter, können Sie meinen Worten folgen?«

»Wenn sie mich ansprechen, nehme ich sie mit.« Ich schnaufe. »Herrgott, ich weiß doch noch nicht einmal, wo sie sind. Wie soll ich sie *zufällig* treffen?«

Er schweigt. Dann dreht er sich um, zieht ein Blatt aus dem Drucker, legt es auf seinen Schreibtisch.

»So einen Fall hatte ich lang nicht mehr. Kindesentzug, das haben wir häufiger in anderen Milieus oder bei Migranten. Da sind uns zum Teil die Hände gebunden, weil im Ausland andere Gesetze gelten. Natürlich, es gibt auch deutsche Väter und Mütter, die ihre Kinder dem Expartner entziehen, aber so etwas wie bei Ihnen, das habe ich noch nicht erlebt. Was haben Sie ihm angetan, dass er Sie so hasst?«

»Ich habe ihn verlassen. Ich hatte gute Gründe«, sage ich. »Die wollen Sie gar nicht wissen.«

»Das glaube ich auch«, antwortet er leise.

»Aber ich weiß immer noch nicht, wo er überhaupt ist.« Mühsam bekämpfe ich die Tränen.

»Unbekannt ins Ausland verzogen, sagt das Einwohnermeldeamt«, erklärt er und tippt auf den Ausdruck. Er schaut mich an. »Aber die Freundin von Ihrem Exmann hat einen außergewöhnlichen Vornamen. Dajenna Berman, geborene Rotten. Und stellen Sie sich vor, unter dem Namen gibt es ein aktuelles Verkehrsdelikt. Mit einer Adresse. Einer ganz neuen Adresse, nicht in Bergkamen. Die Dame hat ein Haus angemietet.« Er räuspert sich. »Wie gehen Sie vor? Wiederholen Sie noch einmal, was wir besprochen haben.«

»Ich gehe am Montag zum Gericht.«

»Richtig. Sie gehen zum Gericht und stellen einen Antrag. Und Sie warten, bis er entschieden ist. Der Antrag wird garantiert zu Ihren Gunsten entschieden werden. Sie machen nichts.

Gar nichts. Sie warten nur ab, ob Ihnen die Kinder *zufällig* in die Arme laufen.« Er steht auf, seufzt wieder. »Ich kann Ihnen die Adresse von Dajenna Berman nicht geben. Das unterliegt dem Datenschutz. Ich kann Ihnen nicht sagen, wo Ihr Exmann mit Ihren Kindern ist, auch wenn ich es weiß. Ich darf das nicht. Verstehen Sie das?«

Ich nicke traurig. Jetzt kullern die Tränen doch. War alles umsonst? All meine Bemühungen?

Bäumler stützt sich mit den Händen auf der Schreibtischplatte ab. »So einen Fall hatte ich wirklich lange nicht mehr. Ich habe auch Kinder, wissen Sie? Und ich liebe sie. Sie lieben Ihre Kinder auch, das merkt man. Bei Ihrem Mann bin ich mir da nicht so sicher.« Er schüttelt den Kopf. »Ich brauche einen Kaffee. Möchten Sie auch einen? Das wird etwas dauern. Unsere Kaffeemaschine ist langsam. Ich gehe jetzt aus meinem Büro und koche Kaffee. Sie warten hier. Ich vertraue darauf, dass Sie in der Zeit, in der ich weg bin, nicht meine Unterlagen nach der Adresse durchsuchen. Die steht da nämlich. Hier, auf dem Ausdruck. Da steht, wo Ihr Ex und seine Freundin wohnen. Aber das darf ich Ihnen nicht sagen.«

Er zwinkert mir zu und geht.

Ich sitze wie gelähmt da, kann es nicht fassen.

Michael steht auf, nimmt den Ausdruck. »Das ist hier in der Nähe«, sagt er, ebenfalls ungläubig. »Zwanzig Kilometer höchstens. Er hat ein Haus in Ostbevern angemietet. Muss der sich sicher sein!«

»In der Nähe?«, frage ich. »Natürlich, von Bergkamen bis nach Münster fährt man etwa eine Stunde.«

Bäumler lässt sich Zeit. Als er wiederkommt, hat er eine Kaffeetasse in der Hand. Der Ausdruck mit Dajennas Adresse liegt an seinem Platz, als wäre nichts geschehen. Der Kripobeamte lächelt.

»Sie können erst am Montag zu Gericht und den Antrag stellen. Aber wer weiß, vielleicht treffen Sie Ihre Kinder am Wochenende ja zufällig. Ich schreibe jetzt die Anzeige. Sie können unten bei Ihren Freunden warten.«

25. Kapitel

Es ist Anfang August und schon nach acht am Abend, aber es ist immer noch hell draußen. Wir stehen vor der Wache und warten.

Michael zückt sein Handy und ruft einen Freund an, der nicht weit von der Adresse entfernt wohnt, die auf dem Ausdruck stand. Da wo Tom, Dajenna und die fünf Kinder sein sollen. Der Freund notiert sich die Adresse, setzt sich auf sein Motorrad und fährt los. Auch er hat ein Handy. Unglaublich.

Ein paar Minuten später ruft er an. »Ich stehe hier vor dem Haus. Es ist ein Altbau. Rechts und links sind Häuser angebaut. Es gibt eine Toreinfahrt, dort steht ein Renault Espace, dunkelgrün, mit getönten Scheiben.«

»Das ist es«, sagt Michael aufgeregt.

Er hat das Gespräch auf Lautsprecher gestellt, alle können die blecherne Stimme seines Freundes hören.

»Da kommt ein Mann raus«, sagt der nun leiser. »Er bringt Sachen nach vorn. Offensichtlich Sperrmüll. An seiner Seite ist ein Junge. Ich schätze, der ist so sechs oder sieben Jahre alt, schlank, blond, mit Brille.«

»Alexander«, hauche ich und kann es kaum glauben.

Da sind sie, nur zwanzig Minuten Fahrt von mir entfernt. Meine Kinder. Ich will sofort dahin. Sie sollen mich sehen, ich will sie mitnehmen!

»Conny, sei vernünftig!«, redet Simone auf mich ein, und sie hat recht. »Du musst jetzt abwarten.«

»Ich will dahin!«

»Ja«, sagt Beate. »Aber wir warten noch die Anzeige ab.«

Es dauert ewig, so scheint es mir, aber endlich kommt Bäumler aus der Wache und hält mir einen Umschlag hin.

»Seien Sie nicht unvernünftig. Machen Sie alles rechtens, dann behalten Sie die Kinder auch. Bitte.«

Ich kann nicht antworten, alle Wörter bleiben in meinem Hals stecken, also nicke ich nur. Ich nehme den Umschlag entgegen. Bis Montag muss ich warten. Mindestens. Das halte ich nicht aus.

Wir fahren wieder zu mir. Setzen uns an den Holztisch, den ich von meinen Eltern geerbt und an dem ich schon als Kind gesessen habe. Das Holz ist rau und voller Macken, aber gerade deshalb liebe ich den Tisch.

»Ich will dahin«, sage ich. »Jetzt sofort.«

»Die Wahrscheinlichkeit, dass die Kinder auf der Straße herumlaufen, ist um diese Uhrzeit bei null«, gibt Michael zu bedenken.

»Ist mir egal. Ich will dahin.«

Beate schaut in die Runde. »Ich will auch hin, die Umgebung erkunden. Lasst uns fahren. Wir können zwar nichts unternehmen, aber wir werden sie in den nächsten Tagen beobachten müssen. Also los.«

Langsam setzt die Dämmerung ein. Ein Samstagabend im August. Und es ist immer noch warm, sehr warm. Wir haben die Fenster runtergekurbelt und hören Musik. »Mmm mmm mmm mmm«, summen die Crash Test Dummies. Ich kann mich nicht darauf einlassen, so wie sonst. Ich denke nur an meine Kinder.

Zwischendurch aber geht mir ein Gedanke durch den Kopf.

Michael, Simone und Claudia sind etwa so alt wie ich, Ende zwanzig, Anfang dreißig, und sie haben alle keine Kinder. Aber sie stehen mir zur Seite, als wären es ihre eigenen. Das ist bemerkenswert, finde ich.

»Da vorn ist es«, sagt Michael, als wir in eine Straße einbiegen. »Hausnummer 42.«

Langsam fahren wir daran vorbei. Ich schaue zu dem Haus – ein Altbau, wie Michaels Freund gesagt hat, im Erdgeschoss drei Fenster, alle mit dicken Gardinen verhangen. Es steht Sperrmüll auf der Straße, in der Hauseinfahrt parkt Toms Wagen. Von den Kindern ist natürlich nichts zu sehen.

»Er kennt mein Auto, ich habe oft genug bei euch vor dem Haus gestanden«, sagt Michael nachdenklich. »Er sollte nicht erfahren, dass wir seine Adresse ausfindig gemacht haben, sonst ist er nachher wieder weg.«

Wir parken zwei Straßen weiter.

»Mich kennt er nicht so gut, ich habe mich immer im Hintergrund gehalten«, sagt Claudia. »Ich gehe mal am Haus vorbei und schaue, ob ich etwas sehe.«

»Gute Idee. Wir gehen hintenrum, damit er uns nicht sieht.« Michael nimmt meine Hand, zieht mich mit sich.

Simone läuft von der anderen Seite um das Haus herum.

Wir hasten durch eine schmale Gasse neben dem Gebäude und kommen zu einer hohen Backsteinmauer, die das Grundstück umfasst, auf dem das Haus steht. Im Garten blühen große Rhododendren, und einige Rosen verströmen in der lauen Abendluft ihren Duft. Wir bleiben hinter der Mauer stehen, die gut zwei Meter hoch ist, und lauschen. Näher kommen wir nicht ran.

Ich gehe ein paar Schritte zurück und stelle mich auf die Zehenspitzen, damit ich über die Mauer gucken kann. Das Haus hat einen kleinen Flügelanbau, und im Dach sind schräge Fenster eingebaut, die weit aufstehen. Ich trete näher an die Mauer heran und versuche, mich vorsichtig an ihr hochzuziehen, um in den Garten und in das Erdgeschoss schauen zu können, aber es klappt nicht.

Und dann höre ich das Weinen eines Kindes. Ich erkenne Lukas' Stimme sofort.

Er weint: »Ich will zu meiner Mami! Ich will zu meiner Mami ...!«

Die Worte dringen in mich ein, scheinen mich zu zerfetzen. Ich muss zu ihm, ich muss *sofort* zu ihm, jetzt, auf der Stelle. Ich nehme Anlauf, will über die Mauer springen, doch Michael hält mich zurück. Er packt mich fest, drück mich an sich.

»Scht«, macht er, »scht. Ich hab es gehört, Conny, ich hab's gehört. Aber du musst abwarten. Bis Montag musst du abwarten.«

»Ich will da rein«, heule ich auf. »Es ist Lukas, er weint, er ruft mich, ich muss zu ihm.«

»Das geht nicht, Conny.«

Verzweifelt kauere ich mich auf dem Boden zusammen, versuche meine Fassung wiederzuerlangen.

»Ich muss zu ihm. Warum tröstet ihn denn niemand?«

Immer noch ist das jammervolle Weinen meines jüngsten Sohnes zu hören. Es schallt über die Hinterhöfe und Gärten hinweg: »Mami, wo bist du? Ich will zu meiner Mami ...«

»Michael, ich muss zu ihm! Warum ist denn da keiner? Vielleicht ist er ganz allein? Ich geh jetzt an die Haustür und klingle. Ich muss zu Lukas.«

Michael hockt sich neben mich und sieht mir in die Augen.

»Du hast gehört, was der Typ von der Kripo gesagt hat. Wenn du jetzt einen Fehler machst, könnte Tom die Kinder für immer behalten. Also machen wir keinen Fehler, wir wollen die Kinder doch zurückhaben.«

»Er weint!«

Lukas heult bitterlich, er schluchzt, ruft nach mir. Ob er spürt, dass ich in der Nähe bin? Vermutlich nichts als Wunschdenken.

Dann höre ich ein helles Stimmchen. Johanna. Sie singt Lukas etwas vor, und langsam beruhigt er sich. Gott sei Dank! Ein Stein in der Größe eines Einfamilienhauses fällt mir vom Herzen.

»Wir wissen, dass sie hier sind«, redet Michael eindringlich auf mich ein. »Mein Kumpel hat Alexander gesehen, und wir haben Lukas und Johanna gehört. Am Montag gehst du zum Gericht und erwirkst die einstweilige Verfügung.« Er hält mich an den Schultern fest. »Du gehst jetzt nicht da rein, damit würdest du alles kaputt machen.«

Ich weiß, dass er recht hat, aber es zerreißt mich innerlich. Hier sind meine Kinder, nach denen ich mich seit Wochen sehne, die Tom mir seit Tagen vorenthält, so nah und dennoch unerreichbar für mich.

»Komm«, sagt Michael und zieht mich hoch. »Lass uns gehen.«

Noch einmal lausche ich, aber es ist nichts mehr zu hören.

Am Auto treffen wir die anderen wieder. Auch Simone hat Lukas gehört, sie ist ganz blass.

»Es ist nichts zu sehen«, sagt Claudia. »Die Gardinen sind zugezogen, und jetzt haben sie auch noch die Jalousien heruntergelassen.«

»Verdammt.« Ich schüttele verzweifelt den Kopf, aber hier können wir im Moment wirklich nichts ausrichten.

Wir fahren wieder nach Münster und setzen uns bei mir zu Hause an den Tisch.

»Ich habe solche Angst, dass er erfährt, wie dicht wir ihm auf den Fersen sind, und dass er dann kurzerhand wieder abhaut«, sage ich leise.

»Ja, das geht mir auch so«, stimmt Claudia mir zu. »Aber ich habe eine Idee, wie wir das verhindern können. Schräg gegenüber vom Haus ist eine Eisdiele. Sie haben auch zwei Tische drinnen. Dort könnte jemand sitzen und aufpassen. Jemand anderes könnte ab und an um das Haus gehen.«

»Wir dürfen nicht zu auffällig sein«, gibt Simone zu bedenken. »Michael, mich und natürlich Conny kennt er. Wenn er uns sieht …«

»Dann ist alles vorbei«, beende ich ihren Satz.

»Ich habe eine Perücke von meiner Mutter«, sagt Claudia. »Haare verändern so ungemein. Und wenn du plötzlich statt blonder Locken schwarze glatte Haare hast, wird er dich zumindest von Weitem nicht so schnell erkennen.«

»Sonnenbrillen und Hüte kann ich beisteuern.« Simone nickt.

»Aber die Autos«, gibt Michael zu bedenken. »Ich wette, er hat sich jedes Kennzeichen gemerkt. Auch wenn er dich noch nie richtig gesehen hat, Claudia, deinen Polo kennt er bestimmt.«

»Und wenn wir weiter weg parken?«

»Na ja, aber was tun wir, wenn er mit den Kindern plötzlich wegfährt? Wir müssen schnell an einem Wagen sein.«

Ich habe eine Idee. »Wir leihen uns einfach einen Wagen. Bei der Autovermietung.«

Michael nickt. »Das ist gut. Aber die Kommunikation untereinander wird schwierig. Deshalb habe ich mir überlegt, dass ich morgen nach Dortmund fahre und noch ein paar Handys aus dem Geschäft hole. Wir haben fünf Firmenhandys. Ich frage meinen Chef, ob wir die für ein paar Tage haben können.« Dann verzieht er das Gesicht. »Eine ganz blöde Sache gibt es noch. Ich habe am Montag einen wichtigen Termin, den ich weder verschieben noch absagen kann«, sagt er zerknirscht. »Ich werde mich beeilen, um so schnell wie möglich nachzukommen, aber erst mal muss ich nach Dortmund.«

»Ich nehme mir frei«, sagt Claudia. »Das habe ich vorhin schon beschlossen. Du musst zum Gericht und zum Jugendamt, und ich komme mit.«

»Wahrscheinlich muss ich auch noch zu meinem Anwalt.« Ich seufze. »Hoffentlich geht das alles gut.«

»Dann passe ich am Montag am Haus auf«, beschließt Simone. »Und ich rufe ein paar von den anderen an, vielleicht hat noch jemand Zeit. Ist sowieso besser, wenn es immer verschiedene Leute sind, die das Haus beobachten, sonst fällt das noch auf.«

Wir schmieden Pläne, telefonieren mit unseren Freunden. Alle wollen irgendwie helfen und sagen für das Wochenende und Montag zu. Wir haben einen aufwendigen Schichtplan gestaltet. Hoffentlich geht alles gut.

In dieser Nacht bin ich aufgeregt. Es ist ein wenig wie in einem Film, denke ich, völlig surreal und unwirklich.

Das Einzige, was real ist, ist Lukas' Weinen, das ich immer noch zu hören glaube. Wie herzzerreißend es war. »Ich will zu meiner Mami!«, hat er gerufen, immer wieder.

Warum hat ihn Tom nicht getröstet? Warum ist Dajenna nicht zu ihm gegangen? Er klang so verzweifelt, so einsam. Er ist doch erst drei Jahre alt, wie können sie ihn nur weinen lassen?

Auch diese Nacht geht vorbei, irgendwie. Am Sonntagmorgen machen wir uns, verkleidet mit Perücke, Sonnenbrillen und Hüten, auf den Weg. Es ist ein strahlender Sommertag, und die Plätze vor dem Eiscafé sind alle schon besetzt. Das ist uns nur recht, wir wollen gar nicht draußen sitzen.

Michael und ich schleichen uns wieder an der Mauer um das Grundstück entlang. Diesmal hören wir kein Weinen, keine Stimmen. Seltsam. Toms Wagen steht immer noch in der Hofeinfahrt, sie müssen also da sein. Machen sie vielleicht einen Spaziergang? Das wäre die Chance, sie »zufällig« zu treffen und direkt mitzunehmen. Doch die Zeit vergeht, und nichts rührt sich. Keiner geht hinaus, keiner kommt herein.

Michael fährt nach Dortmund, um die Handys zu holen. Es ist Sonntag und auf der Autobahn weniger los als unter der Woche, trotzdem muss er fast geflogen sein, denn nach anderthalb Stunden ist er schon wieder da und erklärt uns, wie die Mobiltelefone funktionieren.

Wir lassen das Haus nicht aus den Augen, hin und wieder geht jemand nach hinten und lauscht. Doch heute ist nichts zu hören, gar nichts. Es ist heiß, einer der heißesten Tage des Jahres. Ich schwitze unter der Perücke, meine Kopfhaut juckt. Wir haben alle schon zwei Eisbecher gegessen, trinken nun den dritten Cappuccino. Die Bedienung schaut immer wieder misstrauisch zu uns, aber da wir stets sofort bezahlen, sagt sie nichts.

»Vermutlich machen die in den nächsten Tagen das Geschäft

ihres Lebens mit uns«, sagt Beate grinsend und bestellt sich einen weiteren Kaffee.

Den ganzen Nachmittag haben wir im Eiscafé gesessen, aber nichts ist passiert. Um sechs Uhr macht es zu. Ein letztes Mal gehe ich an die hohe Mauer hinter dem Haus und lausche. Aus dem Garten ist nichts zu hören, gar nichts. Eine unheilvolle Stille.

Wo sind die Kinder bei diesem Wetter? Im Haus? Wieso hört man sie nicht lachen, reden? Wieder ist da diese Angst, die ich nicht bezwingen kann, die ich aushalten muss. Wir brechen unser Bewachungslager ab, als die Eisdiele schließt, und fahren unverrichteter Dinge nach Hause.

Um elf Uhr abends überrede ich Michael, noch einmal mit mir dorthin zu fahren. Es brennen Lichter im Haus, aber man kann nichts sehen. An den vorderen Fenstern sind alle Jalousien heruntergelassen, nur hinten sieht man Licht.

Die Kinder schlafen jetzt friedlich, bete ich. Morgen werde ich zum Gericht gehen und hoffentlich etwas erreichen. Lange halte ich diese Anspannung nicht mehr aus.

Am Montag bin ich schon sehr früh wach. Die Sonne geht auf, färbt den Himmel rosa. Es sieht wunderschön aus, wie sich das Grau langsam einfärbt, immer strahlender wird. Noch ist es angenehm kühl, und auf den Blättern liegt der Tau. Es ist August, und dieser Tag wird sicher wieder heiß werden.

Ich habe meine alte Strickjacke übergezogen, mir Kaffee gekocht und sitze nun, den Becher in den Händen, auf der Treppe, die in den Garten führt. Eine Stunde sitze ich so da und wünsche mir, dass Alexander, Johanna und Lukas bald wieder durch den Garten laufen. Dann dusche ich und ziehe mich ordentlich an, schließlich will ich bei Gericht einen guten Eindruck machen.

Das Mobiltelefon klingelt, und zuerst weiß ich nicht, wie ich es bedienen soll, obwohl Michael es mir mehrfach gezeigt hat. Schließlich gelingt es mir, den richtigen Knopf zu finden und abzuheben. »Ja?«, frage ich atemlos.

»Hast du schlafen können?« Es ist Michael.

»Wenig. Ich bin aufgeregt.«

»Ich auch«, sagt er. »Aber ich bin auch zuversichtlich. Ruf mich an, wenn du irgendetwas erfährst, ja? Ich komme, so schnell ich kann.«

Claudia ist schon früh bei mir. Wir machen uns auf zum Gericht. Die Stelle, zu der wir müssen, kenne ich schon von der Wohnungszuweisung, damals, als das Gericht mir die Wohnung zugeteilt hat und ich die Schlösser austauschen ließ, nachdem Tom so ausgerastet war. Diesmal dauert es eine ganze Weile, bis ich an die Reihe komme. Zum Glück ist Simone mit Beate in Ostbevern und passt auf, dass Tom nicht mit den Kindern abhaut, sonst würde ich vermutlich durchdrehen.

Endlich kann ich mein Anliegen vorbringen.

»Wir werden das überprüfen. Es kann aber dauern«, sagt die Rechtspflegerin.

»Wie lange?«

»Ein paar Tage, tut mir leid.«

»Und wie erfahre ich das Ergebnis?«

»Wir werden, sobald ein richterlicher Entscheid gefallen ist, Ihren Anwalt informieren.«

Danach geht es zum Jugendamt. Auch dort müssen wir warten. Die eine Stelle verweist mich an die nächste, das Ganze kommt mir vor wie eine Odyssee.

Gegen Mittag habe ich alle nötigen Unterlagen beisammen. Das Jugendamt unterstützt meinen Antrag auf alleiniges Sorgerecht. Das Schreiben von ihnen, sagt der Sachbearbeiter, solle ich auch bei Gericht einreichen, zusammen mit dem Antrag. Es ist Viertel vor zwölf, um zwölf schließt die Geschäftsstelle bei Gericht und öffnet erst wieder am nächsten Tag. Also rennen wir quer durch die Stadt, so schnell es geht. Ich trage einen knielangen Rock und Pumps, ich wollte ja ordentlich wirken, seriös. Aber hochhackige Schuhe eignen sich nicht zum Dauerlauf durch die Fußgängerzone mit Kopfsteinpflaster.

Es ist kurz vor zwölf, als wir die Geschäftsstelle erreichen, die Rechtspflegerin will gerade absperren.

»Wir haben geschlossen, kommen Sie morgen wieder«, sagt sie, doch dann erkennt sie mich. »Sie sind die Mutter, die ihre drei Kinder sucht, nicht wahr?«

Keuchend und um Luft ringend nicke ich und halte ihr das Schreiben von Jugendamt hin. »Bitte fügen Sie das noch den Akten bei. Das Jugendamt …«

Sie lächelt, nimmt das Schreiben und nickt. »Ich will Ihnen keine Versprechungen machen«, sagt sie leise, »aber ich bin mir fast sicher, dass das Gericht für Sie entscheiden wird.«

»Danke.«

Nun muss ich noch zu meinem Anwalt, aber die Kanzlei hat über Mittag geschlossen. Morgens war Herr Nahlen bei Gericht, er wird erst um drei wieder in der Kanzlei sein.

»Du musst etwas essen«, sagt Claudia. »Komm, ich lade dich ein.«

Wir gehen in ein Fastfoodlokal, dort stochere ich lustlos und nervös in meinen Pommes herum. Ich kriege keinen Bissen runter. Danach laufen wir zur Automobilvermietung und nehmen uns einen Leihwagen.

Als wir eine halbe Stunde später damit über die Landstraße

nach Ostbevern fahren, die Sonnenbrillen und die Hüte schon bereit für die nächste Maskerade, lacht Claudia plötzlich.

»Sorry«, sagt sie. »Ich weiß, die Situation ist ernst, und du machst dir tierische Sorgen, aber mir kommt das alles so unwirklich vor, als wären wir in einem Film. Es ist so … seltsam.«

Ich stimme, trotz meiner Anspannung, in ihr Lachen ein. »Ja, das habe ich auch schon gedacht. Mit Perücken, Hüten und Sonnenbrillen auf Verbrecherjagd.«

Doch dann biegen wir in die Straße ein, in der das Haus steht, und werden wieder ernst. Da Tom den Leihwagen nicht kennt, parkt Claudia direkt vor der Eisdiele. Drinnen warten Simone und Beate.

Ich erzähle vom Vormittag, schaue immer wieder sehnsuchtsvoll zum Haus. Der Renault steht nicht in der Einfahrt.

»Er ist heute Morgen weggefahren. Allein. Ich habe auf der anderen Straßenseite gestanden und konnte sehen, dass niemand sonst eingestiegen ist«, sagt Beate. »Um zwölf ist er wiedergekommen und gerade eben wieder gefahren.«

»Mittags nach Hause zum Essen«, sage ich leise. »Wie immer. Und die Kinder?«

Simone schüttelt den Kopf. »Ein Mädchen und einen Jungen haben wir gesehen. Aber das waren nicht deine. Sie sind älter.«

»Der andere Lukas und Sarah«, murmele ich. »Dajennas Kinder. Sie waren bestimmt in der Schule.«

Ob Tom Alexander an einer Schule hier irgendwo angemeldet hat? Ich bin so froh über den Platz an der Montessorischule, da wird Alexander besonders betreut. Soll er jetzt auf eine normale Schule gehen? Hier in dem kleinen Ort gibt es keine Montessorischule. Ach verdammt, Tom, denke ich, warum tust du uns allen das an?

Einmal gehe ich ums Haus, lausche, aber ich höre nichts. Dann fahren Claudia und ich wieder zurück nach Münster, wir müssen noch zum Anwalt. Beate nehmen wir mit, Simone hält weiter Wache. Sie hat eines der Mobiltelefone und kann uns informieren, wenn sich etwas tut und falls sie mit dem Ding klarkommt.

Ich erzähle Herrn Nahlen vom Besuch bei der Polizei am Samstag, übergebe ihm Kopien aller Unterlagen, auch die der eidesstattlichen Versicherungen.

»Ich bleibe am Ball«, sagt er. »Es ist großartig, was Sie bisher erreicht haben. Chapeau. Morgen spreche ich mit dem Richter, werde auf die Dringlichkeit hinweisen. Bis Donnerstag sollten wir einen Beschluss haben.«

»Was passiert dann?«

»Ich bekomme Bescheid und werde Sie anrufen.«

»Und wenn Tom die Kinder einfach einpackt und verschwindet?«

»Selbst wenn er das tut, sobald der Bescheid da ist, haben Sie rechtlich nichts mehr zu befürchten. Dann würde die Polizei nach ihm fahnden.«

»So weit will ich es gar nicht kommen lassen. Vielleicht geht er doch mit den Kindern ins Ausland, wenn er merkt, dass er sie nicht behalten kann.«

»Sie haben recht, zuzutrauen ist es ihm. Was für ein Widerling«, sagt mein Anwalt und schüttelt verständnislos den Kopf.

Solange Tom ihnen nichts antut, denke ich, ist alles gut. Das ist das Wichtigste. Mich beunruhigt, dass die drei trotz der Hitze tagsüber nicht zu hören und zu sehen sind. Drei Kinder im Alter von sieben, fünf und drei Jahren kann man doch nicht tagsüber drinnen lassen, bei so einem Kaiserwetter. Warum spielen sie nicht im Garten?

Vielleicht, weil Tom mitbekommen hat, was wir gegen ihn planen, und die Kinder fortgebracht hat.

26. Kapitel

In der Nacht von Montag auf Dienstag schläft Michael auf meinem Sofa. Wir sind uns inzwischen sehr vertraut, aber auf eine freundschaftliche Art. Zu mehr bin ich im Moment nicht in der Lage.

Am Morgen holt er Brötchen und versucht mich zu überreden, etwas zu essen. Ich mag aber nicht. An diesem Tag ist es diesig, ein Gewitter liegt in der Luft.

Ich rufe in der Montessorischule an, auf die Alexander geht, spreche mit dem Direktor.

»Ihr Mann war gestern hier«, sagt er. »Er wollte Alexander abmelden. Wir wissen aber, dass Sie in Trennung leben. Ohne Ihre Unterschrift habe ich die Abmeldung nicht akzeptiert.«

Mir fällt ein Stein vom Herzen. »Bitte vergeben Sie Alexanders Platz nicht, auch wenn er in den nächsten Tagen vielleicht nicht kommen wird.«

Die Schule ist sehr begehrt, es gibt immer mehr Anmeldungen als freie Plätze.

Danach suche ich im Telefonbuch nach Grundschulen in Ostbevern. Es gibt zwei. Ich rufe bei der ersten an, gebe mich als Lehrerin der Montessorischule in Münster aus.

»Mein Name ist Dorn. Ich habe hier eine unvollständige Abmeldung eines meiner Schüler vorliegen und wollte wissen, ob er bei Ihnen angemeldet wurde. Sein Name ist Alexander Richter, er ist gerade in die zweite Klasse gekommen.«

»Guten Tag, Frau Dorn«, sagt der Direktor der Schule, mit dem ich verbunden wurde. »Der Vater des Jungen sitzt mir gerade gegenüber. Ich gebe Sie mal weiter.«

Verdammt! Tom ist da, jetzt in diesem Moment? Was mache ich denn jetzt? Erschrocken schaue ich Michael an. Ich habe das Gespräch auf Lautsprecher geschaltet.

»Richter.«

Ich hasse ihn! Ich hasse, was er uns antut!

»Du kannst Alexander ohne meine Einwilligung nicht ummelden!«, sage ich aufgebracht. Meine Stimme zittert, ich schlucke. »Das darfst du nicht«, sage ich fester.

»Corinna?« Tom schweigt einen Moment. »Doch, das darf ich, und das mache ich. Du hast keine Chance gegen mich.« Dann legt er auf.

»Wir müssen sofort dorthin!«

Ich könnte mich ohrfeigen. Jetzt weiß Tom, dass wir ihm auf den Fersen sind. Warum musste er auch gerade in diesem Moment dort sein?

Wir fahren sofort los, die Strecke scheint heute noch länger zu sein als sonst. Mein Herz galoppiert den Weg offenbar selbstständig, ich kann mich gar nicht beruhigen.

»Er wird abhauen! Er wird wieder verschwinden. Was machen wir denn nur?«

»Die Ruhe bewahren, Conny«, sagt Michael, aber auch er hört sich angespannt an.

Das Eiscafé ist noch geschlossen, wir bleiben im Auto auf dem Parkplatz, haben das Haus im Blick. Toms Wagen steht nicht in der Einfahrt.

Michael ist nun auch nervös, schaut immer wieder auf die Uhr. »Wieso passiert denn nichts?«, fragt er.

Mehrfach schleiche ich zur Mauer hinter dem Haus und lausche. Es ist nichts zu hören, kein Lachen, kein Weinen, keine Stimmen. Einfach nichts. Wo sind meine Kinder? Sind sie vielleicht gar nicht mehr hier? Immer wieder stelle ich mir vor, dass Dajenna mit den Kindern aus dem Haus kommt. Ich würde zu ihnen gehen, die Kinder rufen. Und dann würde ich sie in den Arm nehmen und nicht mehr loslassen. Aber sie kommen nicht aus dem Haus, die Kinder sind nicht zu sehen.

Die Warterei zermürbt mich, ich mache mir Vorwürfe. Warum habe ich in der Schule angerufen? Welcher Teufel hat mich da geritten? Hätte ich mich Tom gegenüber anders verhalten sollen? Können? Was hätte ich sagen sollen? Mir fällt nichts ein. Ich merke, wie groß meine Angst vor meinem Exmann ist. Davor, dass er mir oder den Kindern etwas antut.

Die Stunden ziehen sich dahin. Meine Gedanken kreisen um die Kinder und um die Entscheidung, die das Gericht treffen wird. Ich hoffe, sie fällt schnell und zu meinen Gunsten. Was passiert, wenn nicht, mag ich mir gar nicht ausmalen. Plant Tom schon eine weitere Flucht, oder ist er so von sich überzeugt, dass er sich keine Sorgen macht? Ich weiß es nicht, kann ihn nicht mehr einschätzen.

Gegen Abend kommt Tom nach Hause. Er fährt mit dem Renault in die Einfahrt, steigt aus und geht in das Haus. Als er auch nach zwei weiteren Stunden nicht wieder herauskommt, gehen Michael und ich noch einmal an der Mauer entlang. Wie ich sie verabscheue, diese hohe Backsteinmauer, die mich von meinen drei Kindern trennt.

Wir stehen lauschend in der Dunkelheit. Lukas weint wieder. Ich kann ihn hören, ich höre ihn rufen: »Mami, Mami, Mami? Wo ist meine Mami?«

Jemand schließt das Fenster, dann sind noch die Nachtgeräusche zu hören. Die Stimme meines Sohnes ist verstummt.

»Es kann nicht mehr lange dauern«, will Michael mich trösten.

Aber ich weiß nicht, wie lange ich das Warten noch ertrage.

Am Mittwoch im Morgengrauen fahren Simone und ich zusammen nach Ostbevern und setzen uns wieder in das Eiscafé. Der Besitzer begrüßt uns schon freundlich. Ich kann es kaum aushalten, meine Nerven sind zum Zerreißen gespannt.

Tom hat in der Früh das Haus verlassen. Dajennas Kinder auch, sie gehen wohl zur Schule, wie an den Tagen zuvor. Von Alexander oder Johanna ist nichts zu sehen. Sind sie überhaupt noch im Haus? Warum geht Alexander nicht zur Schule? Warum kann ich nur Lukas weinen hören?

Seit fast drei Wochen bin ich von meinen Lieblingen getrennt. Und ich schwöre, ich ertrage es keinen weiteren Tag mehr.

Dann klingelt mein Mobiltelefon. Aufgeregt gehe ich dran. Es ist Nahlen, mein Anwalt.

»Frau Richter, das Gericht hat Ihnen das Sorge- und Aufenthaltsbestimmungsrecht bis auf Weiteres zugesprochen!«

Ich höre die Worte, kann aber den Sinn nicht so schnell begreifen. Was hat er gesagt?

Nahlen ahnt wohl, dass ich nicht mitkomme. »Sie können die Kinder jetzt holen. Sie dürfen Ihre Kinder wiederhaben!«

»Jetzt?«

Ich vertraue meiner Stimme nicht, bin mir nicht sicher, ob ich tatsächlich etwas gesagt habe.

»Wie wir es besprochen haben, Sie fahren zum Amtsgericht in Münster und holen den Beschluss. Damit gehen Sie zur Polizei in Ostbevern, die wird alles Weitere in die Wege leiten. Seine Anwältin hat das Schreiben ebenfalls bekommen. Machen Sie keine Dummheiten, Frau Richter. Lassen Sie die Polizei handeln.«

Ich nicke. »Gut.«

Simone ist schon aufgestanden. »Wohin müssen wir?«

»Zum Amtsgericht.

Ich wähle Michaels Nummer, er geht sofort dran. »Ich darf die Kinder wiederhaben. Wir fahren jetzt zum Gericht und holen den Beschluss.«

»Ich komme sofort dahin.«

»Nein, komm zum Eiscafé.«

In diesem Moment parkt Claudia ihren Polo vor der Tür des Cafés.

»Fahr mit ihr, schnell«, sagte Simone. »Ich bleibe hier. Falls Tom abhaut, rufe ich euch an!«

Ich stürze nach draußen, springe ins Auto. »Ich kriege die Kinder, aber wir müssen erst zum Amtsgericht in Münster«, erkläre ich atemlos.

Die Fahrt nach Münster zieht sich endlos hin.

Im Gericht muss ich erst das Zimmer des zuständigen Richters suchen. Er ist in einer Besprechung, wir müssen warten. Mir ist schlecht, mir ist schwindelig. Ich habe die Kinder seit so langer Zeit nicht gesehen, wie mag es ihnen gehen? Dann endlich bekommen wir den richterlichen Entscheid und rasen zurück nach Ostbevern.

»Was nun?«, fragt Simone aufgeregt. Michael ist auch schon da, wieder einmal muss er über die Autobahn geflogen sein.

»Zur Polizei.«

Die nächste Polizeidienststelle ist im Nachbarort. Am liebsten würde ich persönlich vor dem Haus stehen bleiben, um sicherzugehen, dass Tom uns nicht noch im letzten Moment entwischt. Es kann noch so viel schiefgehen. Aber ich muss zur Polizei. Michael fährt mich, während Claudia und Simone Wache halten.

Die Polizeiwache ist ein hässlicher Flachbau. Michael parkt direkt vor dem Eingang, wir hasten hinein. Es riecht nach Bohnerwachs. Am Empfangstresen stehen vier Leute und warten, ein fünfter diskutiert gerade mit dem Schutzpolizisten. Das wird noch ewig dauern, denke ich entsetzt.

Michael nimmt mir den Beschluss aus der Hand, hält ihn hoch. »Wir haben einen Notfall! Es geht um Kindesentführung«, ruft er laut.

Alle drehen sich zu uns um. Von hinten kommt ein Polizist, nimmt das Schreiben und überfliegt es. Dann schaut er mich an.

»Sind Sie die Mutter?«

Ich kann nur nicken, meine Kehle ist zugeschnürt.

»Ist der Mann gefährlich?«

Wieder kann ich nur nicken.

»Okay, wir schicken zwei Streifen dorthin.« Er drückt einen Knopf an der Sprechanlage, gibt Anweisungen und sagt irgendwelche Zahlenkombinationen.

Von hinten kommen eine Polizistin und ihr Kollege gelaufen, schieben ihre Waffen in die Holster. Sie schaut auf die Adresse, nickt.

»Eine weitere Streife ist in der Nähe, die kommt direkt dahin.«

Wir eilen nach draußen, steigen in die Autos. Die Streife fährt mit Blaulicht los. Michael folgt ihr. Wieder ist alles so irreal, wie in einem Film. Was wird jetzt passieren? Ich nehme das Mobiltelefon, quäle mich mit der Tastatur und rufe schließlich Simone an, die immer noch im Café wartet.

»Wir sind unterwegs«, sage ich. »Ist Tom da?«

Simone sagt: »Ja, er ist vor zehn Minuten heimgekommen. Aber seitdem hat sich nichts gerührt. Ich kann die Sirenen schon hören.«

Mit quietschenden Reifen biegt der Streifenwagen in die Straße ein, wo Tom und Dajenna meine Kinder gefangen halten. Ein weiterer Wagen kommt von der anderen Seite. Sie parken direkt vor dem Haus, wir dahinter. Ich steige aus.

Die Beamtin kommt zu mir, sie hat den Beschluss in der Hand. »Wie gefährlich ist er?«

»Wenn er wütend ist, dreht er durch.«

»Ist er bewaffnet?«

»Das weiß ich nicht.«

Was weiß ich schon von Tom? Nichts. Er ist ein völlig Fremder für mich, jemand, der über Leichen geht, um seinen Willen durchzusetzen.

»Er hat einen Nachbarn mit einem Schraubenzieher bedroht«, sagt Michael. »Möglicherweise hat er auch eine Waffe.«

Der zweite Streifenpolizist nickt. »Wir gehen auf Nummer sicher.«

Sie holen die kugelsicheren Westen aus dem Kofferraum, ziehen sie über. Die beiden anderen Streifenpolizisten tun es ihnen gleich. Dann lösen sie die Sicherung der Holster, überprüfen die Waffen.

»Sie gehen jetzt fünfzig Meter zurück«, weist mich die Polizistin an, »bis dahinten zu dem Laternenpfahl. Da bleiben Sie, bis wir wieder rauskommen.«

Ich sehe sie fassungslos an. »Meine Kinder …«

»Wir bringen Ihnen Ihre Kinder. Aber Sie gehen nicht mit hinein. Sie gehen noch nicht einmal in die Nähe der Tür.« Sie nickt mir ernst zu, dreht sich um und läuft los.

Michael zieht mich bis zu dem Laternenpfahl. Simone steht auf der anderen Straßenseite, direkt gegenüber vom Haus.

Die Polizisten klingeln, mehrfach, erst nach Minuten öffnet sich die Haustür. Tom steht in der Tür, die Polizisten scheinen mit ihm zu diskutieren.

Was reden die denn? Die sollen meine Kinder holen!

Endlich gehen sie in das Haus. Es dauert. Es dauert unendlich lange. Ich habe solche Angst. Was passiert da drinnen? Was ist mit den Kindern? Warum kommen sie nicht heraus? Was ist da los?

Simone kommt zu uns rüber. »Er wollte sie nicht reinlassen«, erzählt sie. »Er hat immer wieder den Kopf geschüttelt, wollte die Polizisten wegdrängen, aber einer hatte den Fuß in der Tür.«

Die Zeit dehnt sich aus, das Blaulicht der Streifenwagen malt Diskomuster auf die Hauswände. Eine halbe Stunde vergeht, dann eine Stunde. Seit sechzig Minuten warten wir jetzt schon. Ich werde gleich tot umfallen, ich halte es nicht mehr aus. Meine Knie zittern, meine Hände sind schweißnass, egal wie oft ich sie an meiner Jeans abwische.

Dann endlich geht die Tür wieder auf. Die Polizistin trägt Johanna auf dem Arm, der Kopf meiner Tochter rollt von einer Seite zur anderen, und ihre Arme hängen schlaff herunter.

Alexander schwankt an der Hand eines Polizisten, er setzt vorsichtig einen Fuß nach dem anderen auf die Erde, als würde er auf Glatteis gehen.

Mein Gott, was ist mit den Kindern los? Sind sie verletzt? Schüsse habe ich nicht gehört, aber etwas stimmt nicht mit ihnen.

Ich renne ihnen entgegen, die fünfzig Meter können mir gestohlen bleiben!

Ein weiterer Polizist hat Lukas auf dem Arm. Auch er wirkt seltsam regungslos, als würde er schlafen. Aber man schläft doch nicht, wenn einen die Polizei befreit! Auch nicht, wenn man erst drei Jahre alt ist.

Da stimmt etwas nicht, da stimmt etwas ganz und gar nicht. Mir ist heiß und kalt. Meine Kinder, dort sind meine Kinder. Endlich. Ich möchte lachen und weinen, und beides zur gleichen Zeit.

Der vierte Polizist bleibt an der Tür stehen, als wollte er sichergehen, dass Tom ihnen nicht folgt. Die restlichen Beamten treten aus der Einfahrt und kommen die Straße entlang.

Ich laufe, renne ihnen entgegen. Ich nehme Johanna, drücke sie an mich. Sie wirkt ganz seltsam, ihre Augen sind verdreht. Simone nimmt sie mir ab. Ich gehe in die Hocke, nehme Alexander in den Arm, er glüht. Hat er Fieber? Die Polizisten geben mir Lukas. Ich weine, lache, weine, drücke die Kinder an mich.

Michael spricht mit der Polizistin. Sie sagt eindringlich: »Sie sollten die Kinder schnell einpacken und fahren, wir wollen nicht, dass die Situation eskaliert. Falls irgendetwas ist, Ihr Exmann Sie bedroht, rufen Sie sofort unsere Kollegen. Nutzen Sie den Notruf.«

»Was ist mit ihnen? Was ist mit den Kindern?«, frage ich, und die Panik steigt in mir hoch.

»Sie lagen alle drei im Bett. Er hat ihnen Beruhigungsmittel gegeben. Sie sollten direkt zum Arzt fahren und sie untersuchen lassen.« Die Polizistin schüttelt den Kopf. »So etwas habe ich noch nie erlebt«, fügt sie leise hinzu.

Simone hat Johanna, Michael hebt Alexander hoch, ich halte

Lukas an mich gedrückt, und wir rennen zum Auto. Erst jetzt schlingt Lukas seine Arme um meinen Hals, scheint zu bemerken, dass ich es bin.

Noch einmal schaue ich zu dem grau verputzten Altbau. Irgendwo da drin sitzt Tom, der Mensch, den ich am meisten verachte auf der Welt. Die Haustür ist geschlossen, die Gardinen sind zugezogen, so wie in den letzten Tagen. Den Anblick werde ich nie vergessen.

Es ist Mittwochnachmittag, die Arztpraxen haben geschlossen, aber ich habe die Privatnummer unserer Kinderärztin. Ich erkläre eindringlich, was passiert ist. Sie kennt Alexander und seine Krankengeschichte. Wir sollen sofort zu ihr in die Praxis kommen.

Die Kinder sind still und abwesend, aber ich kann meine Tränen kaum zurückhalten, muss sie immer wieder ansehen, anfassen. Es ist real, ich habe sie wieder.

»Wir durften nicht raus«, sagt Alexander plötzlich leise. »Wir mussten immer im Bett bleiben. Wir sind nicht ans Meer gefahren.«

»Ich weiß, mein Schatz.«

»Papa hat gesagt, du willst uns nicht mehr haben.«

»Das stimmt nicht! Ich liebe euch über alles.«

»Und er hat gesagt«, fügt Johanna nun kaum hörbar hinzu, »dass wir nicht rausdürfen, weil du uns dann schnappst und ganz böse zu uns sein würdest.«

Ich weiß nicht, was ich dazu sagen soll.

»Mami hat uns geschnappt«, seufzt Lukas und lacht. »Jetzt hat Mami uns endlich geschnappt.«

Epilog

Das war im August 1994. Die Kinder waren krank und geschwächt, hatten aber ansonsten keine Schäden davongetragen. Tom hatte sie tagelang mit Valium ruhiggehalten. Alexander litt an einem Infekt, den wir zum Glück schnell in den Griff bekamen. Eine Woche später konnte er wieder seine Klasse in der Montessorischule besuchen.

Alle drei kamen danach in psychologische Betreuung. Da Lukas zu klein war, um die Geschehnisse verbal zu verarbeiten, suchte ich nach einer anderen Therapieart für ihn. Er machte ein Jahr lang eine Tontherapie und überwand seine Ängste auf diese Art.

Mir wurde kurz darauf das alleinige Sorgerecht zugesprochen. Ein halbes Jahr später stellte Tom einen Antrag auf Umgangsrecht. Obwohl wir alles versuchten, um das zu verhindern, bekam er es zugesprochen. Drei Jahre lang holte er die Kinder jedes zweite Wochenende von freitags bis sonntags ab, in den Ferien bekam er sie anteilig: zwei Wochen in den Sommer-, jeweils eine Woche in den Herbst- und in den Osterferien. Wenn die Kinder bei ihm waren, durften sie mich nicht anrufen, ich sie auch nicht. Das war jedes Mal eine kleine Hölle für mich.

Tom fuhr nie mit ihnen in den Urlaub. Michael und ich waren im Jahr nach der Entführung mit den Kindern in Dänemark – es war ein wunderschöner Urlaub, einer von vielen, die folgten. Die Kinder erzählten nie viel über die Besuchswochenenden. Ich wollte sie nicht bedrängen, bohrte nicht. Hin und wieder berichteten sie, dass es bei Tom andere Regeln gebe als bei uns. Ich erklärte ihnen, dass das normal sei, auch bei ihren Freunden herrschten ja zum Teil andere Abmachungen als bei uns. Das konnten sie verstehen. Toms Bedingung, dass die Kinder am Anfang des Besuchswochenendes ihre Kleidung tauschen mussten, blieb die ganze Zeit über bestehen.

Zwei Jahre nach den Ereignissen, 1996, wurden Tom und ich geschieden. Ich überschrieb ihm meine Hälfte des Hauses, und er bekam die Auflage, die Wohnungen zu veräußern und die ehelichen Schulden zu tilgen. Unsere Wohnung verkaufte er im Jahr darauf, von dem Geld leistete er sich ein großes Haus in dem kleinen Ort im Münsterland, wohin er mit Dajenna zog. Die beiden anderen Wohnungen behielt er und vermietete sie weiter. Ich lud Dajennas Kinder mehrfach ein, damit sie unser Zuhause kennenlernten, schließlich mussten die fünf Kinder alle vierzehn Tage miteinander auskommen. Tom untersagte mir jedoch jeden Kontakt zu Sarah und Lukas.

Vier Jahre später, Alexander war gerade dreizehn geworden, wurden die Kinder vor einem Besuchswochenende bei Tom krank, eine Streptokokkeninfektion. Ich bat Tom, das Wochenende zu verschieben, widerstrebend ließ er sich darauf ein.

Ein paar Tage später, den Kindern ging es wieder besser, kam Alexander zu mir. »Mama«, sagte er ernst, »wenn ich mich im Schlafanzug in den Garten stelle, werde ich dann wieder so krank, dass ich nicht zu Papa muss?«

Es war, als wäre ein Bann gebrochen. Nach und nach erzählten mir die Kinder, dass Tom sie nur bei mir abholte, zu Dajenna brachte und dann wieder wegfuhr. Er und Dajenna hatten 1997 geheiratet. Auch an den Samstagen war Tom oft weg, arbeiten, sagten die Kinder. Vielleicht steckte die nächste Freundin dahinter, ich weiß es nicht.

Dajenna hatte jedenfalls keine große Lust, sich mit drei fremden Kindern zu beschäftigen. Es gab strenge Regeln, was Essen und Trinken anging, sie durften nicht an den Kühlschrank und nur ein Glas Wasser pro Stunde trinken, aber auch nur, wenn sie gefragt hatten. Oft bekamen sie Essen, das wieder und wieder in der Mikrowelle aufgewärmt wurde, bis sie es aufgegessen hatten. Baden oder duschen durften sie nicht. Sonntags gab es nur ein karges Frühstück, sie kamen um sechs Uhr abends immer ausgehungert zurück nach Hause.

Alexander, Johanna und Lukas sehnten sich nach Aufmerksamkeit von ihrem Vater. Sie hassten es, zu seiner neuen Frau abgeschoben zu werden, die sie noch nicht einmal besonders freundlich behandelte. Ich ging zum Jugendamt und zu meinem Anwalt, erwirkte ein Aussetzen des Umgangsrechts. Ich bat Tom, sich um seine Kinder zu kümmern, schlug ihm bei mehreren Terminen vor Gericht und beim Jugendamt vor, dass er die drei ein paar Mal samstags abholen und allein etwas mit ihnen unternehmen solle. Er lehnte es ab, bestand darauf, dass die Kinder vor Gericht geladen wurden. Alle sagten unabhängig voneinander aus, dass sie gern weiter Kontakt zu ihrem Vater haben wollten, aber Probleme mit seiner Frau und den Stiefgeschwistern hätten. Sie baten ihn darum, sich mehr um sie zu kümmern.

An diesem Tag im Jahr 2000 brach Tom den Kontakt zu seinen Kindern ab.

»Entweder ihr kommt zu mir und meiner neuen Familie, oder ihr kommt gar nicht. Wenn ihr Dajenna nicht mögt, will ich euch nicht mehr sehen.«

Mit diesen Worten stürmte er aus dem Gerichtssaal und ließ seine Kinder stehen. Sie waren damals gerade einmal dreizehn, elf und acht. Alexander und Johanna schrieben ihm noch zweimal Briefe und baten ihn, doch wieder Kontakt zu ihnen aufzunehmen. Doch Tom beantwortete die Briefe nie.

Er wurde zu Unterhaltszahlungen verpflichtet. Drei Jahre lang kam er diesen Verpflichtungen nach, ohne sich um die Kinder zu kümmern. Weder zu den Geburtstagen noch an Weihnachten meldete er sich bei ihnen, obwohl sie ihm immer Karten schickten.

2003 kamen wir aus dem Sommerurlaub zurück und fanden ein anwaltliches Schreiben vor. Tom forderte plötzlich erneut das Umgangsrecht. Alexander und Johanna, sie waren inzwischen sechzehn und vierzehn, weigerten sich. Sie wollten ihren Vater nicht mehr sehen. Sie mussten wieder vor Gericht aussagen. Der Richter überließ ihnen die Entscheidung.

Lukas hingegen war unsicher. Er war acht, als er seinen Vater das letzte Mal gesehen hatte – das war vor Gericht gewesen. Lukas hatte keine konkrete Erinnerung an die Zeit bei Tom und Dajenna. Ich ermunterte ihn, den Kontakt wieder aufzunehmen und seinen Vater neu kennenzulernen. Tom ließ sich darauf ein, Lukas erst für ein paar Stunden, dann für einen Tag und schließlich für ein Wochenende abzuholen. Lukas war ganz begeistert von seinem Vater, der ihn sehr beeindruckte. Doch im Laufe der Wochen und Monate wurde der Kontakt immer geringer. Tom kam zu spät zu den verabredeten Zeiten, holte Lukas zuweilen gar nicht ab. Hin und wieder rief er ein paar Stunden später an und entschuldigte sich mit Terminen, manchmal meldete er sich aber gar nicht. Meinen Sohn enttäuschte das sehr.

Zu dieser Zeit veranlasste Tom plötzlich ein psychologisches

Gutachten der Kinder, weil er sich sicher war, dass ich sie gegen ihn aufhetzte. Die Gutachterin brauchte ein halbes Jahr, um sich eine umfassende Meinung zu bilden. Sie traf sich mit mir allein, zusammen mit den Kindern, mit allen Kindern gleichzeitig, mit jedem allein. Sie besuchte auch Tom und Dajenna, bat sie zu Terminen in ihre Praxis. Am Ende konnte sie nicht feststellen, dass ich die Kinder manipulierte. Sie stellte jedoch fest, dass Tom den ganzen Hass, den er für mich empfand, auf die Kinder projizierte. Seine Wahrnehmung sei verschoben, gab sie an.

Dann kam der Tag, an dem ein weiteres anwaltliches Schreiben in der Post war. Ich hasste diese Briefe. Sie bedeuteten Kummer und Elend. Diesmal kündigte Tom die Unterhaltszahlungen auf. Von jetzt auf gleich. Er habe seinen Job verloren und könne nicht mehr zahlen, behauptete er.

Es dauerte vier Monate und endlose Termine vor Gericht, bis Tom endlich seine Konten offenlegte. Er hatte tatsächlich seinen Job verloren, aber eine Abfindung von hunderttausend Euro bekommen, und der Richter befand, dass er deshalb weiterhin Unterhalt zahlen könne. Doch bevor das Urteil rechtsgültig war und wir pfänden konnten, war er verschwunden. Diesmal tat er das, was ich schon einmal befürchtet hatte: Er setzte sich mitsamt seiner Familie ins Ausland ab. Unbekannt verzogen.

Das Haus im Münsterland stand leer, er war weg. Nicht nur wir hatten nun massive Probleme, auch die Mieter seiner diversen Immobilien, die er über die Zeit erworben hatte. Denn Tom zahlte keine Abgaben an die Stadt mehr, bediente die Darlehensverträge und die laufenden Kredite nicht, bestellte kein Heizungsöl mehr und ließ keine Reparaturen durchführen. Die Häuser kamen nach und nach in die Zwangsversteigerung.

Jahre später fand Alexander ihn im Internet – Google vergisst nichts. Tom war Manager auf einem anderen Kontinent, auf der anderen Seite der Welt. Alexander war neunzehn und steckte mitten in den Abiturprüfungen, ein selbstbewusster junger Mann. Das Internet spuckte eine Telefonnummer aus. Wir rechneten aus, wenn wir nachmittags um fünf anriefen, war es dort halb acht Uhr morgens, da sollte er zu erreichen sein.

Alexander wählte die Nummer. Lukas, sein Stiefbruder, ging an den Apparat. Alexander bat ihn, Tom ans Telefon zu holen, was dieser auch tat. Wir konnten im Hintergrund Schritte hören, dann wurde aufgelegt. Wortlos.

Mein Sohn rief erneut an, aber ab da lief nur noch der Anrufbeantworter. Am nächsten Tag war die Nummer nicht mehr vergeben. Doch wir fanden über seinen Arbeitgeber eine E-Mail-adresse von Tom. Alexander schrieb ihm eine wütende Mail, verlangte nach Antworten. Stattdessen kam eine einstweilige Verfügung, die Kinder hätten jede Kontaktaufnahme zu unterlassen.

Ohne Toms Unterhalt wurde es finanziell schwierig für uns. Dennoch habe ich alles getan, um den Kindern eine schöne Kindheit und Jugend zu bereiten. Tom schuldete uns fast hunderttausend Euro, und wir versuchten diesen Betrag zu pfänden. Auslandspfändungen, auch wenn es um Kindesunterhalt geht, sind teuer, und man muss in Vorkasse gehen. Doch unsere Bemühungen verhallten im Nichts. Denn schließlich tat Tom wieder das, was er bisher immer getan hatte: Er drückte sich um seine Verantwortung und verschwand.

Tinga Horny

Die verschenkte Tochter

Tinga Horny
DIE VERSCHENKTE TOCHTER
Wie ich meine leiblichen Eltern suchte und meine wahre Heimat fand
192 Seiten
ISBN 978-3-404-60850-8

Dass Tinga Horny mit ihren schwarzen Haaren und den Mandelaugen nicht das leibliche Kind ihrer Eltern ist, sahen Außenstehende sofort. Nur sie selbst begreift das erst, als sie zufällig auf ihre Adoptionsunterlagen stößt. Da ist sie elf Jahre alt, und es gelingt ihr nicht, in ihrer Familie das Tabu ihrer wahren Herkunft zu durchbrechen. Erst als ihr Vater stirbt, wird Tinga klar, dass sie handeln muss, wenn sie ihre leiblichen Eltern noch kennenlernen will. Sie begibt sich auf die Suche und taucht tief ein in eine fremde Kultur, in der Mädchen nichts wert sind und die Familienehre wichtiger ist als das eigene Kind.